# 目　录

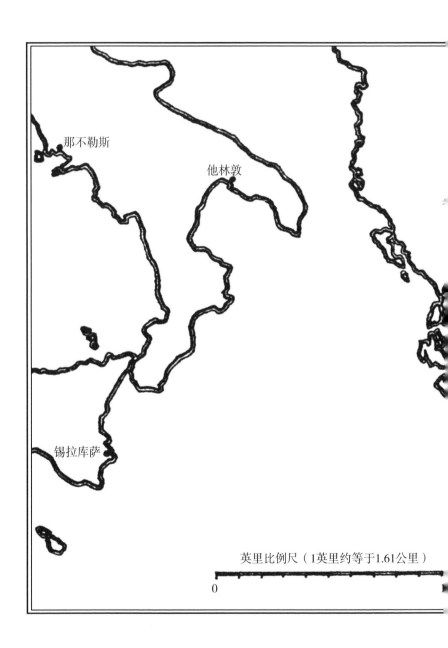

那不勒斯

他林敦

锡拉库萨

英里比例尺（1英里约等于1.61公里）

0

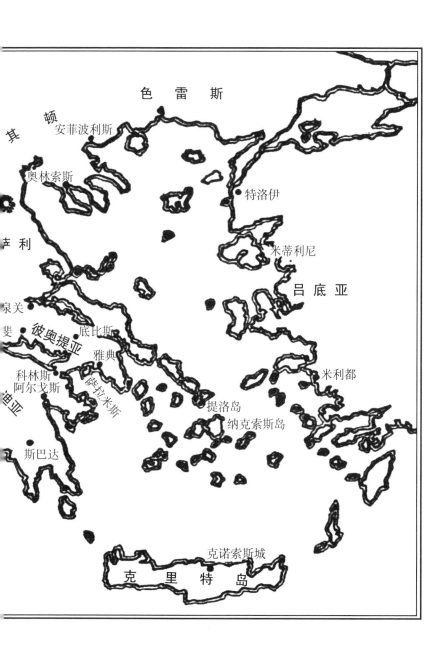

色雷斯

其顿

安菲波利斯

奥林索斯

声利

泉关

斐 彼奥提亚 底比斯

雅典

科林斯

阿尔戈斯 萨拉米斯

迪亚

斯巴达

特洛伊

米蒂利尼

吕底亚

米利都

提洛岛

纳克索斯岛

克诺索斯城

克 里 特 岛

让 我 们  一 起 追 寻

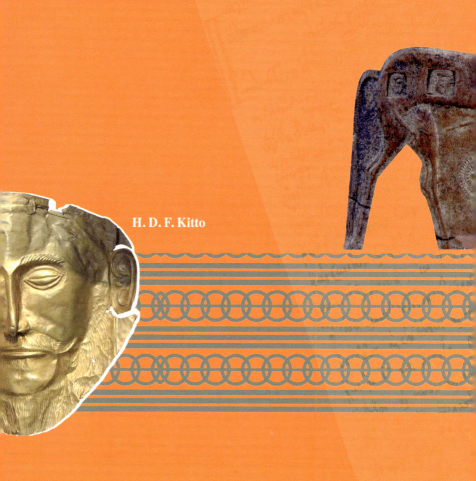

**H. D. F. Kitto**

The Greeks © H. D. F. Kitto, 1957

First published in Great Britain in the English Language by Penguin Books Ltd.

Copies of this translation edition sold without a Penguin sticker

on the cover are unauthorized and illegal

Published under licence from Penguin Books Ltd. Penguin (in English and Chinese)

and the Penguin logo are trademarks of Penguin Books Ltd.

封底凡无企鹅防伪标识者均属未经授权之非法版本

Simplified Chinese edition copyright:

© 2022 SOCIAL SCIENCES ACADEMIC PRESS (CHINA)

All rights reserved

封底有甲骨文防伪标签者为正版授权

THE
# Greeks
# 希腊人

〔英〕H.D.F. 基托 著　　兰莹 译

社会科学文献出版社
SOCIAL SCIENCES ACADEMIC PRESS (CHINA)

# 一 导言

请读者暂且接受如下合乎情理的事实陈述。世有某处，数
百年来文明高度发达，有民族于兹渐成气候。该民族人数不为
众，力量不为强，组织亦难称良好。但其就人类生活之目的持
有全新观念，且首次揭示了人类心智的意义所在。我希望下文
能够阐发并证明此观点。欲细述由来，我们首先要考察希腊人
的感受：他们相当单纯且自然地认为希腊民族与众不同。至少
在古典时代，希腊人习惯将人类大家族分为"希伦人"① 与
"野蛮人"。¹ 前古典时代的希腊人，比如荷马，就不会如此提
及"野蛮人"。这并非因其比后世子孙更为知礼，而是因为当
时该差异尚未完全显现。

这其实与礼貌毫不相关。希腊语中"barbaros"（下文仍
译作"野蛮人"）一词与现代意义上的"野蛮人"含义不同。
该词不含厌恶或轻蔑之意，也不指代茹毛饮血的穴居民族。它
不过被用来称呼那些不会讲希腊语，说话时发出类似"巴巴"
声音的人。你可能来自某个野蛮的色雷斯部落、某个纸醉金迷
的东方城市，抑或希腊人知之甚深的埃及——先于希腊立国数
百年的稳定开化的国家，然而只要不会讲希腊语，你就是
"野蛮人"。这个词未必表达蔑视之意。许多希腊人钦佩波斯
人的道德准则和埃及人的智慧；而在物质、才智和艺术方面，

---

① 希腊人自称是大洪水中乘船逃生的丢卡利翁与皮拉之子希伦（Hellen）
的后代，希伦的后裔称为"希伦人"（Hellenes），也就是今天的希腊人。
（本书脚注均为译者注或编者注，后文不再特别说明。）

8 希腊人从东方人那里受到的教益也鲜被遗忘。但是，这些民族都是"野蛮人"，是外邦人，可被归为（但不会被误认为）色雷斯、斯基泰民族一类。这仅是因为他们不会说希腊语吗？非也。不讲希腊语只是表象，其反映出的更深层次的不同是：他们既不以希腊人的方式生活，也不以希腊人的方式思考。他们对待生活的整体态度似乎有所不同。而一个希腊人，无论他出于何种原因，有多么钦佩甚至嫉妒"野蛮人"，也不会意识不到这种差别。

顺便说一句，我们可能会注意到，有另一个民族（不算我们英国人的话）也会在本族人和所有外邦人之间画出这样明晰的界线。这个民族就是希伯来人。这两个民族各自都清楚自己和邻居们不一样。二者生活的地域相距并不遥远，但总的来说对彼此完全无知，也没有被彼此影响。直到被亚历山大征服后，希伯来人的思想才被打上了希腊的烙印——有《传道书》为证。然而正是这两种文化中最具特色的部分，即希伯来人的虔诚慕道之心和希腊人的理性与人性，共筑了后世欧洲文化的基础——基督教。但希伯来人口中的"异教徒"（Gentile）和希腊人的"野蛮人"这两个概念迥然不同。前者完全从民族和宗教的角度出发，后者则稍带民族色彩且与宗教毫不相关。那么是什么让希腊人做出如此鲜明的区分？这种区分有何道理？

有一个真实且充分的理由是：虽然东方文明历史更久远，而且时常极擅长解决实际问题，有时在艺术方面也堪与希腊文明匹敌，但它在智识方面乏善可陈。几个世纪以来，数以百万计的人积累了生活经验，但他们从其中得到过什么呢？他们毫无建树。除了针对某些纯粹实际问题的经验，每代人的经验都随他们入土。这样的经验还比不上林中落叶，至少落叶还能化作春泥。能够提炼、保存并扩充一个民族的经验的便是"文学"。希伯来人先于希腊人创造了宗教诗和情诗等文学形式，还有以宗教诗歌和政论为载体的"先知书"（Prophets），但除小说外，其他所有已知的文学形式都由希腊人创造并加以完善。"野蛮人"的编年史与修昔底德①著作间的差距犹如稚子与成人——这个成人不仅胸有丘壑，还能以此授人。史诗、历史和戏剧，从形而上学到经济学的所有分支的哲学，数学和众多自然科学——所有这些学科都肇始于希腊人。

然而，如果我们有机会询问某个古希腊人，是什么将其与"野蛮人"区别开来。依我之见，尽管他能意识到自己处理大多数事情的方式更理性，但也不会将其首先归功于希腊思想的成就。（比如德摩斯梯尼②因城邦公民对马其顿的腓力③采取懦弱的政策而责备他们："你们不比试图打拳击的野蛮人强多少。别人打他哪里，他就挡哪里，攻头捂头，击脚护脚。"）他更不会首先想到为我们如此钦佩的神殿、雕塑和戏剧。他想必会说，而且也确实这样说："那些野蛮人受奴役，而我们希腊人是自由身。"

他口中的希腊人的"自由"是何意？外邦人被"奴役"

① 修昔底德（Thucydides，约前460—前400/396）是雅典人，也是古希腊历史学家、文学家，以著作《伯罗奔尼撒战争史》在西方史学史上占有重要地位。
② 德摩斯梯尼（Demosthenes，前384—前322），又译狄摩西尼，古雅典雄辩家、民主派政治家。
③ 马其顿的腓力（Philip of Macedon，前382—前336）于前359年至前336年为马其顿国王，是亚历山大大帝和腓力三世的父亲。

又从何说起？虽说其中的政治含义已相当重要，但我们要小心，别只从政治角度阐释。在政治层面上，这未必意味着他能亲自治理国家，因为在大多数情况下并非如此；但无论他所属的国家政体如何运作，他的权利都会得到尊重。国事乃公事，非暴君之私务。他受公认的法律所辖，而那法律尊崇正义。如果他的国家彻底实行民主制，那么政府中也有他一席之地。希腊人理解的民主，是现代世界不了解也无法了解的政体。但如果国家不实行民主制，那他至少也是国家的"成员"而非"子民"，而且政体原则为众所知。专制政体彻底冒犯了希腊人。然而当他遥望那些更富裕文明的东方国家时，却恰恰看到了这样的景象：宫殿政体①中国王享有至高无上的权威。他们不像早期希腊统治者那样按忒弥斯女神②的意旨，或者按承自神祇的法律治理国家。他们行止随心，自视为神，不向众神负责。当这样的君主的子民，无异于被奴役。

希腊语中的"eleutheria"一词常被译为"自由"。虽说"自由"的含义已经相当丰富，但前者的意义远不止于此。奴役和专制戕害灵魂，因为荷马曾说："雷声远震的宙斯使一个人陷入奴籍，便会使他失去一半良好的德性。"③ 希腊人惊诧于东方人折腰而拜的礼仪，认为这不够"eleutheria"。在希腊人看来，这是对人类尊严的侮辱。虽然深知人神殊途，但在

① 纯粹的宫殿政体即专制独裁的帝国，君主的地位极其重要。历史上的一些大帝国包括罗马帝国、波斯帝国、埃及帝国都可归为宫殿政体。
② 忒弥斯女神（Themis）在《荷马史诗》中是秩序和正义的化身。
③ 《荷马史诗·奥德赛》，第322页。本书中引用的《奥德赛》里的内容均引自王焕生译本（人民文学出版社，1997）。

众神面前祈祷时，希腊人仍如好汉般保持身姿挺拔。他知道
自己不是神，但至少是个顶天立地的人。他知道众神会毫不
留情地迅速对自命为神者降下天谴，也知道在所有人类品质
中，神祇最推崇谦逊和敬畏，但他也记得"神"与"人"系
出同源：

> 众神与人类同种同族，从共同的母亲[2]那里获得生
> 命。但我们获得的力量有天壤之别。我们无足轻重，他们
> 却安居稳如磐石的天界。

以上文字摘自品达[①]的某段宏文。但它有时会被本应对其
含义理解得更清楚的学者们错误地翻译并阐释为："众神与人
类并非同种族。"但品达想要在此表达的完整观点是：人类既
有尊严，也有弱点，而这就是贯穿所有古典希腊文学的那缕悲
音的源头。同时，正是这对作为人的尊严的意识，赋予了那个
被我们片面地译为"自由"的词如此的紧迫感和张力。

然而，该词含义不止于此。除了臣服于专制统治下的东方
人，还有其他"野蛮人"。比如，北方有民族仍处于希腊人刚
摆脱没多久的部落社会阶段。除希腊文化更为优越外，两者间
还有什么巨大差异呢？

答案就是希腊人建立的政体。我们笨拙且不准确地——但
现代语言技穷于此——将这种政体形式译为"城邦"。该政体
激发并满足了人的更高本能和能力。下文我们将对"城邦"
施以浓墨重彩，在这里只需做出如下评论：城邦肇始于地方公

---

① 品达（Pindar，约前518—约前438）是古希腊著名抒情诗人。

共安全联盟，后成为人们道德、智力、审美、社交和实践生活的焦点，推动它们发展，丰富它们的内容，而且所用的方式堪称空前绝后，没有任何社会形式可以匹敌。其他形式的政治社会总是如一潭静水，而希腊人却能通过城邦有意识地努力完善群体与个人生活。

在他和他的同胞的众多发现中，一个古希腊人当然会首先提到这个：他们已经找到了最佳生活方式。无论如何，亚里士多德就做如是想，因为他那句常被译为"人是政治动物"的名言实际上说的是："人这种动物的特征就是生活在城邦中。"如果你不这样做，那么你就多少要逊于那些最优秀、最典型的人。"野蛮人"就不这么做，这就是他们与希腊人的巨大差异。

关于这个民族，要描述的内容可能会有很多。在收集素材并绘制这幅画卷时，我允许自己不吝笔墨，精细描摹某些我碰巧感兴趣的部分，而非以面面俱到而多半仓促的手法挥洒整幅。我的笔锋只略及城邦制的终结者亚历山大大帝。这并非因为我觉得接下来几百年内的希腊不再重要，恰恰相反，正因为它在我心中有举足轻重的地位，我才不愿在卷末将其草草带过后收场——它常常受到这样的待遇。若众神慈悲，我将在本书第二卷中论述希腊化（Hellenistic）时期，以及罗马时期的希腊（Roman Greece）。

我尽力让希腊人自己现身说法，希望最终能呈现一幅相当清晰且平衡的画面。尽管我着墨于伟人或哲学家，而非小人物和群氓，但我尽量避免过于理想化。临高鸟瞰方能一览无余：12 世上群氓大致相同，虽然希腊的似乎很少表现得愚钝和邪恶。

# 二　希腊民族之形成

色诺芬①讲过一个故事，因其流传千古，我们得以在此重述。故事发生在一支万人军团穿越亚美尼亚的崇山峻岭，行军直至黑海的过程中。这些人都是雇佣兵，应小居鲁士（Cyrus The Younger）之召，特来助其将其同父异母的兄弟赶下波斯王位。但小居鲁士并未告知他们实情，因为他心知肚明：没有哪支希腊军队愿意离开大海，在陆上行军三个月。然而，他连蒙带骗把他们哄诱至美索不达米亚。纪律严明、装备精良的希腊军队轻取波斯军队，而小居鲁士却阵亡了。这令所有人都十分尴尬。一方面，波斯人手中突然多出一支百战之师，却又不知该如何指派。另一方面，希腊人须行军三个月之久才可回乡，现在却群龙无首、无人发饷、心无所向。在异国他乡，他们没有正式身份，也没有效忠对象，只能为自己而战。他们也许会胡作非为，也许会落草为寇从而被各个击破，也许会被并入波斯军队和波斯帝国。

但上述可能无一成为事实。他们思归心切，但并不打算穿越广袤的小亚细亚回乡，因为已经看够了那片土地。所以，他们决定北上，希望可以抵达黑海。他们推举雅典乡绅色诺芬领军。他与其说是位将军，不如说是位主席，因为所有军令都要大家一致通过方可颁行。这些不驯的希腊人常常展现出自律的

---

① 色诺芬（Xenophon，约前440—前355）是古希腊雅典城邦的军人、历史学家、随笔作家、苏格拉底的弟子，以记录当时的希腊历史和苏格拉底语录著称。

精神，而正是这种精神使他们团结在一起，日复一日地寻路穿过无名山地，怀柔遇到的土著，或在怀柔失败时拔出剑来。

13　　一些人死于途中，但数量不多。这支有组织的部队终于熬出了头。我们在色诺芬那本文笔相当"平实"的《远征记》（Anabasis）中读到以下故事。某天先头部队正向山口攀登，色诺芬在指挥后军。先行者登上山口后，突然开始向后来者放声大叫、比比画画。后面的人以为前方又遭遇了敌对部落，匆匆攀爬，结果在登上山脊后也开始大喊。随后爬上来的士兵们都开始大喊，激动地指向北方。最后，焦急的后军都能听到所有人异口同声喊出的那个词："萨拉萨（Thalassa），萨拉萨。"漫长的噩梦终于结束，因为"萨拉萨"是希腊语中的"大海"。大海就在那里，波光粼粼，遥遥在望。哪里有咸水，哪里就有人能听懂希腊语，哪里就有返乡的路。正如万人军团中的某个士兵所说："我们终于能像奥德修斯①一样结束旅行，弛然高卧。"

我之所以重述这个故事，部分是基于希罗多德②那令人赞叹的原则，即聪明的读者慧眼识珠，绝不会辨认不出好故事；部分则因为某个令人惊讶的事实，即"萨拉萨"这个具有显著希腊语色彩的词似乎根本不属于希腊语。更确切地说，希腊语是印欧语系的一员，是拉丁语、梵语、凯尔特语和日耳曼语的近亲。这些语言由欧洲中部某地的移民向东南传播到波斯和印

---

①　奥德修斯（Odysseus）是古希腊神话中的英雄，也是史诗《奥德赛》的主角。他曾参加特洛伊战争，战争结束后在海上漂流十年，经历无数艰难终于返回故乡与家人团聚。

②　希罗多德（Herodotus，约前480—前425）是古希腊作家、历史学家，被誉为"历史之父"。

度——因此印地语中的"raj"（统治）与拉丁语中的"rex"，以及法语中的"roi"系出同源——还南下巴尔干和意大利半岛，西抵爱尔兰。然而希腊语中"大海"这个具有如此浓厚希腊色彩的词居然不属于印欧语系。希腊人是从哪里学到它的呢？

为色诺芬的故事加上一幅插图，也许就能回答这个问题，但要注意以下故事是我首创的。大约在万人军团行军的十个世纪（也许是十五个世纪）前，有群讲希腊语的人南下走出巴尔干山脉，沿着斯特鲁马（Struma）或瓦尔达尔（Vardar）河谷进发，寻找更舒适的家园。突然他们看到前方烟波浩渺的水域，那比他们或他们祖先所见过的都要广大。他们大吃一惊，设法问土著人那是什么，土著人相当不解地说："哎呀，那当然是萨拉萨呀。"所以，在土著语言中的其他词都已消亡后，"萨拉萨"仍然流传下来。 14

当然，以孤零零的一个单词为基础，构建理论来阐述某个民族起源的做法是相当草率的，因为外来词被吸纳后，能轻而易举地取代本民族语言中的相应词语。但在公元前 5 世纪和之后几百年中，成熟的希腊文明呈现出许多特征，而解释它们最容易的方式，就是假定希腊文明是两个早期文明联姻的结晶，而且确有证据证明事实如此。

让我们再考察几个词吧。希腊语中，有两类词并非一开始就属于希腊语。一类是以"‐assos"或"‐essos"结尾的词（如"thalassa"），多见于地名，如希罗多德的出生地哈利卡纳斯（Halicarnassos）；另一类是以"‐inthos"结尾的单词，如我们所熟知的"hyacinthos"（风信子）、"Corinthos"（科林斯）和"labyrinthos"（迷宫）。它们是外来词吗？科林斯原本是外来者的拓殖点吗？也许吧。比"科林斯"更令人惊讶的是，

"雅典"（Athens）和女神"雅典娜"（Athena）都不是希腊语名词。至少在感情上，人们难以接受"雅典"一词来自侵扰希腊人的外邦人，而传说也不能为其提供依据。因为雅典人是两个自称为"土著人"（autochthonous）或"土生土长"（born of the soil）的希腊民族之一。另一个民族则是阿卡迪亚人，他们说远在月亮诞生之前自己就已经定居在阿卡迪亚①了。

我们马上就可以看到，还是有理由尊重传说的，而且阿卡迪亚和雅典的传说至少还有些可信度。因为阿卡迪亚处于伯罗奔尼撒半岛中央，地形多山，易守难攻（土耳其人日后会发现这一点），而雅典人的领地阿提卡土壤贫瘠，很难吸引入侵者或移民。当时雅典娜并非希腊人，而且我们现在也有理由推断她和她的子民是希腊人到来之前住在那里的一个土著民族。

还有个关于雅典的传说可能会给我们更多启发。关于雅典的传说无数，其中最著名的故事之一是雅典娜和波塞冬（Poseidon）争当雅典守护神。雅典娜在比赛中胜出，但波塞冬也赢得了一定的地位。波塞冬似乎是希腊——或者更确切地说是"古希腊"②——神祇，而雅典娜则不是。关于类似传说的含义，众说纷纭，但引人入胜之处在于，我们可以从中窥见关于当时在阿提卡，外来的古希腊民族和信奉雅典娜的土著人之间发生冲突的记忆。这冲突最后得以和平解决：土著人吸纳了外来者。

后来的希腊人自己也相信曾经存在非古希腊人的土著部族，并称之为"佩拉斯吉人"（Pelasgian）。在古典时代，该部族仍有遗民未被同化，仍说着自己的语言。希罗多德对目之

---

① 阿卡迪亚（Arcadia）是古希腊伯罗奔尼撒半岛中部高原地区，其居民主要从事游猎和畜牧。

② 这里"古希腊"的原文是 Hellenic。

所见之物几乎都兴趣盎然，对希腊人的起源也不例外。后来的希腊民族有两个主要分支：爱奥尼亚人（Ionian）和多利安人（Dorian）。希罗多德断言前者是佩拉斯吉人的后裔。事实上，为区别于爱奥尼亚人，他称多利安人为"古希腊人"。他还说："我无法确定佩拉斯吉人说什么语言，但也许可以从现存的佩拉斯吉人身上推测……他们说的是野蛮人的语言……"在这里"野蛮人"的含义不过是"非古希腊的"。

这与我们对雅典人的猜想相当吻合，因为他们自称是爱奥尼亚希腊人的领袖，说雅典是希腊的中心，同时也以土著居民自居。

如果传说值得信赖，那么我们就可以做出如下推论。在阿提卡和伯罗奔尼撒曾有非古希腊民族的原住民。正如撒克逊人在英格兰的所作所为，在某个未知时期，说希腊语的民族从北方逐渐迁移到此，并强迫原住民说自己的语言。这并非灾难性的猝然入侵，因为考古记录显示，在多利安人约于公元前1100年的入侵之前，文化并未突然中断。在未受侵入者影响的佩拉斯吉人聚居区中，佩拉斯吉人继续用某种希罗多德无法理解的语言交流。

我曾说过无法确认移民到来的年代，然而还是可以进一步明确时限。可以肯定的是，首次将希腊语传入希腊的并非于公元前1100年前后到达的多利安希腊人，而是至少先于他们两百年到达的阿开亚（Achaea）希腊人。我们对阿开亚人略知一二，尽管这还远远不够。对于一代代英国人来说，有些阿开亚人甚至比埃格伯特①和埃尔弗里克②等本国名人更耳熟能详，

16

---

① 埃格伯特（Egbert，约770—839），威塞克斯国王。
② 埃尔弗里克（Aelfric，约955—约1010），盎格鲁－撒克逊时期著名的学者和作家。

因为阿特柔斯①的儿子阿伽门农②和墨涅拉俄斯③就是阿开亚人，而在约三百年之后或更晚后荷马要写的阿基琉斯④及其他英雄也一样。

那这些阿开亚人是希腊最早讲希腊语的人吗？没有任何令人信服的证据。其实唯有传说才能让我们认真思考：除希腊语外还有其他语言曾是这块土地上的主导语言，因为虽说可能性不大，但还是可以想象如"雅典"这样的非古希腊名字是外来语。

但我们有理由相信这些传说吗？百年前的历史学家大摇其头。例如格罗特⑤写道，这些神话是希腊人以他们永不枯竭的想象力创造出来填补自己无从得知的历史空白的。只有愚者才会相信曾有位米诺斯王（King Minos）统治克里特岛（Crete），或史上的特洛伊战争确有其事；但否认这种可能性的人同样愚不可及。生活年代更早的希腊历史学家修昔底德对传说的态度大相径庭。他认为可将传说视为某种历史记录，应以批判的态度采纳并适当运用。

在他的历史著作的前几章中，修昔底德对特洛伊战争的记述堪称妥善处理史料的佳例，因为他从不觉得这些并非史料。关于传说中的克里特岛的国王米诺斯，他写道：

---

① 阿特柔斯（Atreus）是伯罗奔尼撒半岛西北部伊利斯国国王。
② 阿伽门农（Agamemnon）是古希腊神话中的迈锡尼国王。
③ 墨涅拉俄斯（Menelaus）是希腊神话中斯巴达的国王、阿伽门农之弟、海伦之夫。
④ 阿基琉斯（Achilles），又译阿喀琉斯、阿基利斯，是希腊神话中特洛伊之战中的英雄。
⑤ 乔治·格罗特（George Grote，1794—1871）是英国历史学家、政治家，以其十二卷本的《希腊史》（A History of Greece）而著名。

　　米诺斯是第一个组织海军的人。他控制了现在希腊海的大部分；他统治着西克拉底斯群岛①。在这些大部分的岛屿上，他建立了最早的殖民地；……封他的儿子们为这些岛屿上的总督。……他必尽力镇压海盗，以保障他自己的税收。②

　　和大多数希腊人一样，修昔底德相信传说大体是真实的，现代作家则不信。但格罗特那令人钦佩的史学著作还未印行几版，施利曼③就在迈锡尼和特洛伊发掘出两座酷似荷马作品中的城市的遗迹，随后阿瑟·埃文斯爵士④就在克里特岛进行发掘，事实上使米诺斯国王及其岛屿帝国重见天日。这至少足以说明，在公元前 3 千纪早期至公元前 1400 年前后——这段时间就如从罗马帝国陨落至现在那般漫长——克里特岛，特别是克诺索斯城（Cnossos），曾是某个辉煌文明的中心。该文明从这里逐渐流播四方，传遍爱琴海世界。鉴于克诺索斯城未曾修建防御工事，城主想必正如修昔底德所言那样拥有制海权。

　　这是印证传说之总体可靠性的杰出典范——当然只是在希腊世界中。其他地方类似例子俯拾皆是。传说有时被印证，准确到近乎荒谬。以严谨的修昔底德略去的弥诺陶洛斯（Minotaur）传

17

---

① 即基克拉泽斯群岛。
② 《伯罗奔尼撒战争史》，第 4 页。本书中引用的《伯罗奔尼撒战争史》里的内容均引自谢德风译本（商务印书馆，1985）。
③ 海因里希·施利曼（Heinrich Schliemann，1822—1890）是德国传奇式考古学家。
④ 阿瑟·约翰·埃文斯爵士（Sir Arthur John Evans，1851—1941）是英国著名考古学家。

说为例：直到他们被王子忒修斯（Theseus）① 解救，雅典人每年都要向生活在克诺索斯迷宫中的可怕怪物弥诺陶洛斯贡奉童男童女各七人。忒修斯杀掉弥诺陶洛斯，又在阿里亚德妮（Ariadne）和她的线球的引导下走出迷宫。传说到此为止，以下皆为事实。希腊语中的弥诺陶洛斯写作"Minotauros"，其前半部分显然指米诺斯，后半部分"tauros"则是希腊语中的"公牛"之意。从埃文斯在克诺索斯发现的带状装饰画和小雕像等物品中明显可以看出克里特人崇拜公牛。而且，如果说有什么古代遗迹看起来像迷宫的话，那就是埃文斯挖掘出来的巨大宫殿地基。此外有大量证据表明，米诺斯时期的克里特人使用双头斧，视其为神性或权威的象征，后来的希腊人称这种斧为"双刃斧"（labrys）。最后，当时阿提卡肯定在文化上，而且很有可能也在政治上，受到克里特人的影响。因此如果说克诺索斯的贵族们会像几个世纪后的土耳其人一样，扣留雅典贵族的家人当人质，这也不是无稽之谈。忒修斯的故事似乎是人们搞错了，因为他生活在后世；而且到目前为止，还没人能证实多情的阿里亚德妮的存在，也没有人能找到那线团，否则这个传说就有据可依了。

18　　特洛伊也是如此。城池倾颓，遗址上又建新城，重重叠加直至九层。第六层的特洛伊城大约在传说中的特洛伊战争时期（前1194～前1184年）毁于烈焰。在荷马对特洛伊的描述中，"大道宽阔"这句话流传得相当久远；而在第六层的特洛伊城中，确实有条环城宽街。城墙的建造者是两位神和一个凡人，而由凡人建造的那段经实践证明更为脆弱；而第六层的特洛伊

---

① 一译提秀斯。

城城墙确有一处软肋（但要从该处进入更困难）。这些都与荷马的描述吻合。

有许多宗谱也可为例。荷马笔下大多数英雄的家谱可上溯三代，然后可追溯到某位神。用不太恭敬的说法，此乃"天晓得他的父亲是谁"。而若为表达敬意，则可以说这代表开国者蒙受上天恩宠，即"奉天承运，乃为尔王"。然而此类谱系传承在特洛伊战争后的两代内便告断绝，那时正是公元前1100年前后，即传说中多利安人入侵时期。发掘结果显示，那时大陆上所有尚存的城市悉数被毁。此外，目前已知的最长谱系属于阿提卡和阿尔戈斯①的王室，可追溯至约公元前1700年。正如我们看到的，雅典人声称自己是最早的定居者的说法貌似可信。但还有一点：雅典的守护神雅典娜和阿尔戈斯的守护神赫拉均为女性，这在古典时代众多希腊城市中颇为惹眼。在克里特岛出土的众多神像清楚地表明这个民族崇拜一位女神。就算有一位男性神祇，他也处于附属地位。这位女神显然与大自然有关，象征肥沃土地。古希腊众神多为男性，这至少暗示拥有史上最长宗谱的雅典人和阿尔戈斯人崇拜的女神中至少有一位（也可能是两位）的名字并非源自古希腊语。宙斯（Zeus，在拉丁文中是"Deus"，意为"神"）的名字是纯粹的古希腊语。他似乎有位名为迪奥内（Diône）的配偶，两人名字同属一种语言。但在希腊神话中，他的配偶是阿尔戈斯的赫拉，而且《荷马颂歌》（Homeric Hymn）里说她不情愿嫁给他——事实证明这很合理。我们可以再次轻松做出解释：这是拥有不同文化且显然讲不同语言的两群人的融合，因此他们可

19

---

① 阿尔戈斯（Argos）是古希腊城市，临阿古利科斯湾，近迈锡尼。

能属于不同种族。

所以我们可以得出结论：决不能断然忽略那些声称是讲述历史的传说。希罗多德这位专注而又不乏批判态度的调查者把爱奥尼亚希腊人视为被希腊化的"野蛮人"，到头来也许他是对的。若是如此，我们当然会觉得这是个渐进过程，因为只有多利安人入侵才称得上大规模征服。

我们简短的讨论还涉及另一点：男性神与女性神。在古典希腊的宗教仪式中存在二元论。对于哲学思想如此发达的民族来说，这是相当令人惊讶的。但若假定希腊文化是两种截然不同的文化结合的产物，这个问题就再容易理解不过了。远观由宙斯领导的、十二位神组成的奥林匹斯诸神（Olympian Pantheon），人们会觉得该体系坚如磐石；但若近前细看，这种坚固感就会烟消云散。正如我们已经看到的，女神们甚至没有希腊语的名字，而为整个神祇体系奠定基础的宙斯与赫拉的婚姻看起来也像王室联姻。此外，整个地区的宗教崇拜和信仰仅与奥林匹斯存在偶然联系。真正的奥林匹斯诸神崇拜基于如下观念：有位神保护部落、城邦或家庭，将客居者或乞援人（suppliant）庇于羽翼之下。事实上，这位神与社会有机体息息相关。他也是自然之神，但这只在解释自然现象时才有意义：宙斯降下雨水和闪电，波塞冬掀起怒涛、震动大地。雅典娜被这个系统完全接纳，化身为宙斯之女、雅典全副武装的女守护神和社会智慧的赐予者。然而她的猫头鹰提醒我们，她原本是自然女神，而非部落女神。在希腊，有教派狂热崇拜大自然创造生命的神秘力量，也有人尊崇奥林匹斯。两者并行不悖，但对比十分鲜明。比如神秘异教吸引个人，奥林匹斯则关注群体；异教接纳奴隶和自由民，奥林匹斯只吸收群体成员；异教灌输关于重

生、再生和不朽的教义，奥林匹斯则什么都不教，只关心群体　20
中那些不朽的和无形的成员获得的荣誉。它们的宗教观念截然
不同。大体上说，男神的观念是欧洲式的，女神的观念则属于
地中海。对女神的崇拜直接承自米诺斯的克里特岛。

　　现在是时候谈谈这个历史悠久的文明了。历史上的希腊人
对它只有模糊的记忆，而对我们祖父那一辈的人来说，它仿佛
空中楼阁。从年代上讲，它于约公元前 4000 年进入新石器时
代，于公元前 2800 年开启青铜时代，随后蓬勃发展。在它存
续期间，辉煌年代与迟滞时期交替出现，直到约公元前 1400
年克诺索斯城最终被洗劫并摧毁。它的版图起自克诺索斯城，
随后扩张到克里特岛其他地区，逐渐囊括爱琴海诸岛，不仅覆
盖希腊南部和中部的许多地区，甚至直抵小亚细亚海岸和非利
士①。从公元前 1600 年开始，大陆上的某些城市开始与克里
特争夺文明中心的地位，并在克诺索斯城被毁后取代了它，其
中的"领头羊"便是迈锡尼，于是这古老的米诺斯文化，或
者说爱琴海文化中较晚的一支（虽然是首支被重新发现的）
就被称为"迈锡尼文明"。其后期发展被不完全地记录下来，
成为《伊利亚特》（*Iliad*）的创作背景。

　　关于该文明在此不可能详述。不设防御工事证明它的政治
基础是海军力量，而巨大的宫殿则昭示其国帑丰厚。克诺索斯
宫殿那极其复杂的布局，表明它是行政中心而非要塞。说这些
古代克里特人采用的是宫殿政体应该不会有问题，因为无论哪
类人民政体的行政机构都跟这样的废墟对不上号。彩绘花瓶、
带状装饰画、小雕像和其他文物表明这个文明优雅而活力十

---

　　①　非利士（Philistia）是地中海东岸古国。

21　足，人民欢乐而物质充盈。有位法国学者曾久久凝视带状装饰画上的克里特仕女，感叹道："这简直是巴黎女子啊！"这句评论常被人引用。我们可以从人类文化的另一方面来观察：宏伟王宫的排水系统被誉为"完全英国式的"。在陶艺达到顶峰时，大小陶器都呈现绝妙的工艺水准和设计感。有时它们过于花哨，在本该空白之处堆砌各种花样；但有时它们大胆留白，使人想起全盛时的中国艺术。总的来说，我们看到的是快乐的、有贵族气派的文化，那时人们沉溺于狩猎、"斗牛"和观看杂耍。

　　然而我们可以假定，这个文明的其他方面对米诺斯人来说与艺术同样重要，甚至可能更重要。在研究过去文明的书中，通常会为艺术部分留出过于充裕的空间，其原因有二：一是比起道德信条或政治哲学，庙宇或绘画更易被拍摄下来作为插图；二是有许多民族唯有通过艺术方能表达自我。事实上，在古代民族中，希腊人和犹太人是最早的例外。这两条也适用于米诺斯人。他们只能通过艺术直接与我们对话，除此之外，我们只能通过推测间接了解他们。他们确实留下大量遗迹和遗骸，这是毋庸置疑的。但我们无从得知他们的人生观，也不知道他们如何面对人生困境。他们确实懂得书写的艺术，而且我们手头也确实有他们写下的文字，但我们无法将其破译。我们必须盼着某人某时能成功破解并翻译这些文字，以便告诉我们：比如，为什么某位官员对下属发脾气，或者基督诞生前1700年的牛肉价格是多少。

　　虽说除非推测，我们无从得知他们的思想和经历，但我们对其祖先有所了解。他们留下了自己的肖像画，瘦削身材、深色皮肤和黑发清楚地显示他们属于源自北非的地中海血统。这个民族在他们当中某些人踏上杳无人迹的克里特岛时，已度过旧石器时代。其他人会不会走得更远，定居在希腊各地呢？我们对此一无所知。

晚期克里特艺术直接演变为大陆迈锡尼文化，虽然接纳了新的支流，但主流传承几乎没有中断。典型的宫殿布局不同了：不但宫殿更像堡垒（这要归因于更为动荡的大陆环境），而且房间更加封闭，仿佛该风格源自更恶劣的气候。这种风格逐渐发展，出现了在克里特文明的任何建筑中都找不到的对称设计。其他不同之处体现在瓶饰画中人物形象更为突出。克里特艺术家主要描绘线性图案，而图案（无论倾向于自然主义风格还是风格化）源自动植物形象。迈锡尼艺术家继承了线性图案的设计手法，但更频繁地使用人物形象，比如将其置于游行场景和战车比赛场景中。

是谁创造了迈锡尼文化？是那些放弃衰落的克里特岛，在粗鲁不文的古希腊人中建起新家，并为他们打造艺术品的艺术家和工匠吗？还是（看起来更有可能）某个以非希腊人为主，已经深受克里特人影响并可能与其有亲缘关系，但被新近驾战车到来的希腊贵族统治的民族？如果后一个猜想正确的话，那是不是说希罗多德就是对的，大部分"迈锡尼人"（无论有没有被希腊化）就是爱奥尼亚人呢？也许终有一天这些问题能够被解答。同时，无论我们尝试要描绘的是怎样一幅画卷，也许聪明的办法是不将画面安排得过于整齐有序，因为偶然到来的移民和局部征服战无疑曾持续很长时间，而且必须为荷马笔下的"棕发（Xanthoi）阿开亚人"预留一席之地。棕发使其与其治下的黑发人种明显区分开来。荷马描写的那些继承宙斯血脉的国王实行准封建贵族统治，治下的迟钝臣民无论在军事上还是在政治上都只能起到微末作用。在撒克逊英格兰建立统治地位的诺曼贵族与之明显相似：阿特柔斯在迈锡尼建造并传与其子阿伽门农的"宫殿"更像是堡垒，它位于绾结起伯罗奔尼撒和希腊中部各地区的战略道路网络的中心，而在这些地区也能找到其他类似堡垒。事实证明，阿开亚人的铁质兵器优于迈锡尼的青铜武器，但总的来说，后者的文化要优于前者。从这个角度来看，我们会饶有兴趣地注意到三四百年后荷马据之创作的传说中的一个误差。在某些方面，该传说高度逼真地再现了迈锡尼时代，尤以政治地理学方面为最。在荷马写作的时期，也许是在公元前 850 年前后，希腊的版图已被多利安人于约公元前 1100 年的征服完全改变了。例如，迈锡尼失去了重要地位，而且荷马位于亚细亚海岸的故乡也被纳入希腊疆域。然而，《伊利亚特》中描写的希腊却与公元前 13 世纪的真实希腊毫无二致。没有迹象表明这是荷马本人了解的亚细亚的爱奥尼亚。但这个误差的有趣之处在于，荷马罔顾艺术与奢侈品诞生于当地工匠手中这一事实，把它们归功于腓尼基人①。这似乎难以令人信服。阿开亚人是粗鲁的征服者，毫无风雅可言，后来者多利安人更甚。二者都被比喻成败家子。

其他矛盾之处大率如此。在荷马笔下，逝者的遗体会被火化，但当地土著的常见传统做法是土葬。在荷马作品中，我们读到了奥林匹斯诸天神的故事，其中难觅克里特和爱琴海的大地女神的踪影。他在书中常描写狩猎活动，却对迈锡尼艺术中占突出地位的"斗牛"表演未着点墨。类似的矛盾还可继续

① 腓尼基人（Phoenician）是个古老民族，生活在今天的地中海东岸，善于航海经商，在全盛期曾控制地中海西部的贸易。

列举。荷马传说就其本身而言是准确的，但它们属于人数较少的征服阶级，与人数占优且较为文明开化的被统治者的生活泾渭分明，也未能猝然摧毁甚至未能明显改变这种文明开化的生活。

　　阿开亚人是什么时候到达的？这样提问未免过于简单。约在公元前 1400 年，克诺索斯被无疑来自海外的入侵者毁灭，而同时代埃及人的记录说"海上岛屿"动荡不安，且埃及海岸被"Akhaiwashi"袭击。这个称呼与荷马口中的"Akhaivoi"（阿开亚人）非常接近，由此证实了其身份。随后我们从赫梯人①的史料中发现，肆虐亚洲的劫掠者首领名字近似"阿特柔斯"，而这正是阿伽门农之父的名字。不必试图确认这两者实为一人。我们所知道的阿特柔斯是迈锡尼的国王，也是佩洛普斯（Pelops）之子。后者以自己的名字命名伯罗奔尼撒半岛（意为"佩洛普斯之岛"）。这位阿特柔斯不太可能是那个在小亚细亚追得赫梯人四处逃窜的人。"佩洛普斯"是希腊名字，意为"红脸颊"，而且他来自小亚细亚的吕底亚（Lydia），因此另一位阿特柔斯可能与他是同族。

　　所有这些都表明，从公元前 15 世纪晚期至公元前 14 世纪期间，天下大乱，而阿开亚人在其间拔得头筹。如果宗谱属实的话，鉴于佩洛普斯的孙子阿伽门农于公元前 12 世纪的最初几年（传统说法是公元前 1194 年）曾率领阿开亚人联军兵临特洛伊城下，那么他应该于公元前 13 世纪上半叶跨过爱琴海，与奥林匹亚附近的伊利斯（Elis）王室联姻。此外，如果宗谱可信的话，其他阿开亚人王朝也于公元前

①　赫梯人（Hittites）是古代民族，居于安纳托利亚高原，善于征战。

24

13 世纪建立。

但它们都衰落了，日渐衰朽的迈锡尼文明在公元前 12 世纪末期走到尽头。又一批征服者即多利安人从希腊中北部南下。这次的入侵者不再是占领或侵扰小国的成功冒险家，而是极具破坏力的死亡大军。他们猝然终结了这个悠久的文明，拉开了黑暗时代的帷幕。随后是长达三个世纪的混乱，混乱结束后古典希腊登上舞台。爱奥尼亚人（雅典人除外）渡海避难，"阿开亚"这个名字仅限于指科林斯海湾（Gulf of Corinth）南岸的狭长平原，而棕发阿开亚人和棕发多利安人（如果他们的头发也是同样的颜色的话）被黑发希腊人同化，正如金发的高卢凯尔特人（Celts of Gaul）变成黑发法国人一般。

一百年前，这个黑暗时代中难觅微芒，但荷马如一道无从解释的灿烂光芒突然划过天际，古典时代随之而来，欧洲文明和艺术首次呈现奇迹般的繁荣景象。此时黑暗不再那么浓重，因为我们可以在其中摸索着追溯陶工和金属工匠的技艺。受到铁的引入的刺激，金属工艺确实有所发展；尽管陶绘已经失去了早期的那种典雅、自由和想象力，但杰作"迪皮利翁瓶"（Dipylon）仍于公元前 9 世纪诞生于雅典。像最早的米诺斯陶器一样，它们也以几何图案为饰，但我们再次发现在曾经的克里特文明中并不常见的人物主题。我们看到驾战车的士兵、葬礼场景和划战船的男人。人物形象高度风格化：细线条表现四肢，头是模糊不清的一团，上半身是三角形。绘画技巧粗糙，但在画面总体构图方面相当成功。同迈锡尼的陶瓶一样，我们从中能看出希腊人对人类及其造物的独特兴趣。

这个调查相当漫长，而且必然得不出结论，但它提出了重要的一点：古典希腊的艺术并非全然新创，而是一次"文艺复兴"。然而这次"文艺复兴"的环境和自身气质与我们通常所指的那一次大相径庭。之前的艺术被注入新的元素。上面提到过的动荡环境促使民族融合，从而产生了继承"双亲"天赋的新民族。我曾以稍嫌草率的方式指出：我们先在迈锡尼画家，后在雅典画家对人类活动表现出的兴趣中已经发现了这点，而且这种对人的兴趣的确是希腊思想的主要特征之一。但我们也许可以进一步探讨。希腊艺术（"艺术"取最广义）的伟大之处在于，它能使两种经常对立的原则握手言和。这两种原则一为克制、明晰和本质上的严肃，一为才华、想象力和洋溢的激情。所有古典希腊艺术都具有极高的理性特质，通常表现为逻辑性和结构的确定性。艺术中的智识主义有时会使我们感到乏味；但希腊艺术，无论是帕特农神庙、埃斯库罗斯①的一部戏剧、柏拉图的一篇对话、一幅陶绘，还是修昔底德的一段艰涩分析，都既有智识主义，也有势不可当的活力和激情。然而这种势不可当恰是智识控制的结果。

若将古典希腊艺术与米诺斯或爱琴海的艺术加以比较，会发现其中的显著差异。米诺斯艺术中的精华拥有艺术所能拥有的所有特质，唯独缺乏这种强烈的智识主义。很难想象希腊建筑师会设计出像克诺索斯宫这样无序的建筑，即便他们出于偶然或面对死刑威胁。希腊人在所有艺术领域中最艰难最严肃的大型雕塑方面成绩斐然。而至今为止，所有出土的米诺斯雕塑都是小型作品，这肯定不是巧合。当然，所有堪称"艺术"

26

---

① 埃斯库罗斯（Aeschylus，前525—前456）是古希腊最伟大的悲剧作家之一。

的作品，都应严肃且发人深省。不过在某种意义上，人们会将以上特质归于希腊艺术，而非米诺斯艺术。人们会本能地用才气纵横、敏锐、优雅、令人愉悦等形容词来描述米诺斯艺术，但绝不会使用"充满智识的"一词。

欲研究古典希腊艺术中的智识张力，我们必须转向古希腊人，而且我们手中也不乏证据。他们走下北方山地时，带来的不是艺术，而是一种语言。正是在希腊语的结构中，我们可以感受到明晰、克制以及对结构的掌控力。这些特质在古典希腊艺术中随处可见，但在早期希腊艺术中相当欠缺。首先，和近亲拉丁语一样，希腊语是高度屈折语言，语法极其复杂精妙，而且越接近源头，屈折就越复杂，（在许多方面）语法就越微妙。学习古典文学的年轻学生很快就会发现，与拉丁语相比，希腊语法更灵活多变。但这一发现会使他喜上眉梢还是垂头丧气，就要视个人性格而定。因此，希腊语的本质在于极其精准地表达观点间的关系，以及意义和情感上的毫厘之差。但更能说明我们目前阐述的问题的是掉尾句，它若不是该特质造成的结果，就是该特质的起因。在希腊语和拉丁语中，如果某个陈述碰巧比较复杂，承载一个或数个主要含义，还附带一个或数27 个解释或限定说明，那么整个复杂意群就能够而且通常仅由一个句子做出完美清晰的表述。也就是说，这两种语言的构造能力都很出色。不过，它们之间有显著的区别。罗马人似乎是依赖纯粹决心和勇气造就掉尾句，而希腊人天然就具备这种能力。首先，希腊语中衔接主句和从句的方式似乎更多。例如，如果我没有数错的话，普通的希腊语动词有十种变格，而拉丁语只有三种。其次，希腊语还大量储备了小品词。它们是成对或成组出现的连词，唯一功能就是厘清句子结构。

它们起到指示标的作用。读者想必常有以下尴尬经历：大声朗读英文句子，在预计会结束的某处压低声音，但发现眼前并非句号，而是分号或逗号，于是只好回溯一两个词，提高声音，再接着读下去。如果他读的是希腊语，这种情况就不会出现，因为希腊语作者会在句子开头注上"te"，意为这个句子（或从句、短语）将会包含至少两个并列成分，而第二个（或后续所有，无论多少）是对第一个的简单补充。他也可能注上"men"，表达的意思几乎完全相同，但此时第二个成分（或后续所有）并非对首个的延续，而是对比。当然，英语也能做到这一点。一个英语句子可以由"与……同时""另一方面"开始。但希腊人总是凭本能就可以更从容地做到这一点。的确，我们手头没有古希腊人之间交谈的直接记录，但我们可以看到，戏剧和柏拉图的作品尽力营造即兴发言效果时，常会运用相当复杂精密的掉尾句结构。即使未曾遇到这种情况，那种遣词造句清晰明白、毫不含混的句子也俯拾皆是，仿佛讲话人先在脑海里厘清观点，因而瞬间规划好句子的结构，随后才将其从唇齿间吐出。准确、微妙和清晰是希腊语言的本质。遣词不够精确或表意不明的问题在英语[1]中经常出现，在德语中偶尔出现；但此类错误与希腊语无缘。我并不是说讲希腊语的人就不会说废话，这种情况很可能出现，然而即使出现也会马上让人清晰可辨。希腊语的恶习并不在于错误与含混，而在于臆造的明晰，即在不应区别的地方强行区别。

在某个民族所创造的事物中，也许唯有语言结构最能直接表现其精神。但在希腊人的所有创造中，我们都可以发现他们对理念的坚定掌控，以及清晰简洁表达理念的方式。有了这种清晰、建设性的力量和严肃性，我们就能找到敏锐的感受力和经久不衰的优雅。这就是所谓"希腊奇迹"的秘密所在，而其原因或者说其重要组成部分，即便不算上民族融合，也在于文化交融。

# 三　国土

行文至此，也许我们该暂时考察一下希腊的地理环境。这个国家有什么特质能吸引一批批未开化的北方来客，而且其中间或有东方人呢？它又为他们做过些什么呢？

读者们看一眼地图就能明白希腊的整体地形：满布石灰岩山地，谷狭湾长，河流稀少而岛屿众多。这些岛是海面下的山系露出水面的部分。这里平原寥寥，面积也不甚大，但在该国的经济和历史上享有举足轻重的地位。有些平原沿海岸分布，比如位于海湾南岸，狭窄却肥沃的阿开亚平原；有些平原位于内地，如拉栖代孟（Lacedaemon，即斯巴达）；更多的或许几乎完全被山脉隔绝，与大海无缘，如色萨利（Thessaly）和彼奥提亚（Boeotia，又译波奥提亚、维奥蒂亚）[1]。彼奥提亚平原的森林尤其翁郁，那里的气氛因此特别沉闷。当地人被更为聪敏的雅典邻居称为"彼奥提亚猪"。

希腊各地区的发展呈现多样化。地中海气候带和亚高山气候带相距只有几英里；肥沃的平原与荒凉的山地相间；野心勃勃的水手和商人与几乎不懂何谓海洋或商业的内陆农民为邻，后者的传统与保守甚至如同小麦和牛在农牧业中的传统和保守地位一样。在今天的希腊，各地区的差别可能大到令人目瞪口呆。在雅典或比雷埃夫斯（Piraeus），你能够或者说在二战前一度能够任意享受现代欧洲大都市的种种便利。那里有有轨电车、巴士和出租车，以及每隔几小时就会到达的航班和挤满船只的港口。那些船可以带你去世界上任何地方：横渡海湾到埃

29

伊纳岛（Aegina）；沿东或西海岸航行；穿过运河去亚历山大港（Alexandria）；前往欧洲各主要港口或美洲。但你也可以花上几个小时，来到希腊中部或伯罗奔尼撒半岛，那里方圆数英里之内能找到的唯一道路是马蹄踏出的小径，而唯一有轮子的交通工具是独轮车。在卡拉马塔（Kalamata），有人带我去参观一座规模很大的新式面粉厂，它能直接把谷物从货船上吸进去。而就在看到面粉厂的两天前，就在距它20英里的地方，我曾见到人们以《旧约》中描写的方式打谷，看到不知是马还是骡子的牲畜在田地一角的圆形打谷场上团团转，旁边有人借着永不停息的风力扬场。古希腊时期的对比也许不会如此鲜明，但仍然会给人留下深刻印象。种种差异随处可见，这一事实意义重大。

对希腊文化的发展至关重要的是，大多数城邦都有带状的肥沃平原、高地牧场、被森林覆盖的山坡和寸草不生的山尖，而且不少城邦还临海。希腊没有伯明翰（Birmingham）或威尔特郡（Wiltshire）这样的城市，也没有社群，也就是说没有统一的生活方式，在这方面它甚至比不上中世纪的英格兰。在我们印象中商业和工业特别发达的城邦，如科林斯和雅典，农业比重也至少与商业旗鼓相当。公元前5世纪辉煌的雅典市民生活轻而易举就使我们忘记大多数雅典市民起初是农民。从阿里斯托芬①的早期喜剧中可以明显看出，很大程度上雅典仍保持着乡村特征。修昔底德明确说过，在阿提卡，人们在自家土地上世代居住，直到伯罗奔尼撒战争爆发才被迫进城避难。是斯

---

① 阿里斯托芬（Aristophanes，约前446—前385）是古希腊早期著名喜剧作家。

巴达人的入侵将他们变成城市居民。

如果连雅典都是这种情况的话，那么其他希腊城邦就更是如此了。城市和乡村密不可分。只有偏远的地方如阿卡迪亚和希腊西部除外，因为那里根本没有城市。城市生活的发展总会被周边乡村、山脉和海洋影响，而乡村生活也会被城市惯例浸染。这就催生出理性而平衡的态度。古典时代的希腊人根本不知逆来顺受、不知变通的草原居民的思维，也几乎不会沾染城市愚氓的短视蠢行。[2]

土壤和气候多样，因此正常情况下希腊众城邦当然能够自足，而且人民能够享受平衡的群体生活。近年来，我们也学会使用希腊语中的"自足"（Autarkeia 或 Autarky）一词，却是在更沉闷的语境中使用。我们稍后便会发现，对希腊人来说，这是城邦概念的基石，而希腊的客观条件也允许他们实现这一政治形式。

在小小的希腊世界里，稳固的多样性还会导致另一个重要结果。仰仗所处的不同海拔，大多数城邦在自给自足的同时还能拥有特产。如阿提卡出橄榄，米洛斯产大理石，小岛皮帕瑞图斯（Peparethus）则酿葡萄酒。于是城邦间贸易活跃，交流频繁。而且除冬天外，海上交通便捷且安全。基于上述情况，我们也许可以考虑另一个至关重要的事实：希腊总体地势朝向东南。山脉向东南延伸，因此河谷和港口也面对同一方向。即使旅行者仅乘小舟一叶，手头没有罗盘，也能循山脉延伸而成的岛链安全抵达亚洲和埃及，那里有更古老且富有的文明。结果在史前时代，希腊就先后对来自克里特岛和腓尼基的商贾及其他旅行者敞开大门。进入有史时代后，古希腊人自己成功扬帆入海，沿着海上航线抵达比家园更古老的陆地。为将这点阐

31

释清楚，可对比意大利的情况。亚平宁山脉（Apennines）靠近东海岸，因此江河西流，山谷西向，肥沃平原和港口也就出现在西海岸。意大利东部的海岸线最不宜居，因此文明较晚传入意大利。米诺斯文明的影响不大，而希腊人先是沿南边海岸线建立殖民地，然后转而向西。希腊文明与罗马文明间的巨大差异很大程度上要归因于，与古希腊人不同，拉丁民族入侵半岛后，并未发现地中海东南部的古老文明，因为亚平宁山脉是一重难以逾越的障碍。

再以希腊群岛和赫布里底群岛①作比。虽然这两地在气候和土壤肥力方面的差别已显而易见，但仍然能够体现这一点。赫布里底各岛屿的物产相差无几，或者说与英国本土的出产也大同小异，因此远古时这里贸易活动微乎其微，也没有鲜明对比可以让人开阔眼界。此外，海上航线并不通往腓尼基或埃及，而是通向另一块相差无几的大陆或北大西洋，因此出海者要么会葬身大海，要么即使漂洋过海，也学不到什么。

另一个重要因素是气候。总的来说，希腊的气候宜人而稳定。实际上，它的天气状况总有规律可循。山区严冬难熬；其他地方则温度适中，阳光充足。炎夏早至，但除了内陆平原外，居民并不会热得发昏，因为空气干燥，而且热量会受到每天交替的海陆风的调节。夏季几乎滴雨不落，秋季和冬末才是雨季。

在被认为是希波克拉底②编写的希腊医学著作中，有一部题为《论空气、水和地域》（*Airs，Waters，Places*）的短篇

---

① 赫布里底群岛（Hebrides）位于苏格兰西部外海。
② 希波克拉底（Hippocrates，前460—前370）是古希腊医师，被西方尊为"医学之父"。

作品，把希腊气候描绘得令人沮丧。那位佚名的作者告诉我们：如果某地朝向东南或西南，迎热风而拒北风，那么此地海水就会夏热冬冷而且极咸，因为盐分会接近水面。那里的居民会为体液中过多的黏液所苦，从而患消化不良：他们会食不下咽，饮难入喉；女人会因体弱而易流产；孩子们会患抽搐、哮喘和癫痫；男性则易患痢疾、腹泻、疟疾、慢性发热、湿疹和痔疮，而且 50 岁之后还会因体液从头部降下而瘫痪。然而，胸膜炎、肺炎等疾病很少在这里肆虐。若地势南高北低，则居民遇到的麻烦会恰恰相反：水质偏硬，体质亦然。那里的人会瘦削而强壮，食多饮少，"因为一个人不可能既是大胃王，又是酒鬼"，而且易患胸膜炎和体内撕裂伤；妇女生育稀少，婴儿很难长大。东方是最好的朝向，而朝西最糟糕。

文中观点真是令人丧气，但医学教科书总会危言耸听。而且无论如何，这位作者显然是个喋喋不休的讨厌家伙，算不上最好的那类希腊科学家。

让我们看看另一类证据。我随意列举最近百年内的几位名人：海顿、莫扎特、贝多芬、歌德、舒伯特、门德尔松、华兹华斯、柯尔律治、济慈、雪莱。以百年为限，我们再选几位地位类似的希腊人物：埃斯库罗斯、索福克勒斯①、欧里庇得斯②、阿里斯托芬、苏格拉底、柏拉图、伊索克拉底③、高尔

① 索福克勒斯（Sophocles，约前 496—前 406）是雅典著名悲剧作家。
② 欧里庇得斯（Euripides，前 480—前 406）与埃斯库罗斯和索福克勒斯并称为希腊三大悲剧大师。
③ 伊索克拉底（Isocrates，前 436—前 338）是希腊古典时代后期著名的教育家。

33 吉亚①、普罗塔哥拉②和色诺芬。第一份名单上的人辞世时，年纪分别为 77 岁、35 岁、57 岁、83 岁、31 岁、38 岁、80 岁、62 岁、26 岁和 30 岁；第二份人名表上的人则为 71 岁、91 岁、78 岁、60 岁（以上）、70 岁、87 岁、98 岁、95 岁（存疑）、约 70 岁和 76 岁。当然，雪莱是溺水身亡；但埃斯库罗斯和欧里庇得斯显然都死于意外，苏格拉底被处死，普罗塔哥拉则死于船难。那三位悲剧诗人去世时仍处于活跃的创作巅峰期（但没人会这样说华兹华斯），而死神强行给柏拉图正在撰写的《法律篇》（*The Laws*）画上了句号。如果对这个话题感兴趣，那么可以翻阅第欧根尼·拉尔修③所著相当有趣的《名哲言行录》（*Lives of the Philosophers*），书中得享高年的哲学家会让你大吃一惊。其中有些人的生卒年月显然具有传奇色彩，比如没人会信恩培多克勒④真的活到了 150 岁，但他本来无论如何也很难说是历史人物。根本没理由怀疑书中列举的大多数人年纪的准确性。很明显，希腊不仅有利于居民长寿，而且有利于他们长期保持体力充沛。索福克勒斯于 90 岁高龄时创作了伟大的《俄狄浦斯在科罗诺斯》（*Oedipus Coloneus*）。与其类似，斯巴达国王阿格西劳斯（Agesilaus）在 80 岁时不仅能指挥战斗，还能亲身上阵厮杀。希腊人似乎比现代国家的

① 高尔吉亚（Gorgias，约前 483—前 375）是古希腊哲学家和修辞学家，著名的智者。
② 普罗塔哥拉（Protagoras，约前 490 或前 480—前 420 或前 410）是智者派的主要代表人物。
③ 第欧根尼·拉尔修（Diogenes Laertius，220—250）是罗马帝国时代的古希腊哲学史家。
④ 恩培多克勒（Empedocles）是古希腊唯物主义哲学家、诗人、修饰学家和医生。

居民更容易在晚年时仍保持活力，至少直到近代都是如此。

这无疑是养生法的功劳。今天的希腊并不富裕，但在古时肯定更为富有，养活了更多人口，但人们的生活方式不算奢侈。今天的希腊骡夫可以靠一条面包和几颗橄榄维持几天生活，他古典时代的祖先也一样节俭。大麦粉、橄榄、一点葡萄酒，有鱼就算是打牙祭，只有在盛大的节日才有肉吃——这就是正常的食谱。正如齐默恩①所说，通常阿提卡人的正餐只有两道菜，一道是粥，另一道也是粥。虽然他们适当地间或参加酒会，但饮食总体来说很清淡。这种饮食习惯，加上活跃的户外生活，造就了精力充沛的希腊人。

希腊的物质为何如此匮乏？我们可以从柏拉图在《克里底亚篇》（*Critias*）中对阿提卡的有趣描述中找到至少部分原因。他说阿提卡的土地远不及过去广袤肥沃，"因为它像悬崖，从大陆延伸到大海深处"——这就是"阿提卡"一名的由来——"而其周围海水很深。九千年[3]来，曾有过多次剧烈的风暴。但从高处被冲刷下来的泥土并未像在别处一样形成广阔的冲积平原，而是被海水四散冲走，最终沉入海底。因此正如那些小岛一样，和过去相比，现在剩下的就如同病体之骨：肥沃的土壤散尽，唯余形销骨立的岩层。地表土层未被破坏时，它拥有高山而非秃岭，而现在被称为菲勒乌斯[4]的平原上曾有厚厚的沃土。山间树木成荫，至今尚有残迹可循。现在有些山头的植被只能供养蜜蜂，但不久前人们还在山上伐木，为最宏伟的建筑建造屋顶，而这些木屋顶至今仍完好无损。此

34

---

① 阿尔弗雷德·齐默恩（Alfred E. Zimmern，1879—1957）是欧洲早期理想主义的代表人物，著有《希腊共同体》《第三英帝国》《国联与法权》等。

外，过去那里曾有大片人工林，群山间的牧场上游荡着数不清的畜群"。

因此，荷马笔下的饮食无疑与古典时代希腊人的真正食谱有惊人的差异：在《荷马史诗》中，每隔两三百行文字，英雄们就会吃掉一头牛，吃鱼则意味着极度困苦；而在古典时代，鱼是奢侈品，几乎没听说过有人吃肉。

柏拉图提到过风暴。希腊的气候确实有其戏剧性的一面：天空之神宙斯脾气暴躁，而用海浪或地震摇撼大地的"震地者"（Shaker of Earth）波塞冬也是相当令人敬畏的存在。我们目前知道的生活年代仅晚于荷马的希腊诗人赫西奥德（Hesiod）描述了赫拉克勒斯①如何击倒巨人库克诺斯（Cycnus）："宙斯那烟雾缭绕的雷霆击在他身上，他轰然栽倒，如树断崖倾。"②我曾见过宙斯雷霆之怒的杰作。当时我正在阿卡迪亚的山谷中寻路，那里树木繁茂，气势迫人。突然我眼前出现一块方圆十几英亩的林间空地，地面布满大大小小的卵石，看不见一星半点泥土，仿佛布满岩石的海岸。空地中央有座房子，一半已成为废墟。两天前这里还是个农场，是几英里外图尔托瓦诺山（Mt Tourtovano）上爆发的一场风暴把它变成了这个样子。毫无疑问，两年后这里又会出现一个农场，因为勤劳的希腊农民明白对抗宙斯的唯一办法。

赫西奥德本人对家乡的气候殊无喜爱之情。而且既然我们截至目前都对希腊气候给予了很高评价，那么听听这位著名权威人士的反对意见也算公平。赫西奥德不喜欢闷热的夏天，也

---

① 赫拉克勒斯（Heracles）是古希腊神话中的大力士。
② 该段出自《赫拉克勒斯之盾》（*Shield of Heracles*）。

讨厌冬天——"要提防勒那昂月①的不幸日子，这个月中每天都可能有牛冻死。北风之神在大地上吹着寒气，人类便会尝到霜天雪地的苦头。北风越过马群遍地的色雷斯，吹到广阔的大海上，搅得海水汹涌翻滚，所到之处，大地森林发出吼声，山谷中枝叶繁茂的高大橡树和粗壮的松树连根拔起倒在丰产的大地上，浓密的森林发出呼啸，野兽冷得发抖，尾巴夹到两腿之间，甚至身上长有浓厚毛层的动物也是如此，尽管它们胸毛厚密，北风的寒气也能吹进它们的心窝。寒气甚至穿透牛的皮层而不受阻挡，也吹进毛层细密的山羊体内。但是，北风绝不能把寒光透进绵羊体内，因为它们身上长有大量绒毛。寒光使老年人冷得缩成一团。"② 八方来风中，有四股是赫西奥德所讨厌的，其他的则"是神赐的，造福与人类；狂风则是不定时横扫海面。有一类狂风肆虐于阴暗的海面，因季节不同而不同，猛烈不祥的阵风翻沉船只，溺死水手，给人类带来巨大的劫难。航海者碰上了它们，就无法逃脱灾难。另一类狂风吹过无边无际、繁花似锦的大地，损坏住在下面的农人的美好农田，在上面盖满尘土，发出残酷的尖叫声"。③

不过，赫西奥德是农夫，而且是个彼奥提亚人，"定居在赫利孔山（Helicon）附近的一个贫穷村落阿斯克拉（Ascra），

---

① 勒纳昂月（month of Lenaeon）是爱奥尼亚人关于希腊历法中伽米里昂月（Gamelion）的说法，指阿提卡希腊人一年中的第七个月，相当于现在公历1月下旬至2月上旬。

② 引自［古希腊］赫西奥德《工作与时日·神谱》，张竹明、蒋平译，商务印书馆，1991，第16页。下文《工作与时日》与《神谱》里的内容均引自这一译本，不再特别说明。

③ 同上书，第16页。

这地方冬季寒冷，夏季酷热，风和日丽之日犹如凤毛麟角"。①
虽说他的父亲从小亚细亚迁居此处，想必曾无数次告诉赫西奥
德亚洲那边的情况要好得多，但人不该这样批评自己的故乡。

36　　我们可以肯定雅典人会说：谁叫他住在彼奥提亚呢？雅典
人于每年 2 月在露天举办当年首个戏剧节。虽然雨季已经结束，
但出海季还未开始，因此这个节日比起 4 月初盛大的全城酒神
节（City Dionysia）更像是自己人的节日。全城酒神节举办时，
希腊所有城邦的来客云集雅典。显然雅典的气候比赫西奥德描
述的要好，但我们已经说过，希腊这个地方处处是反差。

　　我们在谈论希腊气候时，千万别忘了它对希腊人尤其是对
雅典人生活的影响。

　　首先，希腊人维持生活的必需品极少。希腊人积极生活所
需的食物比在其他恶劣气候下生活的民族所需的少得多。但还
有个事实：希腊人——这里指希腊男子——能够而且确实把大
部分闲暇时间花在户外。这本身就意味着他有更多空闲时间。
因为他不需要为买长靠椅和煤而工作。毕竟，英国人发明
"英式舒服生活"的原因是英国人只有在室内才会觉得舒适温
暖。人们普遍认为雅典人享受的悠闲要归功于奴隶制。奴隶制
确实有一定贡献；⁵但更重要的是，英国人夙兴夜寐换取的事
物中有四分之三是希腊人用不着的。

　　这些事物对英国人而言确实是必要的，或我们自以为有必
要之事物被希腊人弃而不顾，如此他们便可大大节省时间。他
们把省下来的闲暇时间花在户外，于是无论城中乡下，他们都
可与身边人交流，从而砺其才智，养其礼仪。少有民族能如此

---

① 《工作与时日·神谱》，第 19 页。

沉浸于交际活动。对希腊人来说，交谈如呼吸一样不可或缺。虽说当下这习惯因其读报成瘾而多少有所改变，但大体仍然如此。除了雅典，如苏格拉底这样的人物还能诞生于何种社会中呢？他一言未立，也从不传道，平生只在上战场时才两次离开居住的城邦。但他只凭在街上与人交谈，就能改变人类思潮。还有哪个社会能如此视受过良好教育且有品位的人和粗俗不文者之间的鸿沟如无物呢？雅典人和许多其他地区的希腊人在集会场所接受真正的教育：在市场、柱廊或体育馆的谈话中，在政治集会中，在剧院里，在荷马作品的公开诵读会上，以及在宗教游行和庆典中。在阿提卡，大型集会可以露天举行，这也许是气候赋予它的最大恩惠了。无论雅典人天性如何趋向民主，如果他们必须时时头顶天花板、身处四壁合围之中，雅典的民主制和戏剧就不可能发展到当时那种程度。在英国，处处是遮头的屋顶、隐私和入场费，因此富人的生活就可能比穷人更加丰富，而且只有600人可以直接参与国事。在雅典，这些对所有人敞开怀抱，因为它们可以直接面对空气和阳光。尽管将雅典文化简单归因于气候算是时髦观点，但这种观点是愚蠢的。然而我们可以推断，若气候不同，它就会呈现另一种面貌。

散漫考察过希腊人所处的客观环境后，我们也许可以顺势评价其自然资源及原始条件下的经济本质。

今天，希腊有五分之四的国土贫瘠荒芜，但我们已经知道从前有茂密森林覆盖山坡。那里盛产木材，也是狩猎活动的绝佳场所。我们可以顺理成章地推断：当时降水量更大，却不会如现在般带来灾难性后果，因此牧场也要比现在更多更好。荷马和赫西奥德的描写是现存的主要证据，以此来看，显然希腊的初级产品实际上能够自给自足。除了农产品，那里还盛产建筑石材和优质陶土。无论当时还是现在，橄榄都是重要的农作物，为烹饪和照明用油，以及古时类似于肥皂的清洁用品提供原料。葡萄也被大面积种植。

38　　希腊缺的是矿产。金、银、铅、铜的矿藏虽有发现，但储量不多，铁则根本没有。最重要的是没有煤矿。我想社会历史学家还没充分考虑过古代文明都没有煤这一简单事实。蜂蜜代行糖职，令人满意；充足的葡萄酒至少能缓解茶和咖啡缺位的不便。只要不知道烟草的存在，那么人不抽烟日子也过得下去。但有什么可以代替煤炭呢？答案是：若只要取暖照明，地中海的阳光和木柴足矣。烧火做饭时，木炭表现优异。但在能源方面，没有什么能代替煤炭，只有奴隶的苦役算能一解"燃煤之急"。然而从机械学角度讲，这是在浪费功率；从其他角度来看，这是种邪恶的制度。

关于黑暗时代的经济生活，我们可以从荷马和赫西奥德的作品中稍窥门径。很明显，当时人们有丰富的务农经验，尤其是已完全掌握了葡萄栽培技术，这殊非易事。在《奥德赛》（*Odyssey*）中，荷马说费埃克斯人（Phaeacians）城里的果园和花园受到了精心照料，土壤肥沃，植株整齐。

> 你会看到路旁有一座祭祀雅典娜的
> 白杨树林，清泉淌其间，四周是草地。
> 我父亲的田庄和茂盛的果园就在那里，
> 离开城市不远，呼声所及的距离。
> 你坐在那里暂且等待，直到我们
> 已经进入城市，到达我父亲的宅邸。

待你估计我们已经抵达家宅时，
你再上路进入费埃克斯人的城市，
打听我父亲，勇敢的阿尔基诺奥斯的宅邸。
那宅邸很容易辨认，连稚童也能指点，
因为其他费埃克斯人建造的住宅
与英雄阿尔基诺奥斯的宅邸不一样。
在你进入宅院大门和庭院以后，
你要迅速穿过大厅，去见我母亲，
母亲坐在火焰熊熊燃烧的炉灶边，
纺绩紫色的羊毛，形象令人称奇，
侧依一根立柱，身后坐着众侍女。
我父亲的座椅也在那里，依靠立柱，
他坐在椅上喝酒，仪容如不死的神明。[①]

这是娜乌西卡（Nausicaa）公主为在船难中幸存的奥德修斯指路时说的。当奥德修斯到达宫殿时，他看到：

院外有一座大果园距离宫门不远，
相当于四个单位的面积，围绕着护篱。
那里茁壮地生长着各种高大的果木，
有梨、石榴、苹果，生长得枝叶繁茂，
有芬芳甜美的无花果和枝繁叶茂的橄榄树。
它们常年果实累累，从不凋零，
无论是寒冬或炎夏；那里西风常拂动，

---

[①] 《荷马史诗·奥德赛》，第114页。

让一些果树生长，另一些果树成熟。
黄梨成熟结黄梨，苹果成熟结苹果，
葡萄成熟结葡萄，无花果熟结新果。
那里还有一座丰产的王家葡萄园，
有的葡萄被铺在一处平地上晾干，
受阳光曝晒，有些人正在采摘果实，
有些人正在酿造；有的葡萄未成熟，
花蒂刚萎谢，有的颜色已经变紫暗。
末排葡萄藤蔓连着平整的苗圃，
各式花草斑斓生长，争奇斗艳。
那里有两道清泉，一泉灌溉果园，
另一道清泉取道院里在地下流动，
通向高大的宫邸，国人们也取用该泉流。[①]

某种程度上说，费埃克斯人的家园恍若仙境。但无论荷马如何渲染这画面，显然他亲眼看过这样的景色。

在《奥德赛》的最后一卷中，我们看到了另一处没那么有魅力的葡萄园。把求婚者们都杀掉后，奥德修斯出城去找自己的老父，后者之前因为绝望，已经搬出城居住。

他走进那座大果园，未见到多利奥斯，
也未见到他的儿子们和其他奴隶，
他们都前去为果园搬运石块垒围墙，
老人多利奥斯带领他们，在前引路。

---

① 《荷马史诗·奥德赛》，第120页。

奥德修斯看见父亲只身在精修的果园里，

为一棵果苗培土，穿着肮脏的衣衫，

破烂得满是补缀，双胫为避免擦伤，

各包一块布满补丁的护腿牛皮，

双手带着护套防避荆棘的扎刺，

头戴一顶羊皮帽，心怀无限的忧愁。①

40

在《奥德赛》中，我们所见皆为伟人，看到国王在自己领地上生活——虽说伊萨基岛（Ithaca）的国王更像是庄园主。他雇用自由民，使唤奴隶，但并不因此脱离劳动。拉厄耳忒斯（Laertes）知道如何给葡萄藤培土，而奥德修斯自夸能把垄犁得比任何人都直。在赫西奥德的诗中，我们看到有位小农场主和儿子们一起在地里劳作。如果有余钱，他会买个奴隶，偶尔还会雇短工。在上述事例中，无论拥有的土地大小，拥有者实际都能自给自足，大家奉行"家庭经济"。我们看到费埃克斯人的王后阿瑞忒（Arêtê）借着火光织布，而伊萨基的珀涅罗珀（Penelope）也许凭借她那块白天编织晚上又拆开的裹尸布成为最有名的织布女。

有贵族气派的阿尔基诺奥斯"有五十个女奴在宫中侍候供役使，有的用手磨把小麦果实磨成面粉，有的坐在机杼前织布，转动纺锤，有如挺拔的白杨枝叶婀娜摇摆，似有柔滑的橄榄油从光洁的布面淌流"。②

较低阶层的家庭中，所有人的身上衣和家中器具都由家里

---

① 《荷马史诗·奥德赛》，第445～446页。
② 同上书，第119页。

的妇女制作。如果家境比较富裕的话，可能还会有个女奴帮忙。大部分农具都在家里打造。

我们只听说过两类专业工匠：铁匠和陶工。他们被称为"为民众工作的人"（Demiourgoi），不消费自己的产品。"Demiourgoi"是手艺人；在柏拉图的著作中，他就是"Creator"（创造者）。这也是雪莱的《解放了的普罗米修斯》（*Prometheus Unbound*）中，"造物主"（Demiurge）一词的由来。有趣的是，在希腊语中，只有这两种技艺有对应的神司掌。火神赫菲斯托斯〔Hephaestus，又名伏尔甘（Vulcan）〕是铁匠；普罗米修斯也是火神，但在阿提卡的宗教信仰中被视作陶艺之神。没有制鞋之神，没有耕种之神，也没有建筑之神。显然，每个人都知道这些东西该怎么做，但精细的金属制品或优雅的陶器的制作则不然。"这到底是怎么做出来的？""一定是出自神灵之手。"因此荷马在《奥德赛》第八卷中讲述了这样一个令人捧腹的关于阿佛洛狄忒（Aphrodite）和阿瑞斯（Ares）的丑闻。赫菲斯托斯锻造了一张铁网，网线像游丝一样纤细，连神都看不见。然后他假装要离家去利姆诺斯岛（Lemnos），于是阿瑞斯说："亲爱的，快上床吧，让我们躺下寻欢爱，赫菲斯托斯已经不在家，他可能是去到利姆诺斯讲蛮语的辛提埃斯人那里。"① 于是阿佛洛狄忒来到他身边，但那张网落下来，紧紧裹住他们，使他们动弹不得。赫菲斯托斯愤怒地叫来其他神祇，让大家都来看他蒙受的屈辱。神们看到赫菲斯托斯的巧妙机关，忍不住朝那对男女哈哈大笑。宙斯之子阿波罗转身问赫尔墨斯（Hermes）："宙斯之子赫尔墨斯，你觉得这艳福值得

---

① 《荷马史诗·奥德赛》，第 140 页。

吗?"那杀死过巨人的神（确实）说:"值得。就算此时此刻,我也情愿和他交换位置。"但这扯得就有点远了,让我们重新回到希腊原始经济的话题。

　　早期的希腊人不行商贾之事。富人家中的大量奢侈品由腓尼基人的大船从东方运来,船上还载着奴隶。奥德修斯的忠实猪倌欧迈俄斯（Eumaeus）就是奴隶中的一员。他的父亲是叙利岛（Syrie）的国王,那个地方比西西里岛还要远。那国王从邪恶的塔弗斯（Taphos）海盗手中买了个被他们诱拐来的西顿（Sidon）女奴。有一天,一艘腓尼基商船载着些中看不中用的货物在叙利岛靠岸,船上有个水手爱上了这女奴。他听她讲了自己的遭遇,建议她与他们一同回去,因为他知道她的父母还活着,而且很富有。姑娘当然同意了,还完善这个计划,建议带走国王的儿子,一个由她照看的聪明的小男孩,因为他可以卖个好价钱。腓尼基人很是赞同。船在叙利岛停靠了整整一年,其间他们卖掉货物,装上诸如牲畜、皮子、生铁和葡萄酒等常见的出口商品。船启航前,那恶毒的腓尼基人带着条琥珀项链来到王宫。当王后和其他女人仔细研究项链并讨价还价时,那西顿女奴悄悄溜出门,带着孩子消失在黑暗的街道上。事情败露时,他们已经出海了。西顿女奴遭到了报应,因为她不小心跌进货舱,被抬出来时已经死去,于是人们将她的尸体丢进大海。船在伊萨基岛靠岸,孩子被卖给奥德修斯的父亲拉厄耳忒斯。他和安提克勒亚（Anticleia）将其抚养成人,视如己出。孩子长大后,得到了一件外衣和一袭精美的披风,做了农场管家。这就是地中海贸易的一个侧面。不仅仅在黑暗时代如此,只要政府没有足以加强海防、控制水域的实力,这种状态仍会持续下去。

当时腓尼基人控制着国际贸易的命脉，而且在地中海某些地区直至公元前 3 世纪末仍然如此。因为迦太基①是腓尼基的殖民地，罗马与迦太基的三次"布匿战争"（Punic Wars）就因此得名。迦太基人成功将希腊人驱出由西西里岛西端、直布罗陀海峡和比利牛斯半岛（Pyrenees）东端围成的三角水域。但在早期，希腊人已建立沿岸航线。赫西奥德在《工作与时日》（Works and Days）中阐明了一年中的出航季和休航季，还说如果你够蠢或够贪婪，只管出海吧！他这样说是因为觉得靠海上贸易致富"不合人的本性"。赫西奥德是农人，习惯于大自然规则的节律和缓慢的发展方式，倾向于流汗劳作，实打实地从自然获得财富。从贸易中获利的营生方式是令人怀疑的，并且相应地伴随着各种危险。他告诫人们避开危机四伏的大海。但在《奥德赛》里——假定它比赫西奥德所处的年代更早——我们却看到某个城市的写照。它显然是座希腊城市，那里的港口井然有序：

43

> 城市有高垣环绕，两侧是美好的港湾，
> 入口狭窄，通道有无数翘尾船守卫，
> 所有的船只都有自己的停泊位。
> 华美的波塞冬神庙附近有一座会场，
> 用巨大的石块建成，深深埋在土里。
> 人们在那里制作黑壳船需要的器具，
> 绞合缆绳，缝制船帆，磨光船桨。

---

① 迦太基（Carthage）是古国名，存在于公元前 8 世纪至公元前 146 年，位于今北非突尼斯北部。公元前 9 世纪末，腓尼基人在此建立殖民城邦。

我们费埃克斯人不好弯弓和箭矢，

却是通晓桅杆、船桨和船只的性能，

欣悦地驾着它们航行在灰色的大海上。①

荷马显然见过这样的希腊城市，但我们可以推断这样的城市不多，否则他就不会觉得有必要对这个城市进行如此细致入微的描写，也不会在书中赋予航海术——至少已被费埃克斯人付诸实践——如此大的魔力。在某段中他如此描写："他们信赖迅疾的快船，驾驶着它们在幽深的大海上航行，震地神赐给他们驾船天赋，他们的船只迅疾得有如羽翼或思绪。"② 书中另一处，他们的国王说："我们费埃克斯人没有掌航向的舵手，也没有任何航舵，船只自己定方位，它们自己理解人们的思想和心愿，洞悉一切部族的城邦和所有肥田沃土，能够在云翳雾霭迷漫的幽深大海上迅速航行，从不担心会遭受任何损伤或者不幸被毁灭。"③

荷马是爱奥尼亚希腊人。假定这些描写只是在说某个爱奥尼亚城邦勇敢进取，在造船航海技术上远远领先于其他城邦并使他们大为惊奇，这种设想是否太过平淡呢？读《奥德赛》时，只觉得有海风满纸，扑面而来，希腊殖民的伟大年代即将到来。但还是有赫西奥德这样倔头犟脑的农夫，举着历书建议说："如果你必须出海，那就去吧，但一定要在6月中旬和9月之间——即使那样你也还是个傻瓜。"这提醒我们，希腊人形形色色，不好简单地以偏概全。

① 这是娜乌西卡的话，引自《荷马史诗·奥德赛》，第113页。
② 同上书，第117页。
③ 同上书，第150页。

# 四　荷马

　　这位生活年代最早也是最伟大的欧洲诗人有资格独占一章。一是由于在荷马的诗中我们可以看到希腊艺术的所有特质；二是因为他的诗影响了一代又一代希腊人。

　　我尽量不过多纠缠著名的荷马问题：荷马到底是谁，《伊利亚特》和《奥德赛》中究竟有多少篇章由他书写？早期爱奥尼亚作家赫拉尼库斯①认为荷马生活于公元前 12 世纪，而公元前 9 世纪的希罗多德认为他"比我生活的时代最多早四百年"，由此我们可以看出希腊传说有多么语焉不详。希罗多德很可能是正确的。赫拉尼库斯能那么肯定的原因是，没有目睹过特洛伊战争的诗人不可能将它描写得如此生动。但重要的问题并非荷马是谁，而是他到底是什么样的人。《伊利亚特》和《奥德赛》被称为希腊人的"圣经"。数百年来，这两首长诗是希腊人教育的基石，正规学校教育如此，普通公民的文化生活亦然。有专职人员辗转于城邦之间，吟诵讲解荷马的作品。在《伊安篇》（Ion）中，柏拉图生动或者不如说带着几分恶意形容这类人："真了不起啊，伊安。做你们这行的，四处晃荡，无论走到哪里都能吸引一大群人听你耍嘴皮子。你还能穿上自己最好的衣服。"在这部"圣经"被另一部取代之前，人们很自然地引用荷马的话来回答有关道德或行为的问题。出现外交纠纷时，人们把荷马作品当成《土地调查

---

① 赫拉尼库斯（Hellanicus，前 490—前 405）是古希腊编年史家。

清册》① 来支持领土要求。于是某种原教旨主义日渐兴起，人们认为荷马的书是所有智慧和知识的宝库。柏拉图嘲笑这种思潮，让笔下的伊安宣称：他精通荷马作品，便精通万事，不如让他来当某个城邦的将军，因为他已自然而然地从荷马作品中学到了兵法。换个更严肃的说法是，荷马塑造并滋养了一代代希腊艺术家、思想家和普通人的思想和想象力。画家和诗人在荷马作品中寻找灵感和创作主题。欧洲戏剧史上再找不到比埃斯库罗斯更伟大的人物，而据说他也谦称自己的作品是"荷马盛宴后的残羹"。最后，荷马作品是仅次于希腊语的希腊人共同遗产。它使他们深信，尽管有分歧和仇恨横亘于其间，但他们仍属于同一个民族。显然，我们必须谈谈荷马，他是首位能清晰表达思想的欧洲人。正如我们之前说过的，他横空出世，如烈焰一般照亮那个黑暗年代。

欲介绍荷马，可从《伊利亚特》的开篇文字入手。请允许我以平实的散文体转述那壮丽的一幕。一般说来，希腊人即使不能将其熟记于心，也基本上都知道。无论是伯里克利②和亚历山大那种实干家，还是诗人、雕塑家、画家、哲学家、科学家，乃至政治家、商人、乡绅和手艺人，他们在儿时应该就已将其铭记于心：

　　歌唱吧，女神！歌唱裴琉斯之子阿基琉斯的愤怒，

---

① 《土地调查清册》（*Domesday Book*）是英格兰人口、土地和财产的调查报告，于 1086 年由英王威廉一世颁布。

② 伯里克利（Pericles，约前 495—前 429）是希波战争至伯罗奔尼撒战争期间具有重要影响的雅典领导人。

他的暴怒招致了这场凶险的灾祸，给阿开亚人①带来了
受之不尽的苦难，将许多豪杰强健的魂魄
打入了哀地斯，而把他们的躯体，作为美食，扔给了
狗和兀鸟，从而实践了宙斯的意志，
从初时的一场争执开始，当事的双方是
阿特柔斯之子、民众的王者阿伽门农和卓越的阿基琉斯。

是哪位神明挑起了二者间的这场争斗？
是宙斯和莱托之子阿波罗，后者因阿特柔斯之子
侮辱了克鲁塞斯，他的祭司，而对这位王者大发其火。
他在兵群中降下可怕的瘟疫，吞噬众人的生命。
为了赎回女儿，克鲁塞斯曾身临阿开亚人的
快船，带着难以数计的财礼，
手握黄金节杖，杖上系着远射手
阿波罗的条带，恳求所有的阿开亚人，
首先是阿特柔斯的两个儿子，军队的统帅：
"阿特柔斯之子，其他胫甲坚固的阿开亚人！
但愿家住俄林波斯的众神答应让你们洗劫
普里阿摩斯的城堡，然后平安地回返家园。
请你们接受赎礼，交还我的女儿，我的宝贝，
以示对宙斯之子、远射手阿波罗的宠爱。"

46

其他阿开亚人全都发出赞同的呼声，

---

① 可能是由于特洛伊战争发生在阿开亚人最强盛的时期，所以荷马常把所
有希腊人称为阿开亚人。

表示应该尊重祭司，收下这份光灿灿的赎礼；

然而，此事却没有给阿特柔斯之子阿伽门农带来愉悦，

他用严厉的命令粗暴地赶走了老人：

"老家伙，不要再让我见到你的出现，在这深旷的海船边！

现在不许倘留，以后也不要再来，

否则，你的节杖和神的条带将不再为你保平佑安！

我不会交还这位姑娘；在此之前，岁月会把她磨得人老珠黄，

在远离故乡的阿耳戈斯，我的房居，

她将往返穿梭，和布机作伴，随我同床！

走吧，不要惹我生气，也好保住你的性命！"


他如此一顿咒骂，老人心里害怕，不敢抗违。

他默默地行进在涛声震响的滩沿，

……①


欧洲文学最早的著作如是开篇。我们将会对其稍事探究，但同时让我们先中断翻译，谈谈某件重要事情。

关于荷马的评论中，说他的作品"直入本题"实属老生常谈，贺拉斯②称之为"in medias res"。大家通常认为这昭示了荷马的文学天赋——当然它确实是。但也许我们可以对此加以阐发。荷马并未以持续十年之久的特洛伊战争为题，创作一

---

① 《荷马史诗·伊利亚特》，第 3～4 页。本书中引用的《伊利亚特》里的内容均引自陈中梅译本（上海译文出版社，2018）。

② 昆图斯·贺拉斯·弗拉库斯（Quintus Horace Flaccus，前 65—前 8）是罗马帝国奥古斯都统治时期著名的诗人、批评家、翻译家。

部"流水账"式的史诗，而是撷取其中某个时间段并满足于
此——这一点很重要，但我们要说的不止这些。我们还想指出
的是：他的形式感驾驭着他的技巧，以至于笔锋甚至不必稍及
特洛伊城的陷落，作品及主题已臻完整。这种对形式的天生掌
控力的确值得注意，但其根源更值得我们探查。因为这不是幸
运的灵光一现，也并非纯粹的"艺术"成就，而是源于某种
更深层次的思维习惯。这种习惯不仅属于荷马，更属于全体古
希腊人。因为显然荷马本可以用这种方式限定主题，并仍然以
类似历史学家的手法，如你所愿地构思一部才气纵横、敏锐且
布局得当的诗篇，而其本质仍是事件报道或重现。荷马没有这
样做，其他古希腊诗人也没有。[1]《伊利亚特》并没有通过对
不同生活侧面的短暂反思来渲染某段战争进程。相反，从大战
中截取某一段作为"主题"后，诗人以其为原材料，按自己的
47　规划搭起全新结构。他并不打算描写这场战争甚至战争中的某
个片段，他的创作意图在开篇五行文字中已阐述清楚。该诗的
内核并非由外部因素（比如战争）塑造，而是源自悲剧性的观
念：两人间的意气之争会给那么多人带来痛苦、死亡和耻辱。[2]
于是宙斯的意志得以实现，这意味着什么？意味着这一切都是
由宙斯出于高深莫测的个人原因有意谋划的吗？恰恰相反，它
并非孤立事件，而是大棋局中的一枚棋子。它并非一旦发生就
结果全赖偶然机遇的孤立事件，而是源自事物本性的某种东西。
它不特殊，具有普遍性。我们不会在此讨论，究竟是对这场战
争的深思还是生活经历才使荷马产生这个随后通过阿基琉斯的
故事来表达的理念。重要的是，这就是他想阐述的主题：有因
必有果。尽管《伊利亚特》如史诗般恢宏，兼有后世发扬光大，
但正是该清晰主题，而非仅基于文学构思，才使《伊利亚特》

达到内在统一。³ 因此，如果我们此刻稍稍掉一下书袋的话，那么严格来说，荷马并没有撇开战争的前九年，立刻切入主题中段；相反，他是从头讲起的，而且他本人也对此坦诚以告。

成千上万的勇士因为一场争吵或被杀或受辱。除非看到争吵的起因，否则读者对荷马构思的认知就会相当片面。之前我们离开祭司克鲁塞斯时，他还悲伤地走在海边。现在克鲁塞斯向阿波罗祈祷，求神为自己报仇：　48

> 他如此一番祈祷，福伊波斯·阿波罗听到了他的声音。
> 身背弯弓和带盖的箭壶，他从俄林波斯山巅
> 直奔而下，怒满胸膛，气冲冲地
> 一路疾行，箭枝在背上铿锵作响，
> 他来了，像黑夜降临一般，
> 遥对着战船蹲下，放出一枝飞箭，
> 银弓发出的声响使人心惊胆战。
> 他先射骡子和迅跑的狗，然后，
> 放出一枝撕心裂肺的利箭，对着人群，射倒了他们；
> 焚尸的烈火熊熊燃烧，经久不灭。
>
> 一连九天，神的箭雨横扫着联军。
> 及至第十天，阿基琉斯出面召聚集会——
> 白臂女神赫拉眼见着达奈人成片地倒下，
> 生发了怜悯之情，把集会的念头送进他的心坎。
> 当众人走向会场，聚合完毕后，
> 捷足的阿基琉斯站立起来，在人群中放声说道：
> "阿特柔斯之子，由于战事不顺，我以为，

倘若尚能幸免一死，倘若战争和瘟疫
正联手毁灭阿开亚人，我们必须撤兵回返。
不过，让我们先就此问问某位通神的人，某位先知，
哪怕是一位释梦者——因为梦也来自宙斯的神力，
让他告诉我们福伊波斯·阿波罗为何盛怒至此，
是因为我们忽略了某次还愿，还是某次丰盛的祀祭。
如果真是这样，那么，倘若让他闻到烤羊羔和肥美山
羊的熏烟，
他就或许会在某种程度上中止瘟疫带给我们的磨难。"

阿基琉斯言毕下座，人群中站起了塞斯托耳之子
卡尔卡斯，释辨鸟踪的里手，最好的行家。
他博古通今，明晓未来，凭借
福伊波斯·阿波罗给他的卜占之术，
把阿开亚人的海船带到了伊利昂。
怀着对众人的善意，卡尔卡斯起身说道：
"阿基琉斯，宙斯钟爱的壮勇，你让我卜释，
远射手、王者阿波罗的愤怒，我将
谨遵不违。但是，你得答应并在我面前起誓，
你将真心实意地保护我，用你的话语，你的双手。
我知道，我的释言会激怒一位强者，他统治着
阿耳吉维人，而所有的阿开亚兵勇全都归他指挥。
对一个较为低劣的下人，王者的暴怒绝非儿戏。
即使当时可以咽下怒气，他仍会把
怨恨埋在心底，直至如愿以偿的时候。

认真想想吧，你是否打算保护我。"①

　　阿基琉斯许诺保护卡尔卡斯，哪怕他说的强者就是阿伽门　　49
农本人也一样。于是卡尔卡斯说了实话，说阿波罗发怒是因为
阿伽门农欺侮他的祭司，而且不交还那姑娘，瘟疫就不会停
止。除了要免掉赎礼外，还得送上一大群牲畜作为祭品。

> 卡尔卡斯言毕下座，人群中站起了阿特柔斯之子、
> 统治着辽阔疆域的英雄阿伽门农。
> 他怒气咻咻，黑心里注满怨愤，
> 双目熠熠生光，宛如燃烧的火球，
> 凶狠地盯着卡尔卡斯，先拿他开刀下手：
> "灾难的预卜者！你从未对我说过一件好事，
> 却总是乐衷于卜言灾难；你从未说过
> 吉利的话，也不曾卜来一件吉利的事。现在，
> 你又对达奈人卜释起神的意志，声称
> 远射神之所以使他们备受折磨，
> 是因为我拒不接受回赎克鲁塞伊丝姑娘的
> 光灿灿的赎礼。是的，我确实想把她
> 放在家里；事实上，我喜欢她胜过克鲁泰奈斯特拉②，
> 我的妻子，因为无论是身段或体形，
> 还是内秀或手工，她都毫不差逊。
> 尽管如此，我仍愿割爱，如果此举对大家有利。

---

① 《荷马史诗·伊利亚特》，第5~6页。
② 克鲁泰奈斯特拉（Clytemnestra），即后文出现的克吕泰涅斯特拉。

我祈望军队得救，而不是它的毁灭。不过，
你们得给我找一份应该属于我的战礼，以免所有的
阿耳吉维人中，独我缺少战争赐给的荣誉——这何以
使得？
你们都已看见，我失去了我的战礼。"

听罢这番话，捷足和卓越的阿基琉斯答道：
"阿特柔斯之子，最尊贵的王者，世上最贪婪的人，
你想过没有，
眼下，心胸豪壮的阿开亚人如何能支给你另一份战礼？
据我所知，我们已没有大量的库存；
得之于掠劫城堡的战礼都已散发殆尽，
而要回已经分发出去的东西是一种不光彩的行径。
不行。现在，你应该把姑娘交还阿波罗；将来，倘若
宙斯允许我们荡劫墙垣精固的特洛伊，
我们阿开亚人将以三倍、四倍的报酬偿敬！"

听罢这番话，强有力的阿伽门农说讲，答道：
"不要耍小聪明，神一样的阿基琉斯，不要试图糊弄我，
虽然你是个出色的战勇。你骗不了我，也说服不了我。
你想干什么？打算守着你自己的战礼，而让我空着双手，
干坐此地吗？你想命令我把姑娘交出去吗？
不！除非心胸豪壮的阿开亚人给我一份新的战礼，
按我的心意选来，如我失去的这位一样楚楚动人。
倘若办不到，我就将亲自下令，反正得弄到一个，
不是你的份儿，便是埃阿斯的，或是俄底修斯的。

我将亲往提取——动怒发火去吧，那位接受我造访的伙计！　　50
够了，这些事情我们以后再议。现在，
我们必须拨出一条乌黑的海船，拖入闪光的大海，
配备足够的桨手，搬上丰盛的祀祭，
别忘了那位姑娘，美貌的克鲁塞伊丝。
须由一位首领负责解送，或是埃阿斯，
或是伊多墨纽斯，或是卓越的奥德修斯
也可以是你自己，裴琉斯之子，天底下暴戾的典型，
以主持牲祭，平息远射手的恨心。"

其时，捷足的阿基琉斯恶狠狠地看着他，吼道：
"无耻，彻头彻尾的无耻！你贪得无厌，你利益熏心！
凭着如此德性，你怎能让阿开亚战勇心甘情愿地听从
你的号令，为你出海，或全力以赴地杀敌？
就我而言，把我带到此地的，不是和特洛伊枪手
打仗的希愿。他们没有做过对不起我的事情，
从未抢过我的牛马，从未在土地肥沃、
人丁强壮的弗西亚糟蹋过我的庄稼。
可能吗？我们之间隔着广阔的地域，
有投影森森的山脉，呼啸奔腾的大海。为了你的利益，
真是奇耻大辱，我们跟你来到这里，好让你这狗头
高兴快慰，好帮你们，你和墨奈劳斯，从特洛伊人那里
争回脸面！对这一切你都满不在乎，以为理所当然。
现在，你倒扬言要亲往夺走我的份子，
阿开亚人的儿子们给我的酬谢——为了她，我曾拼命苦战。
每当我们攻陷一座特洛伊城堡，一个人财两旺的去处，

我所得的战礼从来没有你的丰厚。

苦战中，我总是承担最艰巨的

任务，但在分发战礼时，

你总是吞走大头，而我却只能带着那一点东西，

那一点受我珍爱的所得，拖着疲软的双腿，走回海船。

够了！我要返回家乡弗西亚——乘坐弯翘的海船

回家，是一件好得多的美事。我不想忍声吞气，

待在这里，为你积聚财富，增添库存！"


听罢这番话，民众的王者阿伽门农答道：

"要是存心想走，你就尽管溜之大吉！我不会求你

留在这里，为了一己私利。我的身边还有其他战勇，他们会

给我带来荣誉——当然，首先是精擅谋略的宙斯，是他的护佑。

宙斯哺育的王者中，你是我最痛恨的一个；

争吵、战争和搏杀永远是你心驰神往的事情。

如果说你非常强健，那也是神赐的厚礼。

带着你的船队，和你的伙伴们一起，登程回家吧；

照当你的王者，统治慕耳弥冬人去吧！我不在乎你这个人，

也不在乎你的愤怒。不过，你要记住我的警告：

既然福伊波斯·阿波罗要取走我的克鲁塞伊丝，

我将命令我的伙伴，用我的船只，

把她遣送归还。但是，我要亲往你的营棚，带走美貌的

布里塞伊丝，你的战礼。这样，你就会知道，和你相比，

我的权势该有多么莽烈！此外，倘若另有犯上之人，畏此

先例，谅他也就不敢和我抗争，平享我的威严。"
如此一番应答，激怒了裴琉斯的儿子。多毛的
胸腔里，两个不同的念头争扯着他的心魂：
是拔出胯边锋快的铜剑，
撩开挡道的人群，杀了阿特柔斯之子，
还是咽下这口怨气，压住这股狂烈？
正当他权衡着这两种意念，在他的心里和魂里，
从剑鞘里抽出那柄硕大的铜剑，雅典娜
从天而降——白臂女神赫拉一视同仁地
钟爱和关心着他俩，故而遣她下凡——
站在裴琉斯之子背后，伸手抓住他的金发，
只是对他显形，旁人全都一无所见。
惊异中，阿基琉斯转过身子，一眼便认出了
帕拉丝·雅典娜——那双闪着异样光彩的眼睛。
他开口说话，用长了翅膀的言语：
"带埃吉斯的宙斯的孩子，为何现时降临？想看看
阿特柔斯之子，看看阿伽门农的骄横跋扈吗？
告诉你——我以为，老天保佑，此事终将成为现实：
此人的骄横将会送掉他的性命！"①

51

　　雅典娜告诉他——此处为节省篇幅，不再直接引用——她
是来平息他的怒火的。今天阿伽门农抢走他的东西，总有一天
他们会给他三四倍的东西，补偿他受到的侮辱。
　　阿基琉斯当然听从了，因为正如他一瞥之下悟到的，"如

---

① 《荷马史诗·伊利亚特》，第7~11页。

此对他有利"。雅典娜回到奥林匹斯山，阿基琉斯向阿伽门农大发雷霆，一张嘴就是："你这嗜酒如命的家伙，长着恶狗的眼睛，一颗雌鹿的心！"①

我引用这么长的篇幅自有原因。首先，我们可以有文本供下文参考；其次，读者可以对该诗的生动描写手法有初步印象。我们之前已经谈过，之后仍将再次谈到希腊艺术的智识品质，因此我们要说服读者：这种品质与抽象或乏味毫不相干。这场生动的争吵跃然纸上，难怪赫拉尼库斯认为荷马生活在特洛伊战争发生的那个时代。生动的不仅是词句。正如荷马本人所说，这段文字的艺术功能是依据荷马口中"宙斯的意志"，亦即我们所说的"事件不可避免的结果"，描述那场使希腊人蒙难的争吵。事件起因是阿伽门农的"骄横"，以及阿基琉斯的"暴怒"。这是显而易见的。

52　　但荷马呈现给我们的并非两种互相冲突的抽象特质。我们看到两个男人在大吵，没有比这更"真实"、更不抽象的了。就像在生活中，双方都情有可原，只不过态度都有些过分。争吵之所以激烈，是因为双方碰巧都是"针尖对麦芒"的脾气。一时意气，"将许多豪杰强健的魂魄打入了哀地斯，而把他们的躯体，作为美食，扔给了狗和兀鸟，从而实践了宙斯的意志"。

这部作品展现的能一眼看穿当下事件，同时领会其中蕴含的普遍规律的本领并非希腊人独具，但带有典型的希腊色彩。从一次事件中，我们得窥万物之框架。而在荷马笔下，该事件的清晰程度丝毫不输最精彩的新闻报道。荷马不需要归纳评论来模糊这清晰的场景。在为大厦描画蓝图时，归纳便已完成。

还要指出的是，就像在所有古典希腊艺术中一样，这段文

---

① 《荷马史诗·伊利亚特》，第12页。

字中明显缺乏对自然环境的描写。我们既看不到高耸的特洛伊城墙，也看不到远处波光粼粼的斯卡曼德河（Scamander）。我们不知道希腊人是在帐篷里、山坡上，还是在岸上的空船边集会。就像欣赏希腊瓶绘一样，我们的注意力完全集中于人物。希腊悲剧也是如此，莎士比亚式的阳光和雷雨在此销声匿迹。如果某个角色谈论周围景物，也是为了强调其与同伴分隔。就此得出希腊人对自然麻木不仁的结论并就此作罢或许容易且舒心，但我们不能这样下结论。仅就荷马作品而言，有哪个对自然感觉迟钝的人以自然为喻的词汇储备会如此丰富呢？所有的细节都如此严谨：与走兽、飞鸟、海洋、天空和风暴相关的比喻犹如小插画，让人想起中世纪手稿中的插图。毫无疑问，希腊人能领略大自然的美丽和变化无常。此外，总体来说，常常缺席的不仅仅是自然背景。正如我们所见，《伊利亚特》一开始就没有丝毫迹象表明故事发生的地点：他们一定是在特洛伊境内的某地，但具体在哪里呢？荷马没兴趣告诉我们。他也没有介绍会为现代作家重视的背景：配角和龙套——其他希腊将领和军队。作者除了必不可少的角色外一笔不落。

　　但是，现代读者不仅没能如愿看到预期的背景，而且起初无法理解众神活动的环境。我们没看到特洛伊的城墙，却看到奥林匹斯山上正在举行协商会议，看到个别神祇介入战争，或者如我们引述的段落中一样开始争论。这场冲突中的人类角色如同局中小卒，被一群反复无常、不负责任的神灵随意摆布。有这种感觉不足为奇，然而这不符合荷马倾力勾勒的、以人类为自发可靠的行为主体的画图。这里的阿伽门农和阿基琉斯都是真正的成年人，也被当作成年人来对待。其实，鉴于荷马作品中常见的原始野性，这种成年感有时几乎令人困惑。与之相反

53

的是，神祇们却以稚子般的天真方式处世。比如在我们节选的这段文字中，雅典娜飞下奥林匹斯山，揪着阿基琉斯的头发给他忠告。因此在后文描述的悲剧中，虽说使用的方式没那么具有画面感，但众神似乎仍能通过神谕、托梦等手段控制指导人类行动，即便这些人是被描述为完全独立可靠的行为主体也一样。

这一关于背景的问题令人费解。虽然本书并非旨在讨论希腊宗教，但仍要为读者提供阐释以资过渡。荷马当然缺乏系统的神学知识，实际上，当时系统思想这一概念尚未形成。而且他以传统的形式写作，因为在他之前，肯定曾有许多史诗作者留下作品。于是新老故事可能会混杂出现。在诗中某处，宙斯决定要惩罚希腊人，因此特洛伊人能将他们赶回船上；而在另一处，我们会看到某位男神或女神在人类纷争时现身，把自己偏爱的一方从极度险境中拯救出来，但这也许违背了宙斯的意志。我们可以举《奥德赛》开篇一段文字为例，来说明这种鲜明的对比。当时宙斯说："可悲啊，凡人总是归咎于我们天神，说什么灾祸由我们遣送，其实是他们因自己丧失理智，超越命限遭不幸。"① 用现代人的话来说，生活总是艰难的，但是我们自己的罪孽和错误使它过于艰难。作品中其他段落描写的那些任性神祇可不像持有这种黯淡人生观的样子，而在阿瑞斯和阿佛洛狄忒的故事中，那种不敬的欢乐态度也显得与此格格不入。

这一切似乎令人摸不着头脑。旧言新事的无序结合是一部分原因，另一部分原因也许可以归结为早期希腊人尝试用众神的参与来解释事情起因，特别是那些脱离常轨的事件的起因。正如我们在第三章谈到的，金属工匠的技艺乃超乎常人之技。

① 《荷马史诗·奥德赛》，第2页。

因为它超乎寻常，所以它应该源于神迹，那么就肯定有位火神。从我们节选的《伊利亚特》中，我们知道阿基琉斯拥有超乎常人的力量，而据阿伽门农说这是某位神灵的恩赐。这种解释可得出哲学意味相当浓厚的推论：不可自以为是，神赐的，神亦可收回。此外，阿基琉斯心中两军对垒，那是盲目的怒火和理智的克制。我们可以说，"通过超乎常人的自我控制力……"；希腊人则说，"某位神灵垂怜……"而希腊诗人或瓶绘艺术家会据此描绘雅典娜现身劝阻阿基琉斯的场面。其中的差别并不大。阿基琉斯从神那里获得力量，或在雅典娜帮助下做出理智决定的事实，不会有损其伟大形象。众神不会这样偏爱普通人，而能使他们出手相帮的人也必定非同寻常。我们不能设想诸神突然选中某个弱者并赐予他力量，这不是他们的行事风格。

这就是我们不仅在希腊史诗中，而且在大多数其他古典希腊艺术中所看到的人物和事件的背景。当然，它确实在后古典时代退化为神话般的美，迷住了罗马人，并使 18 世纪的人们大为欢悦。结果就是，现代读者若想直接感受荷马和稍晚的希腊古典艺术，就必须先摆脱威治伍德瓷器①和类似优雅之物的影响。但对希腊人来说，这种背景并非装饰，而更像某种观察事物的角度——并非空间上的，而是意义上的。它让我们不要把看到的特定行为当作孤立、偶然、独特的事件，而是将其置于宇宙之道德和哲学之框架下来观察。我必须重申，荷马并未有意识地阐释该框架，因为他头脑中尚无完善的哲学体系。然而他明白事物有统一性，万事有因有果，而且确实存在某些道

55

---

① 威治伍德（wedgwood，也作韦奇伍德）瓷器是英国陶艺家约西亚·威治伍德于 1759 年创立的瓷器品牌，是最具有英国传统的陶瓷艺术的象征，也是世界精致瓷器的代表。

德法则。特定行动能够在框架里找到适合的容身之处。史诗的神话背景最终意味着特定行为既独特又普遍。

千年来，希腊人以荷马史诗教育年轻人，而成人也能从中得到乐趣与人生指引。他们并未囿于仅供人膜拜的遗迹，或歌唱历史英雄的长篇，抑或动人的仙境故事，而是浸淫于那些赋予希腊文明所有当下特质的诗文。我们已详细分析了其中某段，而且已有所得。也许我们看到的是某种能成为全诗牢固黏合剂的天赋智识力量，也许是某种贯穿始终的严肃本质，也许是荷马赖以观察对象的慧眼，以及他赖以传达观察所得的生动简洁的文笔。然而，荷马及其所有伟大后继者还拥有另一种我们尚未谈到的特质，这种特质不应被我们关于智识和道德严肃性的讨论湮没，那就是人性。还是请荷马现身说法吧，这位作家比我强得多。

特洛伊城下的平原上战斗正酣。希腊英雄狄俄墨得斯（Diomedes）重创特洛伊人，于是赫克托耳①离开战场，叫城里的女人向雅典娜祈祷，求她来帮忙对抗这个可怕的人。赫克托耳一走进斯卡亚门，马上被将士的妻女们围住，她们正焦急地等待战场上男人们的消息。"赫克托耳告诉所有的女子，要她们对神祈祷，一个接着一个；然而，等待着许多女眷的，却只有哀愁。"② 他挤到父亲普里阿摩斯（Priam）国王的宫殿前，王后赫卡柏（Hecuba）以英雄的口吻问他："我的孩子，为何离开激战的沙场？为何来到此地？瞧这些阿开亚人的儿子们把你折磨成什么样子——该死的东西，逼在我们城下战斗！我知道，是你的心灵驱使你回返，站到城堡的顶端，举起你的

---

① 赫克托耳（Hector，又译赫克托尔）是特洛伊王子，特洛伊第一勇士，特洛伊战争中特洛伊方的统帅。

② 《荷马史诗·伊利亚特》，第 145 页。

双手，对着宙斯祈愿。不过，等一等，待我取来蜜甜的醇酒，敬祭父亲宙斯和列位尊神，然后，你自己亦可借酒添力，滋润焦渴的咽喉。对一个疲乏之人，酒会给他增添用不完的力气，对一个像你这样疲乏的人，奋力保卫着城里的生民。"①

但赫克托耳拒绝了："不要给我端来香甜的美酒，亲爱的妈妈，你会使我行动蹒跚，丧失战斗的勇力。我亦耻于用不干净的双手，祭洒献给宙斯的佳酿。"② 他让母亲为雅典娜献上宫里最美的华服，她照办了。随后荷马又告诉我们这衣服的来历：是腓尼基人从西顿贩来的。赫克托耳看见弟弟帕里斯（Paris），敦促他重返战场。帕里斯之前受了伤，从那以后就在海伦身边寻快活，打发时间。"但愿大地把他吞噬。"赫克托耳说。他见到海伦，后者正深深自责，并说："进来吧，我的兄弟，进来入坐在这张椅子；你比谁都更多地承受着战争的苦楚，为了我，一个不顾廉耻的女人，和无知莽撞的帕里斯。"③ 但赫克托耳不会逗留，因为战场上的战友们正热切盼望他回去。他说："我将先回自己的家居，看看我的亲人，我的爱妻和出生不久的儿郎，因我不知是否还能和他们团聚，不知神祇是否会让我倒死在阿开亚人手中。"④

但安德洛玛刻⑤不在家。她听说特洛伊人被击溃，就疯了一样冲出家门，焦心不已地冲上城墙观察战况。仆从抱着孩子在后面紧跟。赫克托耳在城墙上找到她。

---

① 《荷马史诗·伊利亚特》，第 145 页。
② 同上书，第 146 页。
③ 同上书，第 149 页。
④ 同上。
⑤ 安德洛玛刻（Andromache），又译安德罗玛开。

安德罗玛开贴靠着他的身子，泪水滴淌，
紧握着他的手，叫着他的名字，说道：
"哦，鲁莽的汉子，你的骁勇会送掉你的性命！
你既不可怜幼小的儿子，也不可怜即将成为寡妇的倒
霉的我。
阿开亚人雄兵麇集，马上就会扑打上来，
把你杀掉。要是你死了，奔向你的命数，我还有
什么活头？倒不如埋入泥土。

57   生活将不再给我留下温馨，只有
悲痛，因为我没有父亲，也永别了高贵的母亲。
卓越的阿基琉斯荡扫过基利基亚坚固的城堡，
城门高耸的塞贝，杀了我的父亲
厄提昂。他杀了我的父亲，却没有剥走
铠甲——对死者，他还有那么一点敬意——
火焚了尸体，连同那套精工制作的铠甲，
在灰堆上垒起高高的坟茔；山林女仙，
带埃吉斯的宙斯的女儿，在四周栽种了榆树。
就在那一天，我的七个兄弟，生活在同一座
房居里的亲人，全部去了死神的冥府，
正在放牧毛色雪白的羊群和腿步蹒跚的肥牛，
捷足的勇士、卓越的阿基琉斯把他们尽数残杀。
他把我的母亲、林木森茂的普拉科斯山下的女王，
带到此地，连同其他所获，以后
又把她释放，收取了难以数计的财礼。母亲死在
她父亲的房居——箭雨纷飞的阿耳忒弥丝夺走了她。
所以，赫克托耳，你既是我年轻力壮的丈夫，又是

我的父亲，我的尊贵的母亲和我的兄弟。

可怜可怜我吧，请你留在护墙内，

不要让你的孩子成为孤儿，你的妻子沦为寡妇。

把你的人马带到无花果树一带，那个城段

防守最弱，城墙较矮，易于爬攀。

已出现三次险情，敌方最好的战勇，

由光荣的伊多墨纽斯，以及阿特柔斯的两个儿子

和骁勇的狄俄墨得斯率领，试图从那里打开缺口。

也许，某个精通卜占的高手给过他们指点；

也许，受制于激情的催恿，他们在不顾一切地

猛冲。"

听罢这番话，顶着闪亮的头盔，高大的赫克托耳

答道：

"我也在考虑这些事情，夫人。但是，如果我像个

懦夫似的躲避战斗，我将在特洛伊的父老兄弟

面前，在长裙飘摆的特洛伊妇女面前，无地自容。

我的心灵亦不会同意我这么做。我知道壮士的作为，

勇敢

顽强。永远和前排的特洛伊壮勇一起战斗，

替自己，也为我的父亲，争得巨大的荣光。

我心里明白，我的灵魂知道，这一天必将到来——那

时，神圣的伊利昂将被扫灭，

连同普里阿摩斯和他的手握粗长桉木杆枪矛的兵壮。

然而，特洛伊人将来的结局，还不致使我难受得

痛心疾首，即便是赫卡贝或国王普里阿摩斯的不幸，

即便是兄弟们的悲惨，他们人数众多，作战勇敢，

我知道他们将死在敌人手里，和地上的泥尘做伴。

使我难以忍受的，是想到你的痛苦：某个身披铜甲的

阿开亚壮勇会拖着你离去，任你泪流满面，夺走你的

自由。

在阿耳戈斯，你得劳作在别人的织机前，

汲水在墨赛斯或呼裴瑞亚的清泉边，

违心背意；必做的苦活会压得你抬不起头来。

将来，有人会如此说道，看着你泪水横流的苦态：

'这是赫克托耳的妻子，在人们浴血伊利昂的

年月，他是驯马的特洛伊人中最勇的壮汉。'

是的，有人会这么说道，而这将在你的心里引发新的

悲愁，

为失去你的丈夫，一个可以使你不致沦为奴隶的

男人。

但愿我一死了事，在垒起的土堆下长眠，

不致听到你的号啕，被人拉走时发出的尖叫。"


言罢，光荣的赫克托耳伸手接抱孩子，

后者缩回保姆的怀抱，一位束腰秀美的女子，

哭叫着，惊恐于亲爹的装束，

害怕他身上的铜甲，冠脊上的马鬃，

扎缀在盔顶，在孩子眼里，摇曳出镇人的威严。

亲爱的父亲放声大笑，而受人尊敬的母亲也抿起了

嘴唇；

光荣的赫克托耳马上摘下盔冕，

放在地上，折闪着太阳的光芒。他抱起

心爱的儿子，俯首亲吻，荡臂摇晃，

放开嗓门，对宙斯和列位神明，朗声诵道：

"宙斯，各位神祇，答应让这个孩子，我的儿子，

以后出落得像我一样，在特洛伊人中出类拔萃，

像我一样刚健，强有力地统治伊利昂。将来，人们

会这样说道：'这是个了不起的汉子，比他的父亲还

要卓越。'

当他从战场凯旋，让他带着战礼，掠自

被他杀死的敌人，宽慰母亲的心灵。"①

58

　　从这段文字中，我们可以一瞥荷马式的英雄气概。造就英雄的，并非我们理解的对他人的责任感，而是对自己的责任感。他追寻的东西，我们可以译之为"美德"（virtue），但在希腊语中称为"德性"（aretê）。而引得阿伽门农和阿基琉斯争论不休的也不仅是个姑娘，而是"战礼"（prize），即公认的"aretê"。对此我们将不吝笔墨，因为它贯穿了希腊人的一生。

　　对于这个场景，熟记它的学者首先要解释手稿中的种种变体，包括微妙的词义差别、复杂的语法，然后以颤抖的声音将其读出——至少用希腊语的话是这样的。类似段落在《伊利亚特》中并非绝无仅有，而这种永恒的人性也并非只闪现在宏大的场景中。我们随机撷取几段便可为例，请看下面的简短段落：

---

　　①　《荷马史诗·伊利亚特》，第151～153页。

他丢下二者，扑向阿巴斯和波鲁伊多斯，

年迈的释梦者欧鲁达马斯的两个儿郎。

然而，当二位离家出征之际，老人却没有

替他们释梦——强有力的狄俄墨得斯杀了他俩。

其后，他又盯上了法伊诺普斯的两个儿子，长得高大英武，

珊索斯和索昂，二位的父亲已迈入凄惨的暮年，

已不能续生子嗣，继承他的家产。

狄俄墨得斯当即杀了他们，夺走了两条性命，

他们心爱的东西，撇下年迈的父亲，悲痛

交加：老人再也见不到自己的儿子，从战场上

生还；远亲们将瓜分他的积聚，他的财产。[4]

再看下文描写狄俄墨得斯的诗节。[5] 少年英豪格劳科斯（Glaucus）看到狄俄墨得斯正重创特洛伊人，决定与之过招。狄俄墨得斯按骑士规矩命来将通名："你是凡人中的哪一位，我的朋友？我怎么从来不曾见你，在人们争得荣誉的战场，从来没有。现在，你却远离众人，风风火火地冲上前来，面对投影森长的枪矛。"[①] ——接下来就是那个意味深长的细节。狄俄墨得斯本可以自然地说"与我交手的人真不幸"，但他却说："不幸的父亲，你们的儿子要和我对阵拼打！"[②] 作者饶有兴味地描述战斗场面。英雄所向披靡，身后尸体横陈。我们确切地知道那致命一矛刺在战败者身体何处，通常又会从何处再

---

① 《荷马史诗·伊利亚特》，第140页。
② 同上书，第141页。

次穿出。这位征服者为自己赢得生前身后名。但就更广阔的人类生活而言，荷马没有忘记，也不会侵扰那些因他人荣耀而蒙受苦难的人。

称《伊利亚特》为悲剧是个错误，因为就像希腊的大多数事物一样，它是部名副其实的史诗，具有史诗特有的从容与恢宏。然而，它还有浓厚的悲剧色彩，在这一点上它是彻头彻尾的希腊作品。其思想的悲剧性转折在希腊人身上司空见惯。在仍使用包罗万象的荷马作品来说明这个问题之前，我们最好先提出一两个否定的观点。首先，希腊人具有这种悲剧气质，并非因为他们认为"生亦何欢"。我们刚才已经提到，荷马描写战斗场面时明显热情洋溢，而且他对其他一切事物的描写都具备同样的热情。从正在建造小船的奥德修斯，到在营地升火造饭、享用丰盛晚餐、饭后很可能还会唱歌助兴的英雄们，他饶有兴趣地观察万物。那种人生唯苦、四大皆空的观念少有希腊人会买账。他们对各种身体、精神或情感活动都如饥似渴。荷马作品的几乎每一页都可成为佐证。悲剧之潜流肯定不是源于"人生不值得"。它是对悲剧的感受，而非对悲哀的感觉。

此外，我们也不能认为爱好悲剧就意味着不喜欢喜剧。可　60　以肯定的是，就像后期的阿提卡悲剧几乎毫无喜剧色彩一样，《伊利亚特》也没有什么喜剧色彩。但《奥德赛》中有个著名的喜剧故事已为我们熟知，而我们也不应忘记，正如阿提卡的舞台上有阿里斯托芬，也有埃斯库罗斯［滑稽羊人剧（satyr-drama）在古代也为埃斯库罗斯本人赢得赫赫声名］一样，史诗也有其对应物，即滑稽史诗（burlesque epic），其中传世的有《蛙鼠之战》（*Battle of Frogs and Mice*）。这种常伴随希腊人思想的悲剧属性与忧郁无关。希腊人爱笑声，正如他们爱生活一样。我认为，它是我们一直在思考的荷马的两大特质——智识主义和人性的产物。正如我试图说明的，前者使希腊人比其他民族更能看清人类生活必须遵循的宏大框架。在荷马的作品中，它部分表现为众神的意愿和活动，部分表现为甚至能隐隐左右诸神的必然性（Necessity）。行动必然导致结果，而判断失误的行为必然会产生令人不安的结果。对希腊人而言，众神未必慈悲。一旦被冒犯，他们会毫不留情地还击。就像阿基琉斯对绝望的普里阿摩斯所言，神祇在赐福的同时，必降下双倍的苦难。对来生的乐观希望，或对进步的信念，都不能减损这种对人间百态的清醒评估。至于前者，荷马笔下的希腊人可以预见到在冥界（Hades）暗影中的生活，正如阿基琉斯所说："宁为人间奴，不作地府王。"唯一真正有望永垂不朽的，是伴随诗歌流传后世的声名。后者则是不可能的。众神的本性无法改变，而在相当长一段时间里，还没人想到人的本性应该有所改变。而且就算神能改变本性，他们在赐福的同时仍会降下双倍苦难。生活的本质在各个方面依然如故。

人们可以想象，这种断然摒弃幻想的态度会发展出何等枯燥的宗教，又会滋生出何等主张"人生无望，且听天由命"的宿命论。但它却伴随着近乎激烈的人生的大喜悦，那是对人类成就和人格的狂喜。希腊人丝毫不觉得人在诸神眼中犹如蝼蚁，以至于他们总得提醒自己：人不是神，有这样的念头都是不敬的。直至文艺复兴时期的意大利人陶醉于希腊精神之前，我们不会发现对人性如此卓越的自信。在文艺复兴时期的意大利，天性中的宗教观念强加给希腊人的中道学说（modesty）

也未能抑制这种自信。

我们在《伊利亚特》和大多数希腊文学中所听到的那缕悲音就产生于如下两种力量间的张力：对生活的热爱，以及对其不可改变的框架的清醒认知：

> 凡人的生活啊，就像树叶的落聚。
> 凉风吹散垂挂枝头的旧叶，但一日
> 春风拂起，枝干便会抽发茸密的新绿。
> 人同此理，新的一代崛起，老的一代死去。①

无论诗中的思想还是意象都非荷马专属，但个中辛酸却是荷马式的。这种辛酸来自语境。在希伯来语的类似华章中，我们找不到这种感觉：

> 至于世人，他的年日如草一样。他发旺如野地的花。
> 经风一吹，便归无有。他的原处，也不再认识他。②

这里的基调是谦卑和顺从：与上帝相比，人不过是草芥。但若联系上下文中对英雄建功立业的描写，荷马塑造的意象却呈现完全不同的光彩。人独一无二，然而即使品德高尚、多才多艺，他也要和那些数不胜数、彼此毫无分别的叶子一样服从同样的法则。他们不会有不切实际的抗议，我们如何能对抗自己的存在要遵循的头等法则呢？但他们也不会逆来顺受，像我

---

① 《荷马史诗·伊利亚特》，第141页。
② 出自《圣经·诗篇》103：15～16。

们在中国人身上看到的那样。对希腊人来说，一代新人只是尚未成为旧人，个人不过是森林中某棵树上的一季叶子。而这里有的是充满激情的张力，那是悲剧精神。

62 　　我们可以从荷马作品，尤其是《伊利亚特》中找到更多例子。举其一足矣——它可换个角度阐明这一点。生活的局限甚至矛盾的典型体现在：最值得拥有的东西往往只有冒着失去生命的危险才能得到。使英雄的亲人悲伤的是，英雄可能唯有一死才能证明其勇气并赢得荣耀。美丽往往与危险和死亡为邻。在荷马笔下，特洛伊城下的激烈战斗中有段插曲，讲的是普里阿摩斯和其他长者在城墙上观战：

> 就像这样，特洛伊人老一辈的首领坐谈城楼。
> 他们看到海伦，正沿着城墙走来，
> 便压低声音，交换起长了翅膀的话语：
> "好一位标致的美人！难怪，为了她，特洛伊人和胫甲坚固的
> 阿开亚人经年奋战，含辛茹苦——谁能责备他们呢？
> 她的长相就像不死的女神，简直像极了！
> 但是，尽管貌似天仙，还是让她登船离去吧，
> 不要把她留下，给我们和我们的子孙都带来痛苦！"
>
> 他们如此谈论，而普里阿摩斯则亮开嗓门，对海伦喊道：
> "过来吧，亲爱的孩子，坐在我的面前，
> 看看离别多年的前夫，还有你的乡亲和朋友。
> 我没有责怪你；在我看来，该受责备的是神，

是他们把我拖入了这场对抗阿开亚人的悲苦的战争。"①

"该受责备的是神"——寥寥数语并非在推卸责任，而是承认已发生的一切都是人类命该如此。美丽如同荣耀，即使要付出悲伤和毁灭的代价，人们也必须去追求。这种想法难道不是特洛伊战争整部传奇的题中之义吗？诗中的英雄阿基琉斯，那希腊侠义精神的完美代表，正是被众神给予了做出如此抉择的机会。他们问他是愿意平庸一生得享高寿，还是愿英年早逝光耀人间。无论是谁首先创作了这个神话，他都指出了希腊思想和希腊历史的本质。

我对《伊利亚特》不吝笔墨，部分是因为其涵盖了希腊精神的大量重要元素，部分是为了向读者展示几个世纪以来希腊人接受的是何种教育。虽然《奥德赛》在教育方面与《伊利亚特》并称双璧，而且在很多方面是其必要补充，但本书还是没为它留下一席之地。正如朗吉努斯②所说，《奥德赛》这部史诗描写性格而非激情，通篇洋溢着希腊人对冒险故事和奇谈怪论的喜爱。此外，像《伊利亚特》一样，它本来可能只是古老传说的堆砌，但最终成为智识和艺术的统一体。该统一体必然源于某个中心思想，在这里就是对终极正义的信仰。这两部史诗是出自同一诗人之手吗？是否有哪一部确实是某人才华的结晶呢？而他，或他们生活在哪个年代呢？这就是学者们争论了一个半世纪的著名的荷马问题，而读者也

63

① 《荷马史诗·伊利亚特》，第67~68页。
② 朗吉努斯（Longinus，213—273）是希腊哲学家。

不会期望它在此就能解决。后世的希腊人自己也有完整的一系列关于特洛伊战争的史诗。其中有两部非常出色，被认为是荷马的作品。该说法长期以来被普遍接受，直至现代才有异议出现。因为进一步调查显示，在事实、风格和语言上，这两部史诗之间，以及每部史诗的不同部分之间都存在各种差异。其直接结果是，人们细致而自信地将这两部史诗，尤其是《伊利亚特》，划分为属于不同时期的独立诗歌（lay），而有时不能很好地区分艺术构思和地质构造的评论家恰如其分地称之为"层"（strata）。对其他民族的史诗，以及采用这种传统形式的诗人的写作手法的研究，强力推动人们重新相信两部史诗各自具有实质的统一性。也就是说，两部史诗均非由某位"荷马"原创的短诗，再经后世诗人逐渐添砖加瓦而成，而是由某位生活年代较晚的"荷马"在整合大量传统素材的基础上统一构思的产物——尽管现存的《伊利亚特》确实包含一些不符合"荷马"构思的片段。这两部史诗是否出自同一人之手呢？关于这个问题人们有很大分歧，而且可能永不会达成共识。两部史诗的基调和处理手法相差甚远。古代最杰出的批评家朗吉努斯注意到这点并且评论说："《奥德赛》中的荷马如斜阳，壮丽依旧，但奄有暮气。"也许太阳还是那个太阳。但那些埋首于荷马作品，甚至翻译过其中一部史诗的人有权发表自己的意见。因此观察一下当代两位荷马的英译者，可能会得出有趣的结论。劳伦斯①确信两部史诗并非出自同一人之手，甚至不愿考虑这种观点的可能性；而

---

① 托马斯·爱德华·劳伦斯（Thomas Edward Lawrence, 1888—1935）也称"阿拉伯的劳伦斯"，因在1916年至1918年的阿拉伯大起义中作为英国联络官的角色而出名。

E. V. 里乌①先生则说："就像凡是读完《约翰王》（*King John*）后又读完《皆大欢喜》（*As You Like It*）的读者都会感觉它们出自一人之手一样，荷马的读者也会以同样的信心确认这两部史诗为一人所作。" 64

　　让我们暂时搁置这个问题吧。虽说荷马问题令学者们着迷，但不能任其掩盖荷马的光芒。做个没什么意义却有趣的推测：如果所有的改革家、革命者、规划师、政治家和人生规划者都像希腊人一样，在成长过程中浸淫于荷马作品，会对我们产生什么影响呢？他们也许会意识到，当每家都会有一台冰箱（但没有哪家拥有两台），人人有机会致力于共同利益（无论哪类利益），平民（不管他是谁）尽管没有变得更好却得意扬扬的时候，幸福的日子便已来临。然而，即便在那样的日子里，人世更迭仍然会如林中树叶；人类仍然脆弱，神仍然强大而不可预料；人的品质仍然比成就更重要；暴力和鲁莽仍然会导致灾难，灾难仍然会平等地降于无辜者和罪人身上。希腊人何其有幸能拥有荷马，又何其明智地运用他的诗篇。

---

　　① 里乌（E. V. Rieu）是翻译家、出版商，曾译过《伊利亚特》《奥德赛》等，本书英文版所引《奥德赛》用的便是他的译本。

# 五　城邦

　　我们将希腊语中"polis"一词译为"city-state"（城邦）。此非良译，因标准的"polis"不太像城，也不仅仅是邦。但就像政治一样，翻译不过是门尽己所能的技艺。既然我们没有类似希腊语中"polis"的事物，就没有词与之对应。从现在起，我们将避免使用"city-state"这个误导人的术语，而是代之以希腊词"polis"。本章中，我们将首先探究这种政治制度的起源，然后将尝试重构"polis"一词，并通过观察其实践来复原其真义。这也许会耗时颇长，但在此过程中，我们将逐渐深入了解希腊人。如果不清楚城邦是什么，以及它对希腊人意味着什么，就不可能正确地理解希腊历史以及希腊人的思想和成就。

　　那么首先，何谓城邦？在《伊利亚特》中，我们看到的政治结构似乎不算陌生。这种结构可以被视为部落制度的进化或退化形式，而究竟是进是退取决于个人品位。这里有国王，如统治人民的阿基琉斯；也有"人主"（King of Men），如某种程度上像是封建君主的阿伽门农。在有共同利益的事务上，"人主"必须（有时按法律，有时出于习俗）征求其他国王或酋长的意见。他们组建协商会议，定期开会。开会讨论时，只有拿到权威象征——权杖才可发言。这明显是欧洲人而非东方人的做法。阿伽门农并非无可置疑地以神之名义统治一切的独裁者。我们还隐约感到，在重要场合还会召开"人民大会"（Assembly of the People）以供咨询。无论如何，荷马是位温文的诗人，而绝非政制历史学家，所以对此鲜有提及。

　　这大致上就是被亚历山大大帝征服前的希腊的传统。黑暗时代结束，帷幕再次升起，我们看到截然不同的场景。在迈锡尼，再没有"统治辽阔疆域的阿伽门农"控制希腊。伊多梅纽斯（Idomeneus）曾经是克里特岛的唯一国王，但现在我们发现岛上有五十多个独立的城邦。原来统一的"国"消失了，取而代之的是五十个小"邦"。国王消失还是小事，重要的是王国也不见了。克里特岛的真实情况也是希腊，或者至少是那些曾在希腊历史上起重要作用的地区的缩影。上述地区包括爱奥尼亚、希腊群岛、伯罗奔尼撒半岛（阿卡迪亚除外）、希腊中部（西部除外），以及意大利南部和西西里岛（纳入希腊版图后）。它们均被划分为众多独立自治的政治实体。

　　了解它们的面积很重要。若某位现代读者随手拿起柏拉图的《理想国》（*Republic*）或亚里士多德的《政治学》（*Politics*）的译本，他会发现前者将理想城邦的人口限制为5000，而后者认为人人须能认出彼此。此时他可能会对这类哲学幻想报以微笑。但柏拉图和亚里士多德并不是幻想家。柏拉图想象的城邦规模在古希腊很正常，他的确暗示许多当时已存在的城邦太小，其公民还不足5000。亚里士多德则以他的幽默方式（他有时听起来很像个讲师）说：10人之邦不可能实现，因其不能自给；而10万人之邦则为荒诞，因其不能适当自治。我们不能把这些"公民"视为拥有并支配成千上万奴隶的"奴隶主阶级"。在这早期数百年中，普通希腊人多为农民，拥有一个奴隶就算过得相当不错了。亚里士多德提到10万公民，如果我们按每人都有一妻四子计算，再加上大批奴隶和外邦人，就会是约100万人，相当于伯明翰的人口数量。对于亚里士多

66

德而言，一个人口规模与伯明翰人口相当的独立"邦"简直是课上讲的笑话。或者我们可以抛开哲学家，听听做实务的人希波达莫斯①是怎么讲的。他曾以当今最时髦的美国方式规划比雷埃夫斯。他说理想的公民人数是 1 万，这意味着总人口约为 10 万。

事实上，只有三个城邦的公民人数超过 2 万，即西西里岛的锡拉库萨（Syracuse，又译叙拉古）和阿克拉伽斯〔Acragas，即吉尔真蒂（Girgenti）〕②，以及雅典。伯罗奔尼撒战争爆发时，阿提卡的人口约 35 万，其中一半是雅典人（包括成年男女和儿童），约十分之一是外邦侨民，其余是奴隶。斯巴达（或拉栖代孟）的面积大得多，但公民人数少得多。斯巴达人征服并吞并了麦西尼亚（Messenia），占有了 3200 平方英里的领土。按希腊的标准，这是块很大的地盘，腿脚好的人也要花两天时间才能穿越它。重要的商业城市科林斯的面积为 330 平方英里，大约与亨廷顿郡（Huntingdonshire）③ 等大。与布特岛（Bute）④ 面积差不多的凯奥斯岛（Ceos）被划分为四个城邦，拥有四支军队、四个政府，可能有四部不同的历法，没准还有四种不同的货币和度量衡——但后两者不太可能。在有史时代，迈锡尼是阿伽门农时期的大都城缩水后的小小遗存，但仍然保持独立。在希腊人反击波斯人的普拉提亚（Plataea）战役中，它派出 80 人的军队助战。即使按希腊标准

67

---

① 米利都的希波达莫斯（Hippodamus of Miletus，前 498—前 408）是古希腊建筑师、城市规划师、医生、数学家、气象学家和哲学家，被尊为"欧洲城市之父"。

② 今日的阿格里真托。

③ 位于英国中东部。

④ 位于苏格兰克莱德湾。

来看，这支军队也算是支弱旅，但我们没听过谁拿"能塞进出租车的军队"那个笑话取笑过它。

我们很难想象这种规模，因为在我们眼里，千万人口之邦仍是小国，而且我们对那些大到不得不用首字母来称呼的国家，如美利坚合众国（U.S.A.）和苏维埃社会主义共和国联盟（U.S.S.R.）也已司空见惯。然而，一旦不囿于成见的读者习惯于这种规模，他就不会犯把国家大小等同于其重要性的低级错误了。我们有时会听到现代作家以极其轻蔑的口气说："那些希腊的弹丸小邦吵个没完。"的确，与现代国家相比，普拉提亚、西基昂（Sicyon）、埃伊纳岛（Aegina）都很小。地球本身与木星相比也微不足道。不过木星的大气成分主要是氨，这就是不同之处。我们可不喜欢呼吸氨气，而同样，希腊人也不太喜欢呼吸庞大的现代国家的空气。他们知道波斯帝国是这样的国家，而且认为它非常适合"野蛮人"。规模差异超过某个限度，就会变为种类差异。

但在我们探讨城邦本质之前，读者可能想知道，多利安人到来之前希腊那相对广阔的格局如何变为蕞尔小邦拼成的马赛克。古典学者也想知道。没有记录留存，所以我们所能做的就是合理推测种种原因。有历史、地理和经济方面的原因，而当我们充分讨论它们之后，也许可以得出如下结论：最重要的原因仅仅是希腊人喜欢这样的生活方式。

多利安人的到来并不是某个有组织的国家对另一有组织的国家的进攻。尽管松散，但被侵略者确实有自己的组织。有些入侵者，如征服了拉栖代孟的主力部队必定听从统一指挥，但其他队伍想必是小股掠夺者，趁火打劫，见到好土地就要抢过来。有个迹象能证明这一点：我们在不同城邦发现了来自同一

68  氏族的成员。以品达为例，他是底比斯（Thebes）人，也是古老的阿吉德家族的一员。但在完全独立的城邦埃伊纳和斯巴达也有阿吉德成员，品达称其为本家（Kinsmen）。该氏族在入侵时分为几支，这在希腊这样的国家是很自然的事。

在如此乱世，任何山谷或岛屿的居民都可能会在某一刻被迫为家园而战，因此很有必要在当地建立要塞。要塞通常建在平原上某个易守难攻的小山顶，是为"卫城"（Acropolis，意为"高处的城市"）。卫城会被加固，成为国王居处。自然它也会成为集会场所和宗教中心。

这就是城镇的肇始。我们的任务就是找到如下问题的答案：为什么城镇能逐渐发展？为什么这样一小撮人仍能保持独立政治单位的地位？前一个问题很简单。首先，自然的经济增长必然使中心市场出现。我们看到，赫西奥德和荷马作品中暗示的经济体系是"封闭式家庭经济"。一个庄园无论大小，几乎都能生产它所需的一切，那些生产不了的东西它也用不到。世道稳定时，经济就可能专门化，有更多的商品被生产出来进入市场。于是，市场也随之发展。

这里我们可以谈谈从古至今希腊人爱社交的习惯。英国农民爱在自家土地上盖房子，非不得已就不进城。如果有难得的一点闲暇时间，他就会盯着大门发呆，并对此十分满意。希腊人则喜欢住在城镇或乡村，喜欢走出家门去工作，并利用更充裕的闲暇时间去城镇或乡村广场闲谈。因此集市就自然演化为位于卫城下方的市镇。它成为人民集体生活的中心，接下来我们会看到它的重要性。

但为何这些城镇没有发展成更大的实体呢？这是个重要的问题。

有经济方面的原因。希腊崎岖的地形阻碍了陆上运输，货 69
物只能海运，而海上航行还不十分安全。此外，我们先前谈到
的多样性也起了作用，哪怕面积相当小的地区也差不多可以自
给自足，对于希腊人这样对物质生活要求甚低的民族来说已经
足够。这两个事实都导致同一个结果：希腊不同地区间的经济
依赖关系不紧密，它们间的相互吸引力也不足以抵消希腊人生
活在小群体中的渴望。

也有地理方面的原因。时而有人断言，这种独立城邦体系
取决于希腊的自然条件。这理论很吸引人，对于那些喜欢给任
何现象找个宏大解释的人来说更是如此，然而它似乎是错的。
当然，这个国家的地理分区明显起到一定作用。比如，在埃及
就没有这种体系的立足之地，因为埃及人的生活完全依赖对尼
罗河水的妥善管理，所以必须要有中央政府。但有些国家的地
理分区程度与希腊相当，但它们从未发展出城邦体系，例如苏
格兰。反之，有许多毗邻的希腊城邦，比如科林斯和西基昂，
我们甚至骑着自行车就可跨越它们之间的自然屏障，但它们彼
此完全独立。此外，恰恰是希腊最多山的地区从未发展出城
邦，即便有也是后来的事，例如阿卡迪亚和埃托利亚
（Aetolia）。它们使用一套类似于"广州体系"①的制度。在交
通相对方便的地区，城邦制更为盛行。所以我们还需进一步寻
找答案。

经济学和地理学确能说明一些问题，但真正的答案在于希
腊人的性格。那些坚信自己无所不知的决定论者可能也会如此

①　广州体系（Canton system）指17世纪至19世纪在广州发展起来的中国人
　　与外国人特别是英国人进行贸易的模式。当时进入中国的所有对外贸易
　　都被限制在广州，清政府对进入广州的外国商人实行一系列的管制。

解释。由于解答这个问题需要点时间，我们可以先弄清楚一个历史要点。如此荒谬的系统是如何能够运转哪怕超过 20 分钟的呢？

70　　　　历史上尖刻的讽刺之事比比皆是，但至少这件事要归功于诸神。在他们的安排下，希腊人几乎能独占地中海东部，时间长到足以用近似实验的手法来验证：人性在多大程度上以及在什么条件下可以创建并维持文明。在亚洲，赫梯帝国已然倾颓；吕底亚王国暮气沉沉，而它的掘墓人——波斯民族仍没走出那片大陆多山的腹地；埃及如日落西山；命中注定要毁灭城邦制的马其顿长期处于疲沓的半野蛮状态；还没人听说过罗马，遑论意大利的其他势力。腓尼基人，以及他们西部殖民地的迦太基人确已崭露头角，但他们是彻头彻尾的商人。于是活泼聪明的希腊人几百年来得以生活在这明显荒唐的制度下。它适合他们，能发挥他们的天赋，使他们不至泯然于庞大帝国的迟钝民众之中。庞大的帝国会遏制心灵成长，会使希腊人变为他们后世那种由优秀个体和投机分子组成的民族。显然总有一天，有人会在地中海东部建立起强大的中央集权政权，继米诺斯国王之后重掌制海权。他们会是希腊人、东方人，还是别的民族呢？我们会在之后的章节中加以阐述。但只有理解城邦对希腊人的意义，我们才能理解希腊历史。而理解了它，我们也将理解希腊人为何要发展它，并且如此顽固地试图维护它。让我们从它的实际用例中来考察这个词的意义吧。

　　它最初是指后来被称为卫城的地方，是整个群体的要塞和公众生活的中心。它周围几乎总会发展出城市，称为"asty"。但"polis"很快就既可以指要塞，也可以指"使用"这座要塞的人民。因此，我们可以在修昔底德的著作中读到："你驶入爱奥尼亚海湾时，右手边就是埃庇丹努斯（Epidamnus）城邦。"它与"你沿布里斯托尔（Bristol）海峡而上时，右边是 71 布里斯托尔市"这种说法不一样。因为布里斯托尔不过是由地方政府管理的城市，并非可能和格洛斯特（Gloucester）开战的独立国家。修昔底德的意思是，有座城镇——尽管可能很小——叫作埃庇丹努斯，它是埃庇丹努斯人的政治中心。他们居住在以该城为中心（而非"首府"）的领土上。无论他们住在城镇还是乡村，他们都是埃庇丹努斯人。

有时城邦疆域和中心城镇名称不一致。阿提卡是雅典人居住的领土，它包括雅典（狭义的"城邦"）、比雷埃夫斯和众多村庄。但所有人都是雅典人，而非阿提卡人。公民无论住在阿提卡的哪个地区，都是雅典人。

从这个意义上说，"城邦"就是我们的"国家"。在索福克勒斯的《安提戈涅》（Antigone）一剧中，克里翁（Creon）走上前来，以国王的身份做第一次演讲。他说："长老们，至于城邦这条大船，众神已保护它度过风暴，安然前行。"将国家比为大船，这是我们熟悉的意象，我们觉得能听明白。接下来他说的话，我们应该自然译作"已经当众宣布……"，但事实上他说的是"已向城邦宣布……"——并非向"国家"，而是"人民"。随后在剧中，他与儿子激烈争吵。"什么？"他喊道，"除了我，还有谁能统治这片土地吗？"海蒙（Haemon）回答说："城邦不会由独夫统治。"这答案引出了城邦整体概念的另一个重要部分：它是共同体，它的事务人人有责。实际治理活动可以委托给君主，由其按惯例以全体人民的名义行事，或者将其委托给某些贵胄家族的族长、拥有特定量财产的公民组成的议事会，抑或全体公民。所有这一切，以及衍生出的种种变形都是"政体"（polity）的自然形式，都被希腊人明确地与东方君主制区分开来。在东方，君主不必向任何人负责。君权并非神授，因为君主自己就是神的化身。只要有不负责的政府，就不会有城邦。海蒙指责父亲的口吻像"僭主"（tyrannos）[1]，因此损害了城邦——而非国家。

让我们继续阐述其词义。阿里斯托芬的《阿卡奈人》（Acharnians）中的合唱队赞美男主人公的行为，又转向观众疾呼，原话为："你们看到了吗，整个城邦啊？"最后几个词有时被翻译成"你这熙攘的城市"，这听起来要好些，却掩盖了一个基本点，即城邦的规模使成员能够亲自向所有公民提起控诉——他如果认为另一个成员侵害了自己，自然会这样做。希腊人普遍认为城邦起源于对正义的渴望。个人不受法律约束，但城邦必出面纠错。然而，该过程并不依赖于某个精心设计出来的国家司法机器，因为这样的机器只能由个人来操作，而操作者可能和最初的过错方一样不公正。受害方只有向整个城邦诉冤，才有可能得到公正的审判。因此，这个词现在的意思是"人民"，实际上不同于"国家"。

《俄狄浦斯》（Oedipus）中的悲剧王后伊俄卡斯忒（Iocasta）将向我们展示这个词更广泛的含义。大家想弄清她的丈夫俄狄浦斯是不是那个杀了先王拉伊俄斯（Laius）的该受诅咒的人。"不，不！"伊俄卡斯忒喊道，"不可能！奴隶说袭击他们的是'强盗们'，而不是'一个强盗'。他现在不能收回这话了。全城邦都听到了，不只我一个人。"在这里这个词与"政治"根本无关。它可以说是有了新的含义，指"全体人民"。这层词义并不总是如此明显，但绝不是完全没有。

随后，演说家德摩斯梯尼谈到有人"避开城市"——从字面意思上看是如此。这一翻译可能会使粗心的读者猜想他住在类似湖区①或珀利②那种地方。但"避开城邦"并不指他的住处，而是指他不参与公共生活，离群索居。他多少算是个怪人，因为他对集体生活不感兴趣。

我们现在已经足够了解"城邦"一词，从而意识到不可能以英语准确翻译"帮助城邦，人人有责"这种常见表达。我们不能说"帮助国家"，因为它不会激起民众热情：是"国家"取走了我们一半的收入。我们也不能说"群体"（community），因为对我们来说，"群体"意义宽泛而多变，只能从理论上把握。提到某人的村庄、工会、阶级，我们脑海中马上能出现对应的实体，"为群体工作"虽然体现令人钦佩的情感，但对我们中的绝大多数人而言是含混乏力的。在二战前的英国，大部分英国人对贫困地区了解多少？银行家、矿工和农场工人彼此又能了解多少？但每个希腊人都知道"城邦"。它就在那里，完整地矗立在他眼前。他能看见田地：丰年时维持城邦的生计，荒年时则不能。他能看到农业、贸易和工业如何相互配合。他知道哪里的边防稳固，哪里薄弱。异见者策划政变时很难保密。因为规模不大，所以城邦的整体生活及其各部分之间的关系更容易被掌握。因此说"帮助城邦，人人有责"并不是在表达高尚的情感，而是阐述最寻常、最迫切的常识。[2] 公共事务在希腊城邦中表现得直接而具体，但对于现代的我们则不然。

①　湖区（Lake District）位于英格兰西北部，是一片区域的统称，由森林、湖泊、高山、溪流、古宅组成。

②　珀利（Purley）位于伦敦南部的克罗伊登市，环境清幽，是躲避都市喧嚣的好去处。

73

举个具体例子帮助理解。雅典的民主政体与英国的一样，以无私的热心态度向富人征税，但方式更亲和，因为小城邦中居民之间的关系更亲密。在我们之中，假定交附加税者和所得税者的纳税方式几乎一样。前者一边开支票一边想："得，**这些都打了水漂！**"在雅典，财产达到一定数额的人会被列在年度轮值表上，轮流组织某些"礼拜仪式"（字面意思是"民众工作"）。在该年度内，他必须供养一艘现役战船（如果愿意的话，他还有权指挥它），资助节日的戏剧创作，或装备一支宗教游行队伍。这沉重的负担无疑不受欢迎，但人们至少可以从中得到些乐趣和自豪感。在公民同胞面前以可敬的方式赞助三部剧①的演出会带来满足感和荣誉感。对我们来说，这些职责过于抽象或令人厌烦，但在小规模的城邦中，有数不清的方式能使其生动而直接。自然，这种方式有利也有弊。例如，一位无能或倒霉的指挥官要面对的不是泛泛而无害的公众义愤，而是直接指控。他可能会在公开大会上被判死刑，因为他使许多大会前成员送了命。

经修昔底德记录或再创作的伯里克利在阵亡将士葬礼上的演讲将会阐释这种直接性，也会深化我们对城邦的认知。修昔底德说，若有公民死于战争——多半如此——每年就该由"被城邦选中的人"在葬礼上发表演说。如果放在今天，这个人可能由首相、英国学术院（British Academy）或英国广播公司提名。在雅典，该由大会选出某位常在会上发言的人。在这种场合，伯里克利会站在特别高的台上，好让更多人能听见他的声音。让我们看看伯里克利演讲中的两个短语。

---

① 三部剧（Trilogy）指在古希腊一部接一部上演的三部系列剧作。

他将雅典城邦与斯巴达城邦进行比较，指出斯巴达人只在不得已时才会接纳外邦人，并且不时驱逐所有陌生人，"而我们的城邦欢迎所有人"。这里的城邦不是政治单位。并不存在外邦人归化的问题——希腊人很少这样做，只因为城邦是关系如此亲密的联盟。伯里克利在此处的意思是："我们的公共文化生活向所有人敞开怀抱。"虽然很难翻译，但他接下来的话解释了这一点："我们也不拒绝他们提意见或观看。"若我们不明白戏剧（包括悲剧和喜剧）、赞歌合唱表演、荷马作品公开诵读会、运动会等所有一切都是"政治"生活必要且正式的组成部分，就会以为那句话几乎毫无意义。当伯里克利说"提意见或观看"，以及"城邦欢迎所有人"时，头脑中浮现的就是此类事务。

但我们必须更进一步。仔细阅读这篇讲稿就会发现，赞美雅典城邦时，伯里克利并非局限于一邦、一国或一族，他赞美的是一种生活方式，所以稍后他称雅典为"希腊人的学堂"。那又如何？我们不也在赞美"英式生活方式"吗？区别在于，我们希望国家对"英式生活方式"保持中立态度。事实上，一提到政府应该积极推广这种方式的想法，大多数人就会警惕起来。希腊人认为城邦在训练公民的思想和性格方面起到积极作用，产生重大影响；我们则将国家视为能产出安全和便利的机器。培养德性的任务被中世纪国家留给教会，被城邦视其为己任，被现代社会交给——天知道交给谁。

综上，原意为"要塞"的"城邦"可以指"全体人民包括政治、文化、道德等方面的公共生活"，甚至还涉及"经济"。否则我们该对同一篇讲演中的"吾等之城邦举足轻重，故天下物产辐辏于此"做何解释呢？这里的"城邦"想必指

75

的是"我们的国民财富"。

宗教也与城邦息息相关，但并非每种宗教形式都如此。[3] 奥林匹斯诸神确实在全希腊都受人崇拜，但每个城邦即使没有自己的守护神，至少也有特定的敬神仪式。因此，斯巴达人供奉铜殿中的雅典娜（Athena of the Brazen House），但他们的雅典娜与雅典人的"城邦守护神雅典娜"（Athena Polias）不可等同视之。在雅典只有女子才崇拜赫拉，视其为炉灶和家庭女神；但在阿尔戈斯当地人心中，"阿尔戈斯的赫拉"（Argive Hera）至高无上。在这些神中，我们能看到如耶和华（Jehovah）一样的部落神。他们存在于两个层面：既是个别城邦的专有神，又是整个希腊民族的神。但除了奥林匹斯诸神之外，每个城邦都有较次要的地方神、"英雄"和仙女，各有各的崇拜仪式，而且很难想象这些仪式在该地区之外还会被奉行。因此，尽管有泛希腊的奥林匹斯诸神体系，尽管哲学精神使希腊人不可能拥有纯粹的部落神，但在某种意义上说，城邦确实是独立的宗教单位，也是独立的政治单位。悲剧诗人至少仍能利用神祇会抛弃行将被占领的城池这一古老信仰。众神是城市福祉的无形的合伙人。

埃斯库罗斯的《俄瑞斯忒亚》（Oresteia）将宗教和"政治"思想之间的紧密联系展现得最为清晰。该三部剧围绕正义理念展开。它从混乱走向秩序，从冲突走向和解，在人性与神性两个层面上同时进行。在《阿伽门农》中，我们看到了"恶有恶报"这放之四海而皆准的道德法则以最残酷的方式实现。一桩罪行引发另一桩，冤冤相报何时了。然而，宙斯总是对此表示支持。在《奠酒人》（Choephori）中，阿伽门农之子俄瑞斯忒斯（Orestes）弑母为父报仇，将这一系列罪行推到高潮。他犯下这一罪行时深感厌恶，但宙斯的儿子和代言人阿波罗命令他这么做。原因何在？因为克吕泰涅斯特拉（Clytemnestra）谋杀亲夫，也就是国王阿伽门农。她的罪行如果不受惩罚，就会破坏整个社会结构。奥林匹斯诸神在意的是维护秩序，他们是城邦的专属神。但俄瑞斯忒斯的弑母行为践踏了人类最深层的本能，因此复仇女神们（Furies）执拗地不放过他。复仇女神们对社会秩序毫无兴趣，却不容许侵犯神圣的血缘关系，保护这种关系就是她们的天职。在《欧墨尼得斯》（Eumenides）中，古老的复仇女神和较为年轻的奥林匹斯诸神因为不幸的俄瑞斯忒斯而爆发了可怕的冲突。最后，雅典娜传达宙斯的旨意，解决了这一问题。俄瑞斯忒斯逃到雅典卫城寻求保护，而雅典市民组成陪审团在卫城审判他。这就是亚略巴古①议事会的第一次会议。持不同意见的双方票数持平，因此为体现仁慈，俄瑞斯忒斯被无罪释放。复仇女神们见马上要到手的猎物被骗走，就威胁要毁灭阿提卡。但雅典娜劝说她们在雅典安家，她们的古老使命也没有如她们起初预期的那样被废除，而是被强化。此后她们要惩罚的不仅是家庭成员间的暴力行为，还有城邦内部的。

　　因此对埃斯库罗斯来说，成熟的城邦制以公共正义取代私人复仇，是顺利执法而不引发混乱的手段，而且权威主张可与人性本能握手言和。三部剧以令人印象深刻的华丽场面结尾。可怕的复仇女神脱掉黑色长袍，换上红色长袍，从"复仇女神"变为"欧墨尼得斯"，即"仁慈者"。她们不再做宙斯的

77

---

① 亚略巴古（Areopagus，意为"战神山"）位于雅典卫城西北部，在古典时代是雅典刑事和民事案件的高等上诉法院。

敌人，而是心甘情愿地做其光荣的代理人。她们捍卫当下已被完善的社会秩序，反对兄弟阋墙。雅典市民们聚集在卫城下的剧场里。当着他们的面，市民执法官引着她们穿过剧场，来到卫城另一边的新家。最尖锐的人类道德和社会问题中的一些已被解决，而其间的调停之手就是城邦。

公元前458年初春的那一天，欧墨尼得斯离开剧场；几分钟后，市民们也从那个出口走出剧场。他们的心情如何？肯定没有任何观众再有过这样的体验。彼时雅典城邦正自信地经历着全盛时期。在这三部剧中有种欣悦之情，因为观众们看到自己的城邦成为正义、秩序和希腊人称为"有序宇宙"（Cosmos）的典范。他们看到城邦已经——或者可能会——成为世间万物之王冠与巅峰。他们看到自己城邦的守护女神以平稳清晰的思路主持最初的裁判庭。然而，这还不是全部。新兴的民主制度刚削弱了古老的亚略巴古议事会的权力，改革派政治家被政敌暗杀。欧墨尼得斯——这片土地上可怕的居住者、改头换面专司血亲间报仇的复仇女神又能怎么样呢？一想到城邦不仅为人类所居，也会为神祇居住，雅典人不但会感到欣悦，还会品出警示的意味。这里有雅典娜——奥林匹斯诸神之一、有序社会的主持者，还有更多相对原始的神。他们在雅典娜的劝说下接受这种文明生活模式，并迅速惩罚任何在内部以暴力威胁其稳定的人。

埃斯库罗斯的宗教思想就是这样与城邦概念紧密相连的。不仅埃斯库罗斯，还有许多其他希腊思想家，尤其是苏格拉底、柏拉图和亚里士多德，亦是如此。亚里士多德曾说过一句话，我们很不恰当地将其译为："人是政治动物。"他真正要说的是："人是生活在城邦中的生物。"在《政治学》中，他进一步示范：唯有在城邦的框架中，人才能充分实现其精神、道德和智识能力。

以上就是这个词的某些含义，之后我们还会发现更多含义，因为我有意少谈其纯"政治化"的一面，以此强调它远不只有某种政治组织形式。城邦是基于现实或假想的血缘关系的生活集体，是家庭的延伸。它尽可能将生活转变为家庭生活。当然也会有家庭争吵，正因为是家庭争吵，所以它们就更激烈。

希腊人本质上是社会的，这不仅解释了何谓城邦的问题，也解释了他们行为和思考方面的不少问题。在生存方面，他们本质上是个人主义者，在丰富自己生活方面则是"共产主义者"。宗教、艺术、比赛、辩论——所有这些生活需要只有通过城邦才能完全得到满足，而不是像我们一样通过志趣相投者的自愿结社，或通过倡导者号召众多个体来完成。（这也是希腊戏剧不同于现代电影的原因之一。）此外，他们想要在群体事务中找到自己的位置。希腊人在城邦生活中享受了那么多必要、有趣、令人兴奋的活动，所有这些活动都在露天进行，在该城邦的卫城上即可看到，而且城邦的所有成员都被同一片山或海环抱。如果能了解这些情况，我们就有可能理解希腊的历史，有可能理解为何希腊人虽有常识督促，但还是不愿牺牲生动丰富的城邦生活，去建立更大却不那么有趣的统一体。我们也许可以虚构并记录某个古希腊人和雅典娜神庙俱乐部①会员间的对话。该会员对希腊人缺乏政治感表示遗憾。希腊人回

79

---

① 雅典娜神庙俱乐部（Athenaeum）位于伦敦滑铁卢街，一直是英国知识精英们聚集的场所。

答："伦敦有多少个俱乐部?"那名会员猜测大概有 500 个。希腊人接着说:"那如果它们合并起来,该是多么辉煌的建筑啊!那会馆就跟海德公园一样大了。""但是,"那会员说,"那就不再是个俱乐部了。""说得好,"希腊人说,"城邦要是像你们的城市一样大,那就不再是城邦了。"

限制国家主权在使生活更加安全的同时,也不会显著地使其无趣呆滞。尽管现代欧洲国家拥有相似文化、共同利益和便利的沟通方式,但它们终究难以接受这样的想法。希腊人可能通过削弱城邦制获得更多,但也远比不上失去的。使阿基琉斯伟大的不是常识,而是其他某些特质。

# 六　古典希腊：早期

　　现代地图上，在地中海和邻近水域随处可见希腊地名。塞巴斯托波尔（Sebastopol）、亚历山大城（Alexandria）、班加西（Benghazi），当然还有附近的阿波罗尼亚（Apollonia）①。我们国家的报纸从来没能拼对最后这个地名，因为在舰队街②工作的人对阿波罗不太感冒。还有锡拉库萨、那不勒斯、摩纳哥——所有这些名字，以及其他成百上千个地名都源于希腊语，虽说经外邦人的数百年使用后，它们的面目已不复往昔。并非所有地名都可以追溯到古典时代早期。亚历山大城这个地名是为了纪念其建立者亚历山大大帝，本章也将以此人结束。"塞巴斯托波尔"在希腊语中意为"奥古斯都之城"，因此是罗马帝国时代建立的。班加西来自"贝列尼凯"（Berenike，马其顿希腊语中的"Pherenike"，意为"带来胜利的人"），是自亚历山大时期（公元前 320 年）以来一直统治埃及的马其顿托勒密王朝的女王之一的名字。曾迷住恺撒、莎士比亚和萧伯纳的埃及艳后克里奥帕特拉（Cleopatra）就是该世系的后裔。然而，有相当多的地名可以追溯至我们正在讨论的这一时期：公元前 8 世纪至公元前 6 世纪。马赛（Marseilles）最初叫马西利亚（Massilia），约在公元前 600 年由希腊人建立。这一带的海岸上可找到大量希腊语名字。摩纳哥来源于赫拉克勒斯·摩

----

①　靠近今日的昔兰尼遗址。
②　舰队街是英国伦敦市内一条著名的街道，直至 20 世纪 80 年代都是传统英国媒体的总部。

诺伊科（Heracles Monoikos，即"独居的赫拉克勒斯"）的圣祠；尼斯（Nice）过去称"尼凯阿"（Nikaia，胜利）；"昂蒂布"（Antibes）源于"安地比斯"（Antipolis，对面的城市）；"阿格德"（Agde）是"阿加特"（Agathe，好地方）。意大利西南部也遍布希腊语名字，比如那不勒斯本名是"奈阿波利"（Neapolis，新城），"雷焦"（Reggio）是"瑞吉翁"（Rhegion，裂口，得名自狭窄的海峡）。

爱奥尼亚诗人荷马显然对地中海西部或黑海几乎一无所知，这些地区鲜为人知，奇迹层出不穷。离希腊西海岸不远的伊萨基岛是他对西边认知的极限，而他似乎对伊萨基岛的情况也不太确定。然而至多三百年后，我们就发现希腊城邦不仅遍布爱琴海地区各个角落，还出现在黑海边更宜居的地区（包括克里米亚）、利比亚海岸、意大利南部和西部、西西里、法国南海岸及西班牙东海岸。的确，西西里岛和意大利的邻近地区后来被称为"大希腊"（Greater Greece），罗马最初吸收希腊文明的地方不在希腊本土，而在这里。

这不是希腊的第一次大举扩张，也不是最后一次。我们已经看到多利安人来到时，爱奥尼亚人（和其他民族）已经一窝蜂地东渡爱琴海。几百年后，亚历山大新征服的领土上到处有希腊人定居，正如19世纪有如此多的希腊人定居美国，以至于他们汇回希腊国内的钱成为国民经济的重要支柱。希腊人喜欢子孙满堂，但国家的自然条件大大限制了人口增长，即使在今天的地中海地区也是如此。

这次规模浩大的殖民运动始于公元前750年，持续约两个世纪，但我们对其原因和进程所知极少。人口过剩似乎是其主要原因，但其他因素，如政治动乱和外来灾祸也明显起了作

81

用。例如，当波斯国王居鲁士大帝（Cyrus the Great）于公元前545年征服爱奥尼亚时，泰诺斯（Tenos）和福西亚（Phocaea）这两座城市的居民决定全体迁走，不做波斯的臣民。泰诺斯人来到色雷斯海岸，建立了阿夫季拉（Abdera）；而福西亚人走得更远，他们决定去科西嘉岛。希罗多德讲过一个引人入胜的故事，说他们把大铁块沉进港口的海水，发誓说铁不浮起，人不回乡。然而动身不久之后，不少人就因思乡而返回。其他人继续前行，定居于当时他们已在科西嘉岛建立的殖民地阿拉利亚〔Alalia，后更名为阿莱利亚（Aleria），那里至今仍有同名小村庄〕。

关于早期殖民地，至少有一点可以确定：建立它们并非出于贸易需要。它们不是"工厂"。目前我们掌握的信息表明，殖民者要的是土地。希腊农民辛勤工作只能获得微薄收入，过着朝不保夕的日子。家庭土地的划分很快就到了有效耕作的临界点。而且正如我们接下来讨论雅典时将会看到的，大地主肆无忌惮地吞并穷人的土地。在希腊经常能听到要求重新分配土地的呼声，而殖民活动就是个泄压阀。贫困的农民会放弃自己那不断缩水且被抵押出去的小块土地，打算在海外闲置土地中分一杯羹。如此一来，他们有可能一改挣扎求生的困境：要么他和后代发家致富，成为新城邦的有产贵族；要么他们失败，准备进行下一轮殖民或革命。

尽管殖民的首要目标是土地而非贸易，但它确实极大地刺激了贸易和工业，以至于后来某些殖民地的建立着眼于贸易而不是农业。新土地上的产出有时不同于母邦，且殖民地使希腊人与"野蛮人"能够密切接触，而后者会有希腊人感兴趣的商品出售。在旧的贸易路线，如从波罗的海出发的琥珀路线

82

上，有些殖民地更接近矿源，因此商品交换更加活跃，而新的接触又会带来新思想和新技术。物质文明标准在不知不觉间逐渐提高，而有些地方远比其他地方高。以地理位置极利于贸易的科林斯为例，它正忙着建造船只，铸造青铜器，同时在陶绘方面发展出希腊几百年来从未见过的自然主义绘画风格。然而这股新风完全没有刮到距它不到 30 英里的阿卡迪亚村庄。其他贸易和工业迅猛发展的城市还有埃伊纳岛、埃维亚岛①上的哈尔基斯（Chalcis in Euboea）和爱奥尼亚的米利都（Miletus）。哈尔基斯被卷入史上首次希腊战争，与它的邻居埃雷特里亚（Eretria）为争夺邻近的利兰丁（Lelantine）平原而战。许多城邦各自选边站，但看起来对那块争议领土兴致缺缺。因此，商业竞争很可能已经起了作用。

现在谈谈殖民活动的政治元素。"殖民地"一词会误导人，但和往常一样，这也是我们能找到的最合适的词。希腊语中，"Apoikia"的字面意思是"远处的家"。但"Apoikia"绝不是母城的延伸或从属，而是一块独立的新基石。母城组织移民群体，还经常邀请其他城邦的人加入。母城将从自家成员里选出一位官方领袖，监督新土地在殖民者之间的分配。作为建立者，他将永远受人尊敬。在试图建立新殖民地之前，人们通常都要去德尔斐②求问神谕。这不仅出于以宗教信仰对抗未知危险的考虑，而且因为当时在全希腊的宗教圣地中，德尔斐地位超卓。时常有人从希腊世界的各个地区赶来，有时还有"野蛮人"来此求问神谕。德尔斐的祭司们由此掌握了大量信

①　一译优卑亚岛。
②　德尔斐（Delphi）神庙位于希腊的福基斯，古希腊人认为它是地球的中心。

息（更别说还拥有重要的政治影响力）。因此可以说，希腊人去德尔斐，想得到的不仅是祭司祝福，还有殖民研究办公室（Colonial Research Bureau）专家的建议。

殖民地一旦建立，它与母城间的联系只余宗教与情感了。人们从母城带来火种，点燃公共火炬台（public hearth）。来自母城的公民在殖民地通常会享有某些特权。如果殖民地又建起一处殖民地，恰当的做法是邀请最初的母城提名建立者。它们之间没有严格意义上的政治关系。城邦与其殖民地间的战争［如修昔底德在第一部著作中提到的科林斯和克基拉岛（Corcyra，即科孚岛）之间的战争］会被认为反常且不妥，但不会被视为反叛或分裂。因此，虽说希腊人涌出希腊和爱奥尼亚本土，将希腊的影响带到地中海地区的每个角落（除了有迦太基人或伊特鲁里亚人①做"拦路虎"的那些地区），但他们未曾就建立一个希腊帝国或国家做任何努力。这一过程只意味着希腊城邦的数量大大增加，也意味着源自故乡的爱恨情仇在千里之外重复上演。

读者可能会因不知是否必须同时研究数百个独立城邦的历史而忐忑不安，其实大可不必。首先，当我们为某个民族著书立传时，千万不可过分强调政治史的地位。它也许是框架，是该民族特征的某种表现方式，而且无论好坏，它都是该民族的功绩之一，但它不能代表该民族的全貌。其次，我们对绝大多数城邦一无所知。今天我们出于对历史的兴趣，以如此尽责的热情记录事实，以至于历史写作变为不可能之事。希腊则使其 84

---

① 伊特鲁里亚人（Etruscan）是古代意大利中部地区受罗马文明影响的民族。

历史学家处于相反的不利地位。在公元前 5 世纪之前，人们只知记录地方行政官或祭司名单，鲜有记录同时期的大事件。然而一旦他们认识到这点，我们几乎立即就看到在干巴巴的记录之外，还出现了对大事件的阐释。但即使是在公元前 5 世纪，我们的记录也非常少。就古典希腊的早期而言，似乎最合理的做法是依次笼统考察以下三个城邦：以爱奥尼亚为首，斯巴达次之，最后是雅典。更晚期时，我们的目光将不可避免地聚焦于雅典。

## 爱奥尼亚

长期以来，人们认为是爱奥尼亚希腊人使第一缕希腊文明的光线照进黑暗时代，认为是爱奥尼亚人首先开始探索海洋、建立殖民地、发展艺术，并过着充实而自由的、日后成为典型希腊式的生活。在爱奥尼亚，古老的米诺斯文化的尾音仍在缭绕，并且人们与更古老的东方文明有更直接的接触。这种观点现在受到了严重的挑战，尤其受到 R. M. 库克①的《希腊研究杂志》（*Journal of Hellenic Studies*，1946）的挑战。诚然这方面的证据不多，而且不太靠得住，但似乎清楚的是，欧洲希腊人曾在殖民运动中一马当先，而希腊本土受到东方影响的时间至少与爱奥尼亚一样早。第一位伟大诗人荷马是爱奥尼亚人，但瓶绘最早复兴是在阿提卡。

然而，对早期爱奥尼亚的了解确实让我们发现某些比希腊本土文化更"现代"的东西。毫无疑问，我们稍后将要讨论的

---

① 罗伯特·曼纽尔·库克（Robert Manuel Cook，1909—2000）是英国古典学者和古典考古学家，擅长希腊彩绘花瓶研究。

伟大的智识运动就从爱奥尼亚开始。这种"现代性"的感觉很可能源于爱奥尼亚人的性格和气质，而非其先进的文明，因为爱奥尼亚人比欧洲希腊人更具个人主义色彩。希罗多德的著作中有个关于爱奥尼亚人的有趣故事。它未必真实，因为希罗多德是生于哈利卡纳苏斯（Halicarnassus）的卡里亚人（Carian），是爱奥尼亚人的邻居，按普遍适用的邻人法则（Law of Neighbours），他对他们成见颇深。但他显然希望其他希腊人能相信这个故事。大约在公元前550年，爱奥尼亚人被波斯的居鲁士大帝征服，公元前500年后不久他们开始暴动。有支爱奥尼亚舰队在小岛拉德（Lade）集结，其中来自福西亚（根据希罗多德的说法）的队伍的指挥官做了一次隐有怯意的典型希腊式演讲。"勇士们，现在已到了危急关头。我们要么做自由人，要么做奴隶——而且还是逃奴。现在，如果你们愿意暂时克服困难，就能打败敌人赢得自由。但如果你们仍然懒惰散漫，恐怕就要为暴动付出沉重代价。听我说，把你们的身家性命交托给我，因为我保证，如果诸神不眷顾敌人，我们就能打败他们。""听到这里，"希罗多德说，"爱奥尼亚人表示信任狄奥尼修斯（Dionysius）。"他白天将船驶向大海训练桨手，让水兵们在骄阳下穿着厚重铠甲。爱奥尼亚人对此很不习惯，但忍耐了七天，然后互相说："我们得罪了哪位神，要受这样的罪？我们是疯了吗？听这么个虚荣的福西亚傻瓜的话。福西亚只能派出三艘船。他控制我们，折磨我们，我们受不了了。有一半人已经病倒，另一半也快了。这比做奴隶还糟糕。嗨，我们罢工吧。"（希罗多德说）他们果然停手，不再在甲板上操练，而是舒服地躺在岸上的帐篷里消磨时间，于是他们不可避免地战败了。

　　这个故事恶意满满，但恶意的夸张总是"无风不起浪"。

85

爱奥尼亚人确实给其他希腊人留下不够严肃和缺乏纪律的印象。他们确实曾勇敢地对抗波斯人。虽然他们的城邦各自为政，没有结成可以拯救他们的统一政治联盟，但少有希腊人有资格在此事上责备他们。

86　　"荷马式的"史诗中有段对阿波罗的颂诗，描述了爱奥尼亚人眼中的爱奥尼亚：

> 阿波罗在提洛岛最为欢喜。
> 圣岛上的爱奥尼亚人穿着曳地长袍，与孩子们和贤妻相聚。
> 节日来临那天，他们以拳击、舞蹈和歌唱来取悦你。
>
> 如果有人看到爱奥尼亚人聚会，
> 就会说他们不会衰老死亡，每个人都蒙受神恩。
> 男女盛装，船只迅捷，金玉满堂，
> 有谁看到这些不会心情舒畅？

正如力量和美是多利安人艺术的特征一样，优雅和魅力也是爱奥尼亚艺术的标志。要鉴别这一点，只需对比爱奥尼亚人和多利安人的建筑即可：漂亮的涡形爱奥尼亚式柱头烘托出的爱奥尼亚风格的整体轻盈感，与多利安建筑形成鲜明对比。雕塑方面，虽然两边都尽力刻画理想的运动员形象，但爱奥尼亚人在克服描绘着衣人体的困难方面也让人欣喜，因为他们成功地在石材上再现肌肉、羊毛和亚麻的不同质感。与多利安作品不同的是，爱奥尼亚作品有种微妙的感性美。爱奥尼亚的节日庆典也没（多利安）那么严肃，庆典上音乐和诗歌的角色也更重要。总体来说，爱奥尼亚给人以非常活泼快乐的印象，隐隐有点东方或至少是南方的柔和感觉。所以，难怪公元前 4 世纪的柏拉图排斥爱奥尼亚的音乐和韵律，认为它们是"靡靡之音"。但不要忘记，很多为柏拉图拒斥的东西其实都相当不错。

公元前 6 世纪是抒情诗的黄金年代，个人抒情诗几乎成为爱奥尼亚人的专利。这里我们把地理范围稍稍放宽，好将爱奥尼亚海的莱斯沃斯岛（Lesbos）上的诗人囊括进来。这些诗人中，萨福①堪称皇冠上的明珠。所有这些抒情诗里，我们现在只能读到少得可怜的残章断句。但萨福的诗（有些为后世作家引用，有些是现代在埃及沙漠中发现的）足以说明她是位热情且令人惊叹的女诗人，但流传下来的爱奥尼亚诗人阿尔基洛科斯（Archilochus）的作品不足以让我们理解古人为何推崇他仅次于荷马。

　　　　我爱过你，阿提斯（Atthis），很久以前——

萨福用优美的爱奥尼亚希腊语写下这节诗。它之所以能流传至今，是因为公元 2 世纪的赫费斯提翁（Hephaestion）引用过它。此人是位韵律学家，也是个少见的傻瓜。

　　　　若你死去，将会躺在墓中，永被遗忘
　　　　因为你看不起缪斯的花朵；
　　　　在冥府，一如在此处

─────────

① 萨福（Sappho，约前 630—约前 560）是古希腊著名的女抒情诗人，作品有情诗、婚歌、颂神诗、铭辞等。

你的影子会消失在朦胧中，

无人注意，少有人知。

　　普鲁塔克①在一篇关于道德的文章中引用了这几行无情的诗句，还说萨福写它是为了"针对某位富有的女士"。另一带有轻蔑意味的片段（在某篇对品达的评论文章中被引用）似乎也处于类似语境："这些女人的灵魂变得冰冷，她们的翅膀失去了功能。"

　　萨福最著名的颂歌是那首由卡图卢斯②极其成功地译成拉丁文的热烈情诗，卡图卢斯是唯一能做到这一点的拉丁诗人。但爱与恨并非萨福唯一的主题：

群星围着美丽的月亮

她使它们黯淡无光

明月渐盈

光耀大地

　　就我们所知，真正的爱奥尼亚诗人创作时不像萨福那样激情澎湃，但像她一样喜欢创作个人感兴趣的主题；同时代的斯巴达和雅典诗人则不然。与提尔泰奥斯③和梭伦④的诗歌不同，他们的诗歌很少"言及政治"。阿尔基洛科斯以辛辣的个人讽刺著称；阿那克里翁（Anacreon）时而欢快地歌唱爱情和美

---

① 普鲁塔克（Plutarch，约46—120）是罗马帝国时代的希腊作家、哲学家、历史学家。

② 卡图卢斯（Catullus，约87—约54）是古罗马诗人。

③ 提尔泰奥斯（Tyrtaeus）是公元前7世纪的希腊诗人。

④ 梭伦（Solon，前638—约前559）是古雅典政治家和立法家、希腊"七贤"之一。

酒，时而悲伤地低吟衰老来临。爱奥尼亚诗人皮忒尔穆斯（Pythermus）仅有一行诗存世：

> 万物不足道，唯余金钱——

贝洛克①的诗与它很像：

> 但金钱总能使我快乐。

另一典型的残章：　　　　　　　　　　　　　　　　　88

> 我讨厌粗脚踝的女人。

有个著名的故事，说一个斯巴达女人对要上战场的儿子说："带着你的盾牌归来，要不就躺在上面被人抬回来。"她这样说是因为丢弃盾牌是再耻辱不过的事。但阿尔基洛科斯高兴地写道：

> 我必须逃跑，所以把它丢在树林里。
> 但我逃掉了，谢天谢地！
> 带上我的盾牌吧，
> 我会得到另一块同样棒的。

五百年后，他确立的文学风格为贺拉斯沿袭。
爱奥尼亚人的生活中有种引人入胜的东西。

---

① 　西莱尔·贝洛克（Hilaire Belloc，1870—1953）是英国作家。

## 斯巴达

如果学者在某段据称为某位多利安诗人所作的残章中发现"我讨厌粗脚踝的女人"这句诗，他就立刻会疑心哪里出错了。毫无疑问，斯巴达人对女人的脚踝有自己的审美，但伯罗奔尼撒人不会这样写。多利安人更严肃，也少见个人主义色彩。爱奥尼亚人和他们的诗人自由表达个人爱憎；而斯巴达的提尔泰奥斯热情地敦促同胞们拿出无上英勇对抗来自麦西尼亚的敌人；阿尔克曼[1]则创作庄重动听的合唱颂歌，供斯巴达女孩们在节日演唱。当爱奥尼亚的哲学家们仅凭个人对理性的掌控为指引，探索全新且令人激动的思维方式时，多利安人在观点和态度上仍相当传统。爱奥尼亚的建筑师和雕塑家追求优雅和多样性，伯罗奔尼撒建筑师则忙于使寥寥几种朴素类型渐臻完美。爱奥尼亚人和多利安人以相当纯粹的方式代表生命的两种对立概念——动态的和静态的，个人主义的和公共的，离心的和向心的。我们如今仍可以在东西方比较中看到这种对立。在雅典，对立一度达成它们需要的和解，因此伯里克利时代的阿提卡文化尽善尽美。

正如阿提卡的雕塑和建筑整合了多利安人的朴素和爱奥尼亚人的优雅，雅典戏剧使公共合唱队的颂歌和演员个人的表演达成和谐有机的统一一样，雅典生活能在短期内调和爱奥尼亚人的自由和个人才华与多利安人的纪律和凝聚力。但在古典时代早期，这种和谐仍遥不可及。

伯罗奔尼撒是多利安人的主要家园，但并非唯一的家园。

---

① 阿尔克曼（Alcman）是公元前 7 世纪中叶的希腊抒情诗人。

伯罗奔尼撒的文化和政治历史都由斯巴达人主导，但评价斯巴达人殊非易事。斯巴达是个充满奇怪悖论的城邦，很难为现代人理解。它的早期历史笼罩在迷雾中，触目多为传奇，鲜有史实。而即使是那些明显史实，许多也是来自后世哲学家的假设性重构。因为斯巴达的众多悖论之一在于，与其他希腊城邦相比，它是思想的荒漠，却对希腊哲学家有永恒的吸引力。

我们已看到多利安入侵者如何占领大半个伯罗奔尼撒半岛，以及斯巴达人这个与被统治者隔离的占少数的统治民族，如何在欧洲大陆南端两个最肥沃的山谷之一中站稳脚跟。"几百年间，这个坚忍的山区民族被炎热和奢华征服，几乎像东方人一样昏昏欲睡"——这一结论会使人心满意足，但事实并非如此。恰恰相反，斯巴达之衰落并非由于缺乏活力，而是由于缺乏公民和思想，而这一切都是它自作自受。

斯巴达历史上有两件大事，均不为我们详知。其一是他们决定在自己与被征服者之间筑起坚固藩篱。虽说我们能看到这是他们在历史发展中敏锐意识到斯巴达人是密不可分的群体的自然结果，但我们仅了解最基本的事实。这个种族必定组织严密，成员有自我意识，因而斯巴达才能征服埃夫罗塔斯（Eurotas）河谷的湍流。他们坚持做保留自身生活模式的群体，而非乐于适应现有生活模式的个人。因此拉栖代孟的社会以一种罕见的方式分层（但在色萨利还有类似案例）：顶层"斯巴达公民"（Spartiates）是仅有的真正斯巴达人；其下是"边区居民"（Perioikoi，邻居），即没有政治权利的自由民；底层是黑劳士（Helots）。黑劳士不是某个斯巴达人的奴隶，而是整个斯巴达群体的农奴。绝大多数黑劳士要做农活，各自将收成的一半缴给按组指定的公民。

关于第二件大事我们知道得稍详细些，但也不是特别清楚。正如我们已经看到的，缓解人口过剩的标准办法是建立殖民地。斯巴达也建了殖民地，但数目不算多，他林敦（Tarentum）① 就是其中之一。斯巴达采用更激烈的方法来填满人民渴求土地的胃口。它征服了西边的邻居麦西尼亚，吞并其领土，奴役其人民。这样的吞并在希腊极其罕见。原因很明显：没有常备军驻扎就不可能攻占四邻的领土，而斯巴达是唯一有常备军的城邦。这支常备军由公民组成，由黑劳士供养。控制麦西尼亚这一任务几乎超出了斯巴达人的能力范围。被征服后的一两代，即近公元前 8 世纪末，麦西尼亚人孤注一掷，揭竿而起。似乎过了二十年，暴乱才被最终镇压。从提尔泰奥斯的劝告中能看出斯巴达人付出的代价。

对麦西尼亚的奴役使斯巴达公民在自家城邦里愈加沦为少数派，而且是受到威胁的少数派。也许是麦西尼亚的反抗促使斯巴达人采用著名的来库古（Lycurgus）制度。关于来库古我们一无所知，甚至不知道他是真实还是虚构的人物。（坚定的"理性主义者"J. B. 伯里② 以其典型方式评论说："他不是人，而是神。"）这些制度中有许多显然产生于更古老的年代，但至少我们可以看出，斯巴达人的生活大约在此时发生了相当大的变化。就在当时，即公元前 7 世纪末，斯巴达人的生活再不见丝毫优雅与魅力，而这城邦开始变为我们熟悉的军营模样。来库古以无可挑剔的逻辑应对这种情况。公民被组织起来，因为这个占统治地位的少数民族需要镇压并剥削人口众多、活跃

---

① 即现在意大利的塔兰托。

② 约翰·巴格内尔·伯里（John Bagnell Bury，1861—1927）是英国著名历史学家、古典学家和文献学家。

且危险的农奴阶层。

斯巴达公民被禁止从事农业、贸易或技术工作，他们必须做职业军人。他们有自己的农场，由黑劳士耕种。他们在"公共食堂"（public messes）吃饭，为此要上交农场的产出作为伙食份额。如果交不出，他们就会被暂时剥夺完全公民身份。家庭生活受到严格限制。婴儿若被判定为孱弱就会遭到遗弃。男孩在七岁之前与母亲生活在一起；七岁到三十岁之间，他们要接受适当的公开军事指导和演练。女孩们也要接受精心安排的体育训练。

他们举行各种比赛。女选手穿得如此之少，就连希腊人看到都会被吓一跳。虽说谦逊的举止，以及被视为美德的服从和勇敢（这是自然的）受到极大重视，但正规的智力教育完全没有。黑劳士被无情地压制，有支秘密警察队伍以杀死任何有潜在危险的人为己任。这是普鲁塔克说的，但他也可能误解了这个组织。

然而，来库古的目标不仅是把公民培养成随时可上战场的高效战斗机器。他煞费苦心，使这种体系能够自足且十分稳固。贸易不被鼓励；外邦人不受欢迎，而且还会不时遭到驱逐；外来思想被不惜一切代价地拒之门外。（当代也有国家处于类似的闭塞状态中。）雅典人聪明地掌控货币，使其在各处流通无阻，即使在遥远的高卢也被接受，同时雅典还建立了行之有效的银行系统。但斯巴达人仍故意使用古老而不方便的铁币，然而在城邦内强制使用铁币这一做法并没能帮他们在海外抵抗黄金的巨大吸引力。

它的政治体制听起来也同样荒谬。斯巴达有两个国王，这让人想起罗马共和国两个平等的执政官。其起源可能不同，但想以此达到的效果相同：两种情况下的双头制都意在遏制专

92

制。在城邦内，国王们的权力不及五位"督政官"（Ephor），他们是每年大多由投票选出的行政官员。但是，海外的斯巴达军队总由其中某位国王指挥，出征时他拥有绝对权力。斯巴达还有长老会议（Senate），以及全体斯巴达人的大会，但会上不能辩论，表决办法不是投票，而是大声呼喊，当天赢得最响亮呼声的提议会通过——这让其他希腊人感到好笑。后世的希腊理论家困惑于这种制度，因为他们习惯于把天地万物分类，却不知道该称其为君主制、贵族制、寡头制还是民主制。这制度建立起来时既未除旧（比如国王），从其顺理成章的结论上讲也未扬新。

若历史学家不过想尽其本分，那么他会指出：斯巴达人被迫采用这种冷酷消极的生活方式，只因他们决心靠黑劳士的劳动生存；最终，事实证明这种僵化生活方式给道德、智识和经济领域都带来毁灭性的灾难；黑劳士的生活也想必很悲惨。虽然我们可能会怀疑，历史已如常勤勉记录了这种悲惨而将其他事情遗忘。但若这位历史学家止步于此，那么他就还没有完全尽到责任。虽然有黑劳士制度，虽然生活僵化而单调，但至少直到伯罗奔尼撒战争爆发时，斯巴达仍然给人留下极其深刻的印象。而且尽管有许多希腊人清楚看到斯巴达的缺点，但至少仍对其理想极其钦佩，甚至心怀羡妒之情。

因为重要的是，我们要认识到，对于斯巴达人来说这种生活方式是一种理想。我曾为了与时俱进而谈过对黑劳士的"剥削"。如果这一现代术语的内涵也是现代的，那就意味着在某种程度上，斯巴达公民靠剥削黑劳士的劳动成果过着舒适生活。可事实上，他们的生活如此清苦，以至于如果某个现代人可以选择的话，那么他也许宁可做个黑劳士，而不做公民。

关于斯巴达和斯巴达人的故事繁如星辰，不可否认其中有许多是由倾向于斯巴达的作家记录的，但那些涉及斯巴达生活方式的故事基调都相同。有个锡巴里斯人①受邀在斯巴达的公共食堂里用餐，他评论道："现在我明白为何斯巴达人不怕死了！"又有位面对斯巴达人"黑汤"的客人说："你得在埃夫罗塔斯河里游一圈才有胃口来喝它。"国王阿格西劳斯被人问到来库古的法律带给斯巴达人的最大益处是什么，他回答说："蔑视快乐。"犬儒学派的第欧根尼（Diogenes the Cynic）在奥林匹亚看到几位罗得岛（Rhodes）年轻人身着盛装，突然说道："真做作！"然后他看到几个斯巴达人衣着褴褛，又说："更做作！"

　　作为个体，许多斯巴达人并没按照其城邦的理想方式生活，而我们能够欣然理解这一现象。但斯巴达确实有个理想，一个相当苛求的理想。它要使斯巴达人的生活有意义，使他们因身为斯巴达人而自豪。斯巴达士兵和妇女的个人英雄主义既是传说也是事实。我们不太了解斯巴达人的日常行为，因为少有其他城邦的希腊人能够了解他们到足以就此提供信息的程度。但普鲁塔克笔下有个故事很典型。有个老人在奥林匹亚运动会会场上徘徊，想找个座位坐下，却遭到大家嘲笑。但当他走到斯巴达人的座席区时，所有年轻人，以及许多上了年纪的人都起身为他让座。在场的人为斯巴达人喝彩，那老人叹口气说："所有希腊人都知道何为正确，却只有斯巴达人依此行事。"

---

①　锡巴里斯（Sybaris）是意大利南部的古希腊城，其人民（Sybarite）非常富有，而且生活奢侈，因而后来"Sybarite"一词的意思引申为耽于酒色享乐之人。

其实使希腊人，甚至包括那些不喜欢斯巴达的人印象深刻的是：斯巴达人强加某种生活形式（或模式）于己身，并为此放弃良多。他们采取这种模式，确实在很大程度上是迫于黑劳士带来的危险这一外界因素。但他们也确实将非自愿转化为自愿的强制。研究历史时，人们必须谨防耽于表面现象却忽略有重要意义的东西，而此处具有重要意义的是，来库古的法律不仅要使黑劳士服从斯巴达人，而且要创造理想公民。这理想很狭隘，但终究是理想。

斯巴达的法律把希腊人心目中的法律最高功能发挥得如此彻底，这一现象受到希腊人的钦佩。我们自己对法律的概念完全是罗马式的，因此很难把法律看作有创造性和塑造性的原动力，但在希腊人眼里这很正常。罗马人最初以纯粹的实践方式看待法律：它规范人与人之间的关系及事务，本身就是实践的法典化。直到受希腊人影响，罗马法学家才开始从法律中推导出一般法律原则，并根据哲学原理加以拓展。但希腊人视其城邦的"共同法"（nomoi）为道德的和有创造性的力量。它们不仅要在个别案件中维护正义，而且要灌输正义。因此年轻的雅典人要在服兵役的两年中学习它，只因它是城邦的基本法，有别于"要给汽车装车灯"此类具体条款。后者不过是"票选结果"（psephismata）。希腊人没有教义，也没有教会，甚至没有教育部长这种能使我们满意的替代品。城邦通过法律培养公民的道德，并敦促他们履行社会责任。

因此，斯巴达因其"良好法治的状态"（Eunomia）而受人钦美，因为不管你是否喜欢它的理想，它确实以该理想为目标，通过法律和制度出奇全面地训练公民。它确实训练公民为共同利益无私献身。如果确有明显的失败例子，或许也要归咎于人性而非法律瑕疵。它受到赞扬是因为其法律历经数百年而不变，或者说它没打算改变。在我们看来这似乎很幼稚，但如果希腊有什么东西貌似幼稚，我们就应该重新仔细审视它。我们认为法律应该与时俱进，这是不言而喻的。希腊人也许不会像我们这样被环境所左右，因为他们生活的世界更为静止，他们大可不必如此。虽说程度不同，但他们总想规范生活并形成模式，而不是自己去适应生活模式。据信斯巴达人接受被德尔斐认可的来库古法律时就是这样做的。那么，为什么要改变模式呢？当我们听说教会的教条几百年来都没有改变时，我们不会微笑。对斯巴达人来说，来库古法律是"德性"（aretê）的模式，是公民群体内部严格认定的人类德性模式，比雅典人的"美德"（virtue）概念更严格。它冒犯现代人道主义者的程度几乎和它的要求会吓到他们的程度相当。虽说在某些方面残酷，在其他方面又不讲道理，但它有英雄之风。没人能说斯巴达人粗俗。斯巴达人也不会承认自己的艺术土壤中寸草不生。"艺术"（poiesis）指的是创造，但斯巴达的作品不是文章或石雕，而是人。

95

## 雅典

雅典人的领土阿提卡比英国的格洛斯特郡①稍小。全盛时期，其居民人数大约和布里斯托尔的居民一样多，②也许还更少些。这个城邦的规模大致如此。在两个半世纪的时间里，它孕育了如下英杰：政治家梭伦、庇西特拉图（Pisistratus）、地米

① 格洛斯特郡（Gloucestershire）是英格兰西南部的郡，面积为 2643 平方千米。

② 在作者写作本书的 1951 年，布里斯托尔的人口为 552000。

斯托克利（Themistocles）、阿里斯提德（Aristeides）和伯里克利；戏剧家埃斯库罗斯、索福克勒斯、欧里庇得斯、阿里斯托芬和米南德（Menander）；所有历史学家中最令人印象深刻的修昔底德；最令人难忘的演说家德摩斯梯尼；卫城的建筑师姆奈西克里（Mnesicles）和伊克蒂诺（Ictinus）；雕塑家菲狄亚斯（Phidias）和普拉克西特列斯（Praxiteles）；最杰出的海军指挥官之一弗尔米奥（Phormio）；苏格拉底和柏拉图。然而名单之外，犹有"遗才"。在同一时期，雅典仅以一千名普拉提亚人为助力，在马拉松大败波斯。希腊人在萨拉米斯（Salamis）赢得更为重要的胜利，而其中雅典的战功比其他希腊城邦累积起来都要多。它还建立了史上唯一真正的希腊帝国。在这段相当长的时间里，精心设计并绘制的雅典彩陶瓶在地中海和中欧各地受到追捧和珍视。也许最值得一提的是戏剧，那是一种与我们的电影对应的大众娱乐方式。它堪称有史以来最高深的、无可匹敌的艺术形式。这一事实远远超出我们的经验，以至于某位现代的希腊史学家认为，普通雅典人也会笑纳更差的剧目，假如有的话。但这种观点没有市场。我们没听说过普通市民会在悲剧已经结束、诙谐剧即将开始的黄昏时分才来到剧场。相反，阿里斯托芬的喜剧中，对欧里庇得斯和埃斯库罗斯的拙劣模仿引得观众哄堂大笑。普通雅典人想看更"通俗"的东西也不是不可以，直接控制权完全在他们手中。简言之，这座城邦对希腊乃至欧洲文化做出了惊人贡献，而且除非我们把文明标准定义为舒适和奇妙装置，否则（大约）公元前480年至公元前380年的雅典显然是迄今为止最文明的社会。

如此广泛卓越的成就说明某个民族在天赋才能方面异乎寻

常，同时也意味着它拥有同样重要的东西，即天赋得以发展和充分表现的生活条件。因此在本章和后两章中，我们将详细追溯雅典城邦的发展。雅典文化在公元前5世纪的繁荣常被称为"奇迹"。类似地，常见的希腊俗语也称某些疾病为"奇迹的"或"神赐的"。但有位希腊医书作者非常明智地宣称，没有疾病例外，所有疾病都来自自然，都是"神赐的"。我们打算模仿这位特别有科学头脑的医生，尽可能向世人证明：伯里克利时代雅典的成就与其他任何时间和地点的成就同样神奇、同样自然。在这一章中，我们的任务是观察雅典在古典时代早期的发展。

我们已经看到，雅典的传说声称雅典人是阿提卡的土著，而传说中无论真伪还能说明些问题的雅典国王世系或许可追溯至公元前14世纪。现在已知雅典有座建立于迈锡尼时代的城镇，但在《伊利亚特》中，雅典的地位并不显赫。后来阿提卡地区的十二个小城邦结成政治联盟，才使雅典崛起。有趣的是，陶艺于迈锡尼时代晚期逐渐衰退，在黑暗时代仅呈现少许地方风格，但它于公元前900年前后的雅典复苏。迪皮利翁瓶（以出土处附近的迪皮利翁门命名）的装饰图案有迈锡尼时代的几何风格，但力量猝然回归：毫无意义的颓废装饰被摒弃。比起受多利安人所扰的其他地方，似乎阿提卡率先复兴了古代文化。

大约公元前900年至公元前600年间，当斯巴达称霸伯罗奔尼撒半岛，被公认为希腊民族领袖时，雅典不过是个二流甚至三流城邦。想必是在这个时期，某位天才政治家提出并促成阿提卡同盟，这是阿提卡人首个重大政治成就。雅典人无疑具有治国理政的才能，在这方面把罗马人与雅典人相比很荒谬。

罗马人在许多领域都颇有长才，但治国理政显然不在其中。如果不发动内战，重大改革就无一能在罗马通行。共和国的成就无非是使贫穷的暴民充斥罗马、毁掉意大利、引发奴隶暴动，并以连东方君主都无法忍受的公开个人掠夺来统治帝国，或者说至少统治较富庶的地区。政治生活不可能进行，而帝国的成就就在于接受了该事实，并创造出一部机器取而代之。我知道雅典帝国存续了五十年，而罗马帝国传承了五百年，但国祚绵长并不一定意味着政治成功，更何况我现在讲的是天赋而非成功。罗马人在掀起一次次大混乱之余，还大力组织及保护其成员生活。我们不应忘记，在公元 1 世纪，欧洲－地中海世界被组织得比从古到今任何时候都要安定、便利。但罗马从未能像公元前 6 世纪至公元前 4 世纪甚至更晚些时候的雅典城邦那样改善其成员的生活。虽说我们要小心，不能就此认为雅典是理想典范，但若有哪种政治制度能做到这一点，创立该制度的人当然可被称为有政治天分。我认为这种天分最重要的表现就是雅典人处理社会问题的方式：他们以通情达理的态度同进退，而不像儿童或狂徒那样诉诸暴力。我们屡次见到雅典人中的特权阶层接受规劝，并能大体上忠实地接受裁定。雅典人的生活中贯穿了对"公益"（koinon）的关注，这在古希腊、现代希腊乃至现代欧洲都很罕见。

我们有理由说，阿提卡同盟首次体现了上述观点。修昔底德对此给出了传统叙述，但在一个重要之处显失准确。他描述战争迫在眉睫时，阿提卡人如何被迫在雅典－比雷埃夫斯的防御工事中避难：

> 雅典人……把他们的妻室儿女以及日用家具都从郊外

搬进城中，连房屋中的木造部分，如门板、窗格等，都搬走了。牛马等牲畜都送往优卑亚及海岸附近的岛屿上去了。这种迁移对于雅典人是一个颇为艰巨的经验，因为大多数人都是在郊外住惯了的。

　　真的，从很早的时代以来，这种乡村生活就是雅典人民生活的特征。自从西克罗普斯和初期国王的时代一直到提秀斯①时代，亚狄迦人民总是住在独立的市镇中的，各有各的市政厅和政府。只有处在危急的时候，他们才集合起来，和国王商讨办法；其余的时候，各市镇各自照料自己的事务，作出自己的决定。从前也有时候，有些市镇真的对雅典作战……但是到了提秀斯作国王的时候，他表现得既明智，又强大。在他改革国家的计划中，最重要的就是取消各市镇的议事会和政府，使他们都团结在雅典的下面，创造一个共有而详慎的民众会议和一个政府机构。个人可以和从前一样，照料自己的财产，但是提秀斯只许他们成立一个政治中心，那就是雅典，因为他们都成了雅典的公民……直到今天，雅典人为了纪念雅典娜女神而由公帑项下开支，以举行雅典统一节[1]，这是从提秀斯开始的。②

　　当然，修昔底德搞错的是日期。如果把该事件归在忒修斯头上，那么它该发生在特洛伊战争之前。除此之外，这传说的其他方面都可信。我们发现君主制日益瓦解，无力对抗强大的

99

---

① 即忒修斯。
② 《伯罗奔尼撒战争史》，第 117 页。本书中引用的《伯罗奔尼撒战争史》里的内容均引自谢德风译本（商务印书馆，1985）。

贵族家族（或氏族）。他们将阿开亚人生活中的古老君主政体分割成许多小城邦，每个小城邦由几个"氏族"组成。（约公元前 500 年被克里斯提尼①终结以前，这些地方豪强一直在制造麻烦。）尽管希腊人觉得这种制度很合适，但在阿提卡，且几乎可以说只有在阿提卡，人们才有足够的常识看出该体制之愚蠢。想必是政治家们的共同努力，而非英明强大的忒修斯为该制度画上了句号。因为传说本身就说得很清楚：当时君主政体只在名义上存在。

接下来我要谈到某个名叫德拉古②的人于公元前 621 年颁布的法典。法律曾是传统和习惯的产物，取代君主政体的贵族阶级既是这种传统法律的守护者，也是它的执行者。赫西奥德已提到过"贪赃枉法的诸侯"，而在阿提卡，事态已逐渐恶化至临界点。在苏格兰，族长变为贪婪的地主，类似的事情也发生在阿提卡，而受害者开始反抗。毫无疑问，阿提卡的统一使他们更能认清自己的权力和冤屈。无论如何，传统的法律还是颁布了。虽然它尚不成熟，但至少在某种程度上能对抗专制。

100　　　　但这还不够。有许多小农场主由于生活维持不下去，先将土地抵押给富有的贵族，后来由于到期无力赎回土地，沦为贵族奴隶，甚至被卖到海外去。人们普遍要求取消债务，解放奴隶，重新分配土地。当时的不满之情给一个雅典人留下了深刻的印象。他是位商人，曾走过许多地方，有哲学家的逻辑、政治家的头脑和诗人的才华。他就是梭伦。梭伦虽然被称为古代

---

① 克里斯提尼（Cleisthenes，前 6 世纪）是古希腊雅典城邦著名政治改革家。

② 德拉古（Draco，生卒年不详，一般被认为是前 7 世纪）是古希腊政治家、立法者。

最伟大的经济学家，但他对政治经济学并不十分了解，因为这个单纯的人认为麻烦的根源似乎不在于制度，而在于贪婪和不义。他在诗中以雄辩的口吻如是说，且成果显著。以这些小城邦尽己所能采取的简单直接的方式，对立各派同意暂时赋予梭伦独裁权力，平息当下的不满情绪。

许多希腊城邦在自身情况也发展到这一步时仍不作为，直到心怀不满的阶层发动革命，没收富人财产，其结果自然是革命和反革命此起彼伏直到最后。这完全不是梭伦的行事风格。他一劳永逸地终止了以身抵债的做法。他减少债务，限制地产扩张，将土地还给债务人，赎回被卖到海外的人。但他对阿提卡经济的巨大贡献在于为农业打下新基础。部分问题纯与经济有关，是货币制度引入造成的，但其主要原因在于自然条件不允许阿提卡自给自足。它的大部分土地过于贫瘠，无法种植谷物，但很适合橄榄和葡萄生长。于是梭伦鼓励生产专业化，大力推广橄榄种植，促进橄榄油出口，同时还推动工业发展。外邦手艺人被得到雅典公民身份的承诺吸引，来到阿提卡定居。他还规定父亲必须教儿子一门手艺——对那些被灌输了"希腊人天生高贵，鄙视劳作"思想的人来说，这点值得铭记。这些措施直接促进了雅典陶艺的发展。技艺精湛、品味高雅的制陶工人很快就垄断了华丽的希腊陶器的生产。这些工艺品遍销地中海世界，甚至远达中欧。

经济问题之后，政治危机自然接踵而来。在雅典，实行财产准入制的公民大会每年从某些贵族家庭中选出一批执政官治理城邦。他们执政一年后卸任，成为古老的亚略巴古议事会成员。从历史的角度来看，这些贵族执政官代行君主政体，而他们组成的议事会组织严密，实力强大，与罗马元老院十分相

101

似。梭伦没有对原来的议事会出手，而是用财产准入取代了出身准入。这样一来，新兴的商人阶级就有望获得最高职位，而议事会的性质也随着时间而改变。所有的公民都可参加公民大会，其力量以我们尚不清楚的方式日渐壮大，以至于需推选出四百人组成选举议事会——一种执行委员会，为其事务做准备。

大功告成后，梭伦辞去要职，明智地继续周游四方。

大家会十分愿意听到："梭伦在暴风雨来临前就离开了这个国家。穷人愤怒，因为他们所获甚少；而贵族不满，因为他们被迫割让的太多。这两派都一致痛恨梭伦，但这还不足以阻止在整个阿提卡爆发的叛乱。"这是我们熟悉的背景，且我们欣慰地发现雅典人归根结底和其他人无甚区别。但事实并非如此。首先，这带有马克思主义意味的法律尚未通过；其次，雅典人认为公益比小团体利益更为重要——即使其他方面不同，也许在这方面他们还算略似英国人。

102　　另外，阿提卡的历史不是童话，而梭伦也没施过魔法。政治动乱确实再次在雅典爆发。这次，与同时期许多其他希腊城邦一样，动乱催生了僭主[①]。

庞西特拉图就是位标准的僭主。希腊僭主的手段和政策与我们这个时代的非常相似。私人保镖、国会大厦纵火案[②]、柏

---

[①] 僭主制是柏拉图提出的一种城邦政体，是指军事领导人、贵族或任何得到机会的人通过政变或内战夺取了政权，所建立的军事独裁政体就是僭主制政体。

[②] 国会大厦纵火案是德国纳粹党策划的焚烧柏林国会大厦，借以打击德国共产党和其他反对纳粹主义与法西斯主义力量的阴谋事件。希特勒通过此次事件成功解散德国共产党。

林奥运会、排干庞廷沼泽①、清理古罗马广场②——所有这些都能在庞西特拉图和其他希腊僭主的故事中找到相似案例。但有个非常重要的区别：希腊僭主几乎都是贵族和有教养的人士，与我们所知的极端反智的庸俗之徒大相径庭，其中有几位甚至名列后世传颂的七贤（Seven Wise Men）之列。庞西特拉图便是僭主的佳例。

　　一个多世纪后，希罗多德如此描写庞西特拉图的诞生：雅典贵族希波克拉底去看奥林匹亚运动会并准备了祭品。他把那块肉放进一大锅水里，还没等他将锅移到火上，水就沸腾了。七贤之一、斯巴达的契罗（Chilon）解释这神迹，并劝希波克拉底别生儿子，但后者最终还是生了儿子，这就是庞西特拉图。此时，在阿提卡，由迈加克利斯（Megacles）领导的沿海居民与由某个叫来库古的人领导的城邦居民爆发了冲突。（其他权威史料称双方为海岸派和平原派，这也许暗示了商人与地主之间的利益冲突，但更有可能的是，这种说法将希腊政治过分理性化了：希腊人总是极端狂热地投身于单纯的个人冲突和地区冲突。）而庞西特拉图为了获取至高权力，在这两派外又建立了第三派，打着保护山民（更穷苦的农民阶级）的旗号召集追随者。他随后想出诡计，把自己和骡子弄伤，然后驾着战车冲进广场，好像刚从外敌手中逃脱一样，借此要求为自己配备卫队。鉴于他是位杰出公民，曾有过从迈加拉人（Megarian）手中夺取尼西亚城（Nisaea）等功绩，雅典人允许他挑选公民作为卫士，并用棍棒而非长矛将他们武装起来。

103

①　墨索里尼政府曾排干庞廷沼泽区（Pontine Marsh）并在其上建立城市。
②　罗马的市中心本是一片古代罗马广场的废墟，但是墨索里尼从大角斗场修路到他自己住的威尼斯府邸，于是破坏清理了大片废墟，此举受人诟病。

他靠这些人占领卫城，控制政府。然而他既不干涉当时的执政官，也不改动法律，并把城邦管理得很好。

直到此时，他的贵族对手迈加克利斯和来库古才如梦初醒。他们谈好条件，驱逐了庇西特拉图，之后又重启争端，直到迈加克利斯向流放中的庇西特拉图提议，如果庇西特拉图娶自己的女儿，那他就能获得自己的支持。交易达成，但同样的花招很难再次奏效。于是希罗多德的语气严厉起来，讲述了庇西特拉图的第二个计谋。

他们在这里所构想出来的方案，是全人类历史上最愚蠢的方案，特别是考虑到希腊人自远古时代起，就以智慧和自主而有别于异族人的愚蠢简单，更不应该忘记的是，他们用这样一个雕虫小技，所要弄的不是一般的希腊人，而且是希腊人当中素以聪明著称的雅典人。……有一位名叫做菲娅[2]的女子，身材修长，身高差 3 指就达到 4 腕尺了，整个人的形象看上去是非常秀美的。他们把这个美女全副武装起来，并且教她要保持怎样的姿势才能把她这个角色扮演得惟妙惟肖，然后就让她乘坐战车，驱车去往雅典城。在她出发以前，先派出使者到那里去，这些人进城后，便按照给他们的指示四处宣告："啊，雅典的公民们，热烈友好地迎接皮西特拉图[1]吧！雅典娜女神把人间的最高荣誉授予皮西特拉图，并且亲自把他带回她自己的卫城来了。"他们到处撒播这个消息……城里的人们也深信，那女子就是真正的女神，于是向她膜拜，并且迎接皮

---

① 即庇西特拉图。

西特拉图归来。①

这个故事可能是真实的，别忘了我们的某些报纸曾多么严肃地报道蒙斯天使②。如果他们真要了这个花招，我们可以肯定，比起希罗多德，迈加克利斯和庇西特拉图更觉得此事有趣。

因为曾与迈加克利斯争吵，若想平安掌权，这位足智多谋的贵族还得再谋划一次回归。这次他直截了当地采用军事手段，对手的粗心大意和公民的默许也帮了大忙。他再也不愿听贵族同侪的鬼话，但没有造成伤亡。不少人逃之夭夭，他把其他人的儿子扣为人质，安置在治下某个海岛上。一切就绪后，他安心施行长达二十年的仁政（前546～前527年）。他以各种方式帮助更贫穷的农民，分配罚没的土地，修建引水渠以解雅典人之渴。总的来说，他为阿提卡人谋福祉，也巩固了自己的统治。同时，他也没忘记提高雅典的海外声誉。其他僭主有辉煌的宫廷，庇西特拉图也未能免俗。那个时代的雕塑和瓶绘遗存很多，足以使我们看到那时艺术繁荣，洋溢着极度优雅与欢乐。而且我们也知道，他吸引爱奥尼亚诗人西莫尼德斯（Simonides）和阿那克里翁来到宫廷，正如锡拉库萨的僭主希耶隆（Hiero）后来将西莫尼德斯、巴库利德斯（Bacchylides）、严肃的品达和埃斯库罗斯本人吸引过去一样。像所有僭主一样，他也大兴土木。他最宏伟的工程是为奥林匹亚的宙斯建造的神殿，但其完工要等待某位更强大的统治者——罗马皇帝哈

104

---

① 《历史》，第21～22页。本书中引用的希罗多德《历史》的内容引自徐松岩译本（上海三联书店，2007）。

② 蒙斯天使（Angels of Mons）指一战期间伦敦报纸上的一则虚假消息，称英德双方进行的蒙斯战役中有天使从天而降，解救了英国人。

德良（Hadrian）登上王位之后。该神殿的废墟至今仍是雅典著名景点之一。

就这样，庇西特拉图把雅典从小村镇提升为颇有国际地位的城邦，但他推行的文化政策的另一面更有意义。他大刀阔斧地改革某些国家节日，其中之一就是纪念自然之神（绝不仅仅是酒神）狄俄尼索斯的节日。在扩大庆祝规模的同时，他首次给予悲剧这种新艺术形式以公众地位。希腊各地的戏剧形式各不相同，包括戏剧性舞蹈、尊崇狄俄尼索斯的模仿仪式表演、角色哑剧，特别是献给狄俄尼索斯的赞歌和舞蹈变得戏剧化（至少亚里士多德是这么说的）。这种戏剧化体现在领唱者独立出来，与合唱队其他成员进行抒情对话。在阿提卡，这种原始戏剧的艺术雏形已初见端倪。这在很大程度上要归功于诗人泰斯庇斯（Thespis，我们对他几乎一无所知），又有庇西特拉图将它纳入改革后的新节日庆典并大力推崇。最早的悲剧竞赛于公元前 534 年举办，获奖者就是泰斯庇斯。没有什么比这种公开戏剧更能体现并升华新雅典精神，我们以后还有机会谈到这一点。

与新悲剧一样，史诗也被这位开明的统治者赋予了公众地位：荷马诗朗诵被纳入"泛雅典人节"（Panathenaic Festival），即"统一的雅典的节日"。也许是生活于庇西特拉图之后五百年的西塞罗①最早认定是他制定了荷马史诗的首个权威版本。这绝无可能，但这种说法至少反映了庇西特拉图对希腊文化史的影响。

---

① 马尔库斯·图利乌斯·西塞罗（Marcus Tullius Cicero，前 106—前 43）是占罗马著名政治家、哲人、演说家和法学家。

这一切超出僭主满足自身审美的本能，属于真正有远见者才能构想的政策。到目前为止，欣赏文艺还是小圈子里的活动。事实上，上流社会的雅典人是那个遥远的英雄时代的文化继承者。在那个时代，吟唱荷马诗篇的"声音悦耳的游吟诗人"附属于宫廷，常在大人物的宴席上献艺。庇西特拉图的目标是让"下里巴人"也能享受到迄今为止只有少数人享有的特权。[3]

"僭主"不是希腊语，而是从吕底亚语中借用来的。该词在后世被赋予可憎意义并流传至今，但最初它并没有这层含义，而希腊人也感激地铭记僭主施予他们的事物。虽然如此，但很难禁止希腊人亲自管理公共事务，因此僭主统治自然会衰弱。锡拉库萨的狄奥尼修斯有次责备儿子对某位公民无礼："再不可如此。""啊，可您的父亲不是僭主啊。""是的，但若你再如此行事，你就不会有做僭主的儿子了！"少有僭主能传至三代，庇西特拉图的统治则是两代而终。他的儿子喜帕恰斯（Hipparchus）因私人口角而被杀，而他的另一个儿子希庇亚斯（Hippias）被怀疑具有政治动机，这种想法不无道理。于是希庇亚斯趋向于采用铁腕统治，直到被有斯巴达帮助和雅典人普遍支持的流亡贵族家族阿克密尼德（the Alcmaeonidae）推翻。

虽说僭主统治的终结是民心所向，但它曾为雅典做出很大贡献。由于庇西特拉图谨慎保全了梭伦提出的适度民主政体，有整整一代雅典人能在明智的指导下接受管理自己事务的训练。实际上，僭主统治结束后，雅典的情况仍整体向好。贵族反扑也许是在意料之中，的确有伊萨格拉斯家族（the Isagoras）

106

某个成员在斯巴达武装力量支持下想将其付诸实施。但另一个贵族团体在该世纪第三杰出的雅典政治家克利斯提尼（Clcisthenes）领导下站在民众一边，挫败了这次反扑。

然而，克利斯提尼之功远不止如此。他彻底改革了政体。在有名无实的中央集权城邦内部，贵族家族的权力来源于这样一个事实，即执政官选举中，城邦被划分为"部落"或家族群体，因此任何群体中公认的领袖必定会当选。这些团体过于强大，不利于城邦安全。为应对这种危险情况，克利斯提尼发明了荒谬的纸面政体（paper-constitution），效果却好到出奇。他划分出十个全新"部落"，每个都有先祖可追溯，都由数量大致相同的"坊社"①（或行政小区）组成，但重要的是不可令它们接壤。克利斯提尼把阿提卡大致分为城市、内陆和海岸三个区域，每个新"部落"都包含来自这三个区域的"坊社"，因此每个部落都包含这三个区域的人口。它开会行使职能的地点自然是雅典，这本身就有助于城邦的统一。此外，鉴于每个部落中都有农民、山民、雅典和比雷埃夫斯的手艺人和商人，还有以船为家的人，对地方和贵族的忠诚就不太能影响执政官选举。他们只能在公开的公民大会上表达意见并得到承认。

如此刻意建构的体系却能够运作，个中奥妙值得我们分析。它看上去如此幼稚，与雅典人的本质完全相反。在我们国家，这样的体系甫一出台便会因"人为"和"刻意"受到唾弃。但希腊人不反对新事物。这样一件由人类心智创造的精巧而合乎逻辑的作品的确值得推崇。往回翻几页，我们就能看到这是希腊人欣赏斯巴达政体的理由之一。那么我们就得记住：

---

① 坊社（Demes）是雅典部落的基层单位。

虽说希腊人是个人主义者，但他们喜欢团队工作，半是由于喜欢参与事件进程，半是由于爱与人竞争。

克利斯提尼的体制能满足上述所有本能。这种明显而聪明的创造能满足凝聚城邦民意这一迫切需要。自此希腊人有"坊社"处理地方事务，其中最重要的事务之一就是确认新公民的身份，因为新生儿必须经坊社成员承认方为合法。此外，它也帮克利斯提尼凝聚了更多的民心，因为公民不仅以"部落"为单位选举，也以"部落"为单位战斗。因此这新发明也为他提供了军团（Regiment）：既然那些激动人心的竞赛也以部落为单位举办，这制度就为希腊人争强好胜的热情提供了坚定而有创意的目标。

然而，政治基础的变化也改变了上层建筑。尽管对贫困阶级的影响非常有限，但梭伦的改革使每个公民都能在城邦中发挥一定作用。身为贵族的克利斯提尼接过接力棒，几乎完成了由梭伦开始的工作。亚略巴古议事会的权力被大大削弱。公民大会成为唯一和最终的立法机构，执政官对它或对代表大会的事务委员会负责。下一代人要废除的只余财产准入制，要走完的只有"抽签选执政官"这明显荒谬的最后一步。到那时，雅典的政体才称得上穷尽人类聪明才智方能建立的最民主的政体。

在一个世纪的时间里，雅典从饱受经济和政治纷争困扰的二流城邦转变为拥有新同盟、新目标和新信心的繁荣城邦，以上便是该过程中几件大事的简述。斯巴达找到了一个理想，而雅典找到了另一个。

我已花费大量篇幅论述公元前 6 世纪的雅典，因为唯有如此我们才能更容易理解公元前 5 世纪的雅典。从历史的角度来说，"阳春白雪"势必起源于贵族阶级，因为只有贵族阶级才有时间和精力去创造它。但如果长期囿于贵族的小圈子，它首先会变得精细，随后会沦为愚蠢。这就像在政治史上，如果贵族阶层在完成其社会功能后仍霸占历史舞台，就会贻害无穷。在政治领域，雅典人普遍接受的常识升华后，诞生了梭伦、庇西特拉图及克利斯提尼等天才，使雅典贵族团体全身心融入民主政体，同时其德性仍生机勃勃。接下来两代伟大雅典政治家多出身于最上流的家族，其中伯里克利便是个突出例子。反观现代法国，早已无用的贵族统治最终了结在断头台上。其遗民无论对法兰西共和国是否有过贡献，都抱着轻蔑的态度离群索居。在文化领域，贵族文化展现在雅典民众面前时仍然新鲜而富有创造性；而18世纪的英国之所以本质上如此文明，原因之一是我们从未明显区分过中产阶级上层和贵族阶级，因此后者的文化能被前者吸收并因此保持健全。于是这一时期的建筑和次要艺术①富有修养和理性，与欧洲后期巴洛克风格那种愚蠢的浮夸风格形成对比——这种风格本身几乎要证明法国大革命爆发是合理的。在欧洲，接替贵族统治的资产阶级无法从巴洛克风格中学到任何对自身有价值的东西。在英国，若不是工业革命带来灾难，19世纪崛起的中产阶级本可以和平接纳并延续18世纪的文化。工业革命催生新阶级的速度太快，而他们因人数过多且过于自信，难以被同化。因此，无论是在英国还是欧洲大陆（斯堪的纳维亚半岛上的国家除外），由于种种原因，目前的民主社会都没能真正接触到本国传统中的精华。

---

① 次要艺术（minor art）是指除建筑、绘画、雕塑、版画等之外的所有艺术形式。

雅典得以幸免，部分要归功于公元前 6 世纪的政治智慧，部分
要归功于庇西特拉图的文化政策。于是，公元前 5 世纪的雅典　　109
文化兼具优良资产阶级社会的严肃稳健，以及贵族社会全部的
高雅、美好和无私。

# 七 古典希腊：公元前 5 世纪

公元前 6 世纪在亚洲发生的某些事件对希腊人影响深远。公元前 560 年，小亚细亚西部的吕底亚王国有一位君主，他的名字，即传说中的克洛伊索斯（Croesus），至今仍为人熟知。他成功地征服了爱奥尼亚的几个希腊城邦。但克洛伊索斯是个文明人，且多少持亲希腊态度，因此被他征服也算不幸中的万幸。他乐于通过对己亲善的希腊"僭主"来统治这些城邦。

大约同时，有个波斯人登上了东方米底①王国的王位，他就是居鲁士大帝。他统治美索不达米亚北部，推翻了巴比伦王朝，而当时巴比伦国王是我们的另一个熟人"征服犹太人的国王尼布甲尼撒（Nebuchadnezzar）"的儿子。但居鲁士首先对西边的邻居吕底亚下了手。居鲁士及克洛伊索斯的前任在位时，这两国曾兵戎相见，但战斗最后因日全食而告终。据说当时士兵们被日全食震撼，拒绝继续战斗。这就是米利都的泰勒斯②预言过的日食。[1]第二场战斗由克洛伊索斯挑起。据希腊人说，他事先去自己最尊崇的德尔斐拜求神谕。神谕说，如果他能越过与居鲁士之间的界河哈里斯河（River Halys）③，就能摧毁一个强大的帝国。他越过了哈里斯河，也的确摧毁了一个强大的帝国。不幸的是，这"强大的帝国"

---

① 米底（Media）是古伊朗王国。
② 泰勒斯（Thales），古希腊时期的思想家、科学家、哲学家，创建了古希腊最早的哲学学派，被后人称为"希腊七贤之一"和"哲学和科学的始祖"，是学界公认的"西方哲学史第一人"。
③ 即克孜勒河，是土耳其最长的河流，古希腊语称哈里斯河，意为"红河"

指的正是他自己的国家。这蠢材当时忘记问被摧毁的究竟是哪个帝国。[2]于是公元前 548 年，波斯人的势力已扩张到爱琴海地区。 110

希罗多德对这些事件的叙述是他那本有趣的书中最有趣的部分之一。美索不达米亚的第一部历史应是由希腊人编写的，这一点具有代表性。这本史书中精彩的故事俯拾皆是。其中某个故事讲述了居鲁士的诞生，但因过长而无法在此详述。简言之，这就是个关于某个将大有所为的神童降世的常见故事。有人想阻止他出生或杀掉他，却以失败告终，而预言也惊人地应验。这故事的一个希腊版本就是俄狄浦斯传奇，而把希罗多德讲的居鲁士生平与他朋友索福克勒斯所著的《俄狄浦斯王》（*Oedipus Rex*）相比也是件趣事。这两者本质上相同，但索福克勒斯的故事意义更重大。

然后就是克洛伊索斯和梭伦会面的故事，因为可以从中窥见希腊精神，我们必须为此费些笔墨。梭伦在旅途中受到克洛伊索斯的盛情款待，后者还向他炫富。（如果历史年代准确的话，梭伦其实在故事发生之前的一段时间里已经去世。）然后克洛伊索斯说："梭伦，我知道你是位有名的哲学家，我也知道你到过很远的地方，见多识广。那么请告诉我，你见过的最幸福[3]的人是谁？"希罗多德说，他这么问是因为觉得自己就是那个"最幸福的人"。但梭伦不假思索地说是雅典的忒勒斯（Tellus）。因为他生活在被治理得很好的城邦，他的儿子勇敢又善良，还为他生下健康的孙辈。在享受了人类所能享受的最幸福生活后，他在雅典对战厄琉西斯（Eleusis）时光荣战死，葬礼极尽哀荣。人们永远怀着感激之情铭记他。

于是克洛伊索斯问排在忒勒斯后面的是谁，希望自己能位

居第二。梭伦说："阿尔戈斯的克勒奥庇斯（Cleobis）和庇同
111 （Biton）。"这两个年轻人家资颇丰，都曾在竞赛中取得胜利，
而且离世的方式也为人传颂。他们的母亲要乘车去 5 英里外
赫拉的神殿里参加节日庆典。因为拉车的牛没能及时从田里
赶回来，他们就自己拉车。庆典上，所有人都盛赞年轻人的
神力，向他们的母亲道贺。她喜不自胜，向女神祈祷，求神
赐予儿子人类所能享有的最大福气。这祈祷有了回应。祭祀
和宴会结束后，两个年轻人就在那神殿里睡着了，再也没有
醒来。

克洛伊索斯很是恼火，因为梭伦认为自己还不如普通公民
"幸福"。但梭伦指出，生命中的每一天都有不同事件发生，
因此要评价某人是否"幸福"，只能盖棺论定。你永远无法预
判未发生的事情。

但故事并没有就此结束。多年以后，出乎所有人意料的
是，克洛伊索斯被居鲁士打败并俘虏。居鲁士把他捆起来，要
放在柴堆上活活烧死。希罗多德说，居鲁士或许是为了履行誓
言，或许是为胜利而献祭酬神，抑或是想看神祇是否会拯救像
克洛伊索斯这样虔诚的人。柴堆被点燃，克洛伊索斯想起梭伦
的话，大声叹息，三次呼喊梭伦的名字。人们问他这是在做什
么，克洛伊索斯把原因告诉他们，然后居鲁士心软了。他因这
个十足希腊式的故事而心软的理由很有意思。他不是出于道德
考量，因为他并没有意识到自己过于心狠手辣，而是想到作为
人类，自己竟要活活烧死另一个曾同自己一样成功的人。实际
上，他遵循了希腊格言"认识你自己"，意思是，记住你到底
是什么——是个受客观条件制约，而且终有一死的人。希罗多
德说，于是他害怕报应，并想到人终有一死，便下令扑灭大

火，但太晚了。于是克洛伊索斯呼唤阿波罗，希望神能看在自己曾献上丰厚祭品的分上出手相救。顿时晴空中乌云聚集，滂沱大雨扑灭了大火。之后克洛伊索斯和居鲁士成了好朋友，并就如何管理吕底亚给了居鲁士非常精妙的建议。希罗多德认为历史就应该以这种方式书写。 112

公元前499年发生的一件大事奠定了新世纪的格局：爱奥尼亚的城邦暴动，反抗波斯国王大流士（Darius）。希罗多德再次以杰出的叙事能力讲述米利都的僭主阿里斯塔格拉斯（Aristagoras）去寻求斯巴达国王克里昂米尼（Cleomenes）的帮助的故事。阿里斯塔格拉斯详细描述了波斯统治下的亚洲各民族，说他们都极其富有，最不好战，简直就是斯巴达人的口中食。为了证明论点，"斯巴达人说，他随身带了块青铜板，上面刻着整片大地、整个海洋和所有河流的分布情况"。事实上，这是我们有记录的第一幅地图。最后，他将希腊的贫困生活与亚洲的安逸生活进行了比较。克里昂米尼说会在第三天答复。第三天，克里昂米尼问他从爱奥尼亚海岸到王城有多远。虽说事事精明的阿里斯塔格拉斯之前很巧妙地糊弄了他，但在这里犯了个错。因为如果想把斯巴达人引到亚洲，就不该让他们知道真相。但阿里斯塔格拉斯坦承那段距离要走上三个月。于是克里昂米尼打断了他对路途的描述，说："米利都的客人，请于日落前离开斯巴达。你想把斯巴达人带到离海有三个月路程的地方，他们听了是会发脾气的。"

但这个爱奥尼亚人另辟蹊径。他以乞援人的身份返回，看到克里昂米尼正和小女儿戈尔戈（Gorgo）在一起。他请克里昂米尼把孩子打发走，再听听他的建议。克里昂米尼同意听他讲，但并没让孩子走开。于是阿里斯塔格拉斯许诺说，如果斯巴达人能帮忙，可以得到 10 个塔兰同①，然后又不断加价，直到 50 个。于是戈尔戈大喊："父亲，如果你不走开，这陌生人会蛊惑你。"于是克里昂米尼走开了，而爱奥尼亚也没有得到斯巴达的帮助。

然而，他们从雅典和埃维亚岛的埃雷特里亚（Eretria）得到几艘战船，并用这些船洗劫了克洛伊索斯的旧都萨第斯（Sardis），但反叛最终失败。波斯由此明白，至少要横跨爱琴海展示一下实力，否则就无法维持爱奥尼亚的和平。于是，一支远征军于公元前 490 年被派去镇压这两个不驯的城市。埃雷特里亚被洗劫，并且有支波斯军队在位于阿提卡东海岸的马拉松登陆。随波斯军队一同前来的是满怀怨恨的庇西特拉图的儿子希庇亚斯。二十年前，他曾被从雅典驱逐，现在他被波斯人扶为僭主。

如果没有来自普拉提亚的一支千人小队，雅典人就只能面对波斯孤军奋战。他们以一百九十二人的牺牲换来了胜利。埃斯库罗斯和他的兄弟都参加了这场战斗。他的兄弟战死，但埃斯库罗斯从沙场生还。我们也许会为此高兴，因为他当时还没有写出《波斯人》（*Persians*）、《七雄攻底比斯》（*Seven against Thebes*）、《普罗米修斯》（*Prometheus*）和"俄瑞斯忒斯三部曲"。

很明显，波斯人会卷土重来。但幸运的是，埃及起义和大流士之死把他们的脚步拖住了十年之久，这十年就决定了雅典的未来。人们在苏尼昂（Sunium）矿区偶然发现一条储量相当丰富的银矿脉。这些希腊小城邦对于公共财政的思路简单直

---

① 塔兰同（Talent）是古代中东和希腊－罗马世界使用的质量单位。

接得就像他们对公共道德和其他大多数事情的想法一样。他们提议把这笔财富分配给市民，但地米斯托克利看得比这要深远。雅典正与附近的商业重镇埃伊纳岛发生冲突，但因缺少船只而束手束脚。于是地米斯托克利说服雅典人用这笔天降之财建立舰队。舰队的近期目标是埃伊纳岛，但波斯人的威胁仍是他的心病。而且毫无疑问，他预见到雅典在未来会成为商业和海上强国。

舰队建立得非常及时。波斯的第二次进攻于公元前 480 年到来，这次走陆路来的部队不是单纯的问罪之师，而是全面征伐之军。这一次，尽管伯罗奔尼撒的阿尔戈斯人因为他们憎恨的斯巴达人参战而袖手旁观，但希腊城邦在某种程度上达成了同盟。我们无法在此详述这场历时两年的战争，虽说希罗多德这位最具人文精神的历史学家从未真正理解过其战略，但他的如椽史笔曾对其做了最精彩的描述。北方的防线一段段陷落。温泉关（Thermopylae）之役是光荣的一章。月神岬（Cape Artemisium）附近水域的海战尚能提振士气，因为它表明尽管希腊人的战船（其中近三分之二来自雅典）比较笨重，速度也相对缓慢，但由于水域狭窄，敌舰（主要来自腓尼基和爱奥尼亚）行动笨拙，所以尚可一战。但最终，雅典人不得不放弃阿提卡，把非战斗人员和能带走的财产运到萨拉米斯岛。他们在岛上看到波斯人烧毁了自己的房屋，摧毁了雅典卫城的神殿。

这时史上最重要的一场辩论开始了。希罗多德可能搞不清细节，将战后人们的互相指责视为真实史料。但它毕竟是一个希腊人在描述希腊的大事件，对希腊这方面史实的基本记录是靠得住的。除了伯罗奔尼撒、几个岛屿和失去阿提卡的雅典外，北方的希腊人都投降倒戈，现在正与波斯人并肩作战。伯罗奔尼撒的陆军驻扎在科林斯地峡（the Isthmus），正忙于加强防御。他们的战船指挥官担心舰队会被波斯人拦截在萨拉米斯岛，所以大多数赞成从萨拉米斯岛撤回同盟舰队。地米斯托克利看出萨拉米斯岛内的狭窄水域是胜利的机会，而在地峡，舰队集结的希望不大，而就算能集结，他们也不可能胜利。希罗多德说，地米斯托克利迫不及待地建议斯巴达主帅欧里比亚德斯（Eurybiades）重启辩论，后者同意了。在欧里比亚德斯正式将此提案提交会议讨论之前，地米斯托克利就开始发言。"地米斯托克利，"科林斯的指挥官说，"比赛时抢跑者要受罚。""后发者受制于人。"地米斯托克利如此反驳。他摆出事实，但科林斯人阿德曼托斯（Adeimantos）说他根本无权发言，因为他不再代表任何城邦。希罗多德说，地米斯托克利当时严肃地提到阿德曼托斯和科林斯，说雅典人即便在此时还拥有比科林斯人更大的城邦和更多领土，只要他们有两百艘全副武装的战船，就可以攻占任何人的领土。然后他转向不快的欧里比亚德斯说，如果他不同意留在萨拉米斯岛作战，雅典人就会扬帆离开，在意大利重建城邦。面对这种要挟，欧里比亚德斯只有同意。

接下来需要诱薛西斯①入狭窄水域作战，这对地米斯托克利来说轻而易举。他派自家奴隶驾船去波斯军营，声称自己是暗中支持波斯（确实很有可能）的地米斯托克利派来的。希腊人准备夜间从萨拉米斯湾的西面出口撤退。如果波斯人封锁

---

① 指薛西斯一世（Xerxes，约前519—前465）是波斯帝国的皇帝（前485~前465年在位）。

西边的海峡，希腊人便是瓮中之鳖。波斯人信以为真，派出一支分遣队去堵西边的出口，其余的船都挤进那片狭窄水域——"太阳下山的时候，他们在哪里呢？"

这场战役呈现一面倒的局势，而雅典人要居首功。第二年夏天，桂冠轮到斯巴达人头上。他们在普拉提亚击溃波斯军队（底比斯人在战场上也很英勇，但他们站错了队），但凭借的不是斯巴达将军蹩脚的指挥，而是不动如山的斯巴达军队。余下的事就是解放爱奥尼亚，并保证波斯国王再不敢侵扰自由的希腊人。但可叹的是，百年后的波斯国王不必重启战端，就能将他自己的和平方案强加于正互相攻打的希腊众城邦头上。

不过，这场胜利影响深远。在"野蛮人"面前，希腊人一贯自视甚高，这种印象得到了确认。他们之前总觉得自己的自由制度优于东方的专制制度，而事实证明他们是对的。亚细亚的统治者用严刑拷打和鞭笞来迫使人们服从；希腊人通过辩论和说服来做出决定，然后齐心行动如同一人，最后他们征服了敌人。难怪下一代人在神殿的山形墙上刻满浮雕，浮雕表现了古代神话中生于大地的巨人与奥林匹斯诸神之战。希腊诸神再次胜利，自由和理性战胜了专制和恐惧。

雅典人有特别的理由自傲。见证了这次胜利的雅典人曾听自己的父辈形容梭伦如何把阿提卡的土地从富人手里解放出来，同时奠定民主的基石。他们本人也见过庇西特拉图把谷种借给穷人，使低调的雅典逐渐走到台前，博得希腊人关注。人到中年时，他们看到僭主统治结束，克里斯提尼一手建起新的自由宪制框架。曾有过激烈冲突，党派间仍彼此仇恨——这在希罗多德听来的故事中有戏剧化的展现。那故事讲的是战役爆发之前，被放逐的党派领袖[4]、伟大的阿里斯提德连夜从埃伊

116

纳岛的临时住所跑到萨拉米斯岛，叫出正在开军事会议的地米斯托克利，说："你我曾是不共戴天的仇敌，现在我们可以比试一下，看谁能为雅典做出更大贡献。我从波斯人的营地溜出来告诉你，我们被波斯舰队包围了。快进去告诉他们。""感谢神灵！"地米斯托克利说，"还是你进去告诉他们吧。他们会相信你的。"雅典人曾见过年轻的民主国家在党派斗争中屹立不倒，曾见过雅典军队在马拉松城取得胜利，然后又见过他们城邦的人一股脑逃往海上并把全部身家押在海上。现在他们看到阿提卡的城市和村庄都被付之一炬，看到古老的卫城——刻克洛普斯①、厄瑞克透斯②、忒修斯和雅典娜本人的故乡只余断壁残垣。但城邦取得了胜利，在拯救希腊的战争中立下首功。希腊现在的领袖不再是一位，而是两位。他童年时代的宁静乡村小镇，现在可与英雄的斯巴达城并肩同受万人称颂。这样的成功不靠运气而靠理性，不靠克己而靠自信。它自然将激励雅典人继续前行。直到希波战争，雅典才认识了自我：还有什么能难住它呢？公元前 480 年的雅典与 1588 年的英格兰③有类似之处：无论从哪个角度看，人们都能看到激动人心的可能，但雅典人比英国人看到的更多。政治方面，它有可能成为堪与以斯巴达为首的伯罗奔尼撒同盟匹敌的海上霸主，并且人们会骄傲于这样一个事实：城邦立下功勋靠的是凭借公民大会治理城邦的普通雅典公民，而非以他们名义行事的强大执政官。在智识方面，整个思想和知识的世界正在敞开大门，这在很大程度上要归功于他们的爱奥尼亚近亲。贸易和工业方面，

---

① 刻克洛普斯（Cecrops）是传说中的雅典第一位国王。
② 厄瑞克透斯（Erechtheus）是希腊神话中的雅典国王。
③ 当年英格兰击溃西班牙无敌舰队，从此取代了西班牙的海上霸权。

雅典正迅速赶超起步比它早得多的希腊城邦。阿提卡的审美和智慧，辅以其中心地位、优良港口和现在势不可当的海上力量，实在令人望而生畏。除此之外，和伦敦一样，雅典基于正直、重视常识的行事方式获得了不可估量的优势。艺术的新领域也在向它开放。长期浸淫于青铜和大理石等材质使雅典建筑和雕塑渐臻古典艺术的完美境界。几乎总为城邦工作的雅典艺术家们的任务就是融会爱奥尼亚式的优雅与多利安式的力量。雅典陶工和画家正接近最伟大的成功。作为最具雅典特色的艺术形式，悲剧经多年发展更趋成熟完善、更令人兴奋。而且在某种乡间喧哗的闹剧中，正孕育着更有趣的艺术形式。很快，阿里斯托芬及其竞争者的辉煌精妙的喜剧就要问世。这就是即将到来的伯里克利时代的精神。如果我们还记得的话，这种精神可追溯至不朽的荷马，是荷马将这种本质上是贵族式的，但在各社会阶层均可看见的思维习惯传授给后代：重质量轻数量，重高贵斗争而轻单纯达成，重荣誉轻财富。

关于政治史，我只能概述。希腊联盟已完成了将波斯人逐 118 出欧洲这一迫在眉睫的任务，但还有解放爱奥尼亚以及粉碎波斯海军的使命尚未完成。斯巴达对此毫无兴趣，它的经济以农业为基础，本质上是陆上强国。如果其他希腊城邦或城邦联盟没有强大到足以威胁其在伯罗奔尼撒半岛的地位，或者点燃那只一直存在的"炸药桶"——黑劳士暴动，斯巴达就心满意足了。此外，解放爱奥尼亚并保卫爱琴海需要海上力量，而雅典正好拥有强大的海军，而且它为此已万事齐备。它可以提醒自己：作为爱奥尼亚民族的发源地，这使命舍我其谁。

于是雅典成立海军联盟，总部设在位置居中的神圣的提洛岛。几乎所有爱琴海沿岸城邦都加入了同盟，各自献出一定数量的船只和人手，若愿意的话也可以用等值金钱代替。估值工作由雅典的"公正的阿里斯提德"承担。他的估值从未受过质疑，因此被大家誉为"公正"。事实上关键在于雅典拥有两百艘战船，而同盟中的不少成员被估计只有一艘船的实力。不少力量薄弱的小城邦选择交钱来尽义务。

　　对波斯的军事行动持续了好几年，随后退盟权这个难题浮出水面。地位重要的纳克索斯岛（Naxos）要求退出同盟。它声称来自波斯的威胁已结束，不愿为事实上只属于雅典的伪同盟出力。雅典人理直气壮地反驳说，如果同盟解散，波斯人很快会卷土重来。雅典将退出同盟的要求视为叛乱并加以镇压，还强行向纳克索斯人收取一笔钱。其他类似"叛乱"也受到同样对待。后来，那些本来袖手旁观的爱琴海城邦也被迫加入同盟，其原因类似：为什么爱琴海的某个城邦能享受其他城邦提供的安全，却不为之做出贡献呢？

　　另外两项明智之举也大功告成，它们都有助于同盟转变为
119 帝国。同盟总部从提洛岛迁到雅典——前者的访客主要出于宗教目的，后者则是人们无论有何意图都乐于前往的城邦。公开的理由则比较牵强，比如出于"管理便利"，或"同盟的财富在雅典保管会更加安全"。这也确是实情，因为雅典刚在远征埃及的过程中失去了两支舰队。虽然如此，无论雅典人还是其他城邦的人，都更加深刻地认识到它名为同盟，实为帝国。成员国间的商业纠纷可提交雅典法庭审理，实际大大简化了程序。在没有任何国际法制度的情况下，不同城邦之间的司法程序只有在两个城邦有明文规定时才可能进行，否则直接报复（官方认可的劫掠行为）是申冤的唯一途径。雅典法院相当诚实且公正无私。他们非常谨慎，确保雅典人在与同盟城市的成

员诉讼时不受偏袒。虽然如此，观感还是不好。

雅典人管理同盟的总体效率和诚信体现在如下事实中：城邦仍自愿加入同盟；与斯巴达的战争来临时，同盟成员普遍仍惊人地忠于雅典，尽管他们被称为一个帝国城市的臣民。

然而，雅典公民看到同盟成员来到雅典寻求公正审判，知道同盟的财富就保存在自家卫城中，明白同盟的政策必对雅典有利，而同盟军队以雅典战船和士兵为主，此时雅典人势必会以君王的姿态思考问题。公民陪审员能得到报酬。同盟成员日渐增多，为船只和士兵提供大量金钱资助，该财富以服务报酬的合法形式进入雅典人的口袋。这一切都滋养了雅典人的骄傲，撑鼓了他们的钱袋。

通过伯里克利的重建方案，更多资金在这里找到归宿，但这种做法可能更值得商榷。同盟的资金越积越多，但被波斯人毁坏的神殿还没能重建。伯里克利的大计部分延续了庇西特拉图的政策，旨在让雅典成为艺术、知识和政治的中心，而雅典人也面临着失业问题。通往卫城的宏伟门户帕特农神庙及其两翼画廊，以及其他建筑都是上述需求和欲望的产物。即使在城邦内部也有反对意见，但伯里克利回答说，同盟成员向雅典支付数额合适的盟捐寻求保护，而他们也受到了保护。雅典的舰队效率很高，而且雅典有充足的资金储备。雅典有权把剩余的钱花在为它和整个希腊带来荣誉的建筑物和雕像上。他可能会辩称——也许他确实这么做了——唯有雅典自愿将城邦付于破坏者之手，好继续为希腊的自由而战。他也可能会说出那句后来会在阵亡将士国葬典礼上说的话："我们的城邦欢迎所有人。"

但为什么雅典没有成为统一的爱琴海国家的首都呢？罗马

可以相继将公民权给予其他拉丁城市、整个意大利、整个帝国。如果罗马能做到这一点，为什么雅典不能呢？

用居高临下的态度批评别人的政治无能和目光短浅没有意义。我们常常试图逃避"一切皆有代价"这个不可回避的事实，而许多本身值得拥有的东西要求的代价过高。若非如此，人类的存在就不会是悲剧。我们自己也有个例子：英国某些政治家快乐地沉浸于设计完美且高效的国民经济的梦想——这梦想真不错，但代价是劳动力流向（direction of labour）受限。英国人对个人自由有种奇怪的瘾头，拒绝付出这个代价。

我在前文试图阐述过希腊人对独立城邦有类似的瘾头。在他们看来，是城邦区分了希腊人和"野蛮人"，是城邦使希腊人过上理想中充实、智慧和有责任感的生活。雅典要将公民权扩展到盟邦，就必然会削减每位雅典公民的政治活动和责任。政府必须将权力委托给代表，然后雅典人就会觉得城邦不再是自己的，生活就不再那么有滋有味。顺便说一句，在巨大的压力下，罗马人可以将拉丁裔人纳入他们的"城邦"（civitas），因为它不过是政府的机器：只要它能保护他们，他们就不太在乎机器操作者是谁。雅典人不这么想，雅典的盟邦也不这么认为，因为就算雅典对他们一视同仁，赋予他们同样的公民权，他们也肯定不会接受。希腊人如果不能住在距政治中心步行一天即可到达的范围内，他们的生活就不算圆满。

在现代人看来这似乎有些奇怪。毫无疑问，那些对我们多少有所了解的苏联人也觉得我们奇怪，因为与他们的制度已经取得或未来有望取得的胜利相比，我们更喜爱个人自由的观念。但这选择确实曾摆在希腊人面前：是接受因城邦制弱化并实际结束而导致生活质量下降，还是最终灭亡。如果我们能以居鲁士站在克洛伊索斯的柴堆前时的精神状态反思，意识到自己也处于危机四伏的、仍在拼命固守某种生活观念的政治社会中，那么我们评判希腊人时就不会那么自满。伯里克利的政策，亦即在雅典公民大会中获多数人赞同的政策，试图充分利用和享受城邦和帝国能提供的所有益处。也许只有成功调和热爱自由和生存间的矛盾后，我们才能怀着更大的善意来指责他。

　　从波斯人入侵结束到伯罗奔尼撒战争之间的半个世纪中，雅典的政策制定者先是有贵族气派的客蒙［Cimon，曾于马拉松大败波斯人的米太亚得（Miltiades）的儿子］，继之以伯里克利。客蒙想赶走波斯人，并与斯巴达保持友好关系。前一个任务比后一个要容易完成。雅典的迅速崛起，尤其是同盟毫不掩饰地向帝国转化的事态招致恐惧和怨恨，以至于客蒙的政策显然无法施行。从公元前 461 年开始，伯里克利在公民大会中的地位几乎无人可撼，直到他于公元前 429 年去世。他认为斯巴达的敌意不可避免，于是与波斯谈判，还试图确立雅典在希腊不可挑战的领袖地位。雅典人在这些年中表现出的活力几乎令人难以置信。他们的目标是建立疆域包括整个爱琴海、科林斯湾①和彼奥提亚在内的帝国，而且这个帝国确曾在短期内存续；还有人曾梦想并一直梦想要征服遥远的西西里岛。我们谈到雅典人的辩论、戏剧、法庭和游行，但不可忘记公元前 5 世纪的雅典人首先是实干家。公元前 456 年，虽说雅典人还没能尽扫门前雪，但仍能派出两百艘战船去帮助埃及反抗波斯人。这支舰队被摧毁后，他们又派去一支规模相近的部队，结

122

―――――――――

　　①　科林斯湾（Corinthian Gulf），又译科林西亚湾。

局同上。当时有座战争纪念碑上刻着厄瑞克提得（Erechtheid）氏族"在一年间阵亡于塞浦路斯、埃及、腓尼基、哈利伊斯（Halieis，在伯罗奔尼撒半岛）、埃伊纳岛和迈加拉（Megara）的人的英名"。不能说雅典人将建立在他人精力和牺牲之上的帝国自私地收为己用。全希腊都认为不可避免的那场战争于公元前431年爆发。我们将在下一章阐释这场战争。本章的余下篇幅将概览雅典的民主制度。首先让我们引用修昔底德的《伯罗奔尼撒战争史》中两段关于雅典人性格的白描文字。第一段的背景是科林斯派代表团来斯巴达，敦促斯巴达人宣战。

（科林斯人说）你们不了解这些雅典人，不知道他们和你们自己有多么不一样。他们敏于筹谋也敏于实施；而你们满足于自己手里的东西，甚至连有些必要的事都不愿做。他们大胆、爱冒险，还很乐观；而你们十分谨慎，既不相信自己的力量，也不相信自己的判断。他们喜欢去海外冒险，因为觉得会从中得到好处；而你们讨厌这事，因为觉得这样会失去某些东西。他们尽量利用胜利，失败时很少退缩。他们把自己托付给雅典，就好像自己也是公共财产一样。他们每个人培养自己的智慧，其目的也是要给城邦做一点显著的事业。如果他们做一点什么事情而没有成功的话，他们就认为自己所有的一切都完全被剥夺了；如果成功了，又会觉得这成功与将要做的事业相比简直微不足道。他们生来不能享受安宁的生活，也不让别人享受安宁的生活。[5]

第二段引自两年后伯里克利在阵亡将士国葬典礼上的演

说。首先他赞扬雅典的宽容大度：法律不偏不倚；须有真正才能方可获得公众荣誉，与党派或阶级无关；社会交往中大家互敬三分；在公众事务中，人们自我克制，有问题也不诉诸暴力。雅典在精神、智识和物质方面都可圈可点。

到这里为止，伯里克利还在将雅典与其他希腊城邦做总体比较，然后他话锋一转，直指斯巴达。

> 我们的城市，对全世界的人都是开放的；我们没有定期的放逐，以防止人们窥视或者发现我们那些在军事上对敌人有利的秘密。这是因为我们所倚赖的不是阴谋诡计，而是自己的勇敢和忠诚。……从孩提时代起，斯巴达人即受到最艰苦的训练，使之变为勇敢；在我们的生活中没有一切这些限制，但是我们和他们一样，可以随时勇敢地对付同样的危险。这一点由下面的事实可以得到证明：当斯巴达人侵入我们的领土时，他们总不是单独自己来的，而是带着他们的同盟者和他们一起来的……我们的勇敢是从我们的生活方式中自然产生的，而不是国家法律强迫的；我认为这些是我们的优点。我们不花费时间来训练自己忍受那些尚未到来的痛苦；但是当我们真的遇着痛苦的时候，我们表现我们自己和那些经常受到严格训练的人一样勇敢。……我们爱好美丽的东西，但是没有因此而至于奢侈；我们爱好智慧，但是没有因此而至于柔弱。[1]

与斯巴达的直接对比结束后，伯里克利又开始进行一般的

---

[1]　《伯罗奔尼撒战争史》，第131~132页。

比较。在雅典，财富是行动的契机，而非炫耀的资本。贫穷不可耻，可耻的是游手好闲。人们处理私事，也花时间照应城邦事务：就是那些最忙于商业的人，在判断政治事务方面也相当称职。[6]有人把不关心公共事务的人称为"恬淡"，而雅典人认为这是无用之人。雅典人认为言语不会阻碍行动，而是必要的准备环节。有人逞无知之勇，计算得失后又裹足不前；而深思熟虑并不会妨碍他们大胆向前。还有，雅典人的慷慨不是出于权宜之计，而是出于信心。实际上，雅典人的城邦是全希腊的学堂。

　　伯里克利的演讲描绘的无疑是理想化的雅典图景，但它大体真实。无论如何，民族理想都是它们自身特质的重要组成部分。这幅图景的本质真相并不在于准确展示，而在于让我们在仔细研究伯里克利时代雅典城邦活动的所有侧面并记起这段对雅典城邦的溢美之词后，确信这一时期雅典人的所有本质确实如此。这里有美丽惊人的帕特农神庙：它体量不甚大，长仅220英尺，却如此震撼人心。在照片中，它不过是万千希腊神庙中的一座，但其实景无与伦比。这里有索福克勒斯的戏剧，为雅典人创作，被雅典人推崇。如果允许我现身说法的话，我本人三十年来一直在课上详细讲解它们，但现在仍能发现它们比以往更有新意、更激动人心、思想内涵更丰富。它们绝不敷衍了事，尽管技巧高超也从不炫技，其中也没有任何平庸的东西。这里有无名雕刻家雕成的简朴墓碑，其宁静的庄重感和真诚直指人心，它们也许比任何东西都更有说服力。这里的普通家居用品呈现同样的品质。除了伯里克利时代的雅典，没有哪个地方能使你如此笃定绝不会见到任何粗俗、怪异、离奇或肤浅的东西。最典型的是喜剧。它们那放纵淫秽的内容在今天可能无法出版，但从不会招致窃笑。因为这个素质优良的民族所处的环境，使他们习惯于精神、心智和身体方面的崇高努力。

这让我们重拾城邦话题。无论何处，城邦都能赋予生命某种充实感和意义，但这一点在雅典尤为突出。那里的政治民主发展到了逻辑上的顶峰。当然有人会否认雅典是民主政体，因为那里的妇女、定居的外邦人和奴隶在城邦事务上没有发言权。如果我们将民主定义为某个国家所有成年人都参与治国的话，那么雅典的确不是民主政体，但任何现代国家也都不是。因为鉴于现代国家的体量，它们必须将治国权力委托给专业管理人员代表，而这就是寡头政治的一种模式。

如果我们把民主政体定义为所有公民参与治国，那么雅典就是民主国家。我们必须记住，希腊公民资格的认定标准是：父亲或父母双方均为公民。在理论上和情感上，希腊式的"国家"不仅指居住在某地区的群体，而且指男性亲属团体。

但就我们当下目的而言，民主的确切定义并不重要。[7]因为我们关注的是雅典政治制度如何影响雅典人的生活和思想。这一章我们将对此进行描述，下一章中我们将看到这种制度在殊死战争的压力下会呈现何种状态。

公民大会享有最高权力，人们尽可能使这地位能够实至名归。在雅典，"机器"不可能掌权，这是体量小的另一个优势。大会由雅典的所有成年男性组成，他们经自己的"坊社"认定为合法公民，并且没有因犯下严重罪行而被明确剥夺公民权。除了在军队中起显著作用外，没有找到财产多寡会影响公民权行使的证据。在很大程度上，城邦是公民的集合，而非凌驾于个人之上的"国家"，因此公民参军时装备需自理。财力足以供养战马的人可在骑兵队服役。他骑的是自己的马，但在

125

服役期间马由城邦付费供养。家境尚可的人自备铠甲，加入重装步兵团（hoplites）。身无长物，只有一把力气的穷人充当辅助人员或军舰上的桨手。外邦定居者可与公民并肩作战；奴隶既不能加入陆军，也不能在海军服役。但在生死存亡的关头，城邦邀请他们入伍并许以自由以及完全的民事（非政治）权利（这样的承诺兑现了）。

由祖籍阿提卡的所有男性居民组成的公民大会是唯一的立法机构，通过各种途径完全控制行政和司法。我们首先谈谈行政权。由前执政官组成的老亚略巴古（old Areopagus）议事会现在只处理凶杀案件。曾经手握重权的执政官现在由议会每年抽签选出。任何公民都有可能在某年成为九大执政官之一。这自然意味着执政官虽然负有行政责任，却没有实权。权力属于公民大会。除非需要临时召开特别会议讨论重要事项，大会每月只举行一次会议。只要大会愿意倾听，任何公民都可以发言。任何人都可以在严格的制度保障下提出任何议案。但如此庞大的机构需要委员会来做准备工作并处理紧急事务，这就是"五百人议事会"（Boule）。它并非选举产生，而是抽签选出，每个部落有五十个名额。该议事会成员来自随机挑选，而且每年都全部轮换，所以他们不会拉帮结派。以上做法的目的是巩固大会的至高地位。大多数行政委员会（"政府部门"）都由五百人议事会成员组成。但由于五百人不可能永远是议事会成员，而且人数过多无法组成有效的执行委员会，于是五百人以部落为单位分成十个分会，每个分会在一年的十分之一时间里执掌政务。每个时间段内，分会的五十个成员组成的内部委员会称为"部团期"（Prytany），每天都有一人通过抽签成为主席。如果当天公民大会召开会议，就由他主持。在那二十四小时内，他是名义上的城邦领袖。[希腊的确是个充满戏剧性的国家。在战争接近尾声的某天，苏格拉底碰巧成为主席，当时公民大会上群情激奋——这种情况时而会有，但不是常态——大家不顾相关法律，要求弹劾整个将军委员会，因为他们虽然刚打赢了阿吉纽西岛（Arginusae）海战，却未能营救战役幸存者。苏格拉底抵制了汹汹民意，不同意就该非正规提案表决。] 为进一步制约行政权，所有离任执政官都必须向公民大会上交执政报告，通过"审查"后才可正式卸任。此程序走完之前，他们既不可离开雅典，也不可出售财产。

127

唯有一个职位不能冒险通过抽签选人担任，那就是陆军或海军指挥官。十将军①（不分陆海军）每年选举一次。虽说允许连任且连任也是常事，但上次战役中的将军在下次战役中成为普通士兵的情况也不算少见。这是民主基本概念"轮流为治"的极端案例，就像任期一年的工会官员在第二年就自动回到原有职位上一样。军队最高统帅是唯一按特殊能力选举的职位，如此重要的职位自然会对城邦事务产生巨大影响。正是通过这个职务及在公民大会中的主导地位，伯里克利才能长期领导雅典人。

公民大会不仅有立法权和行政权，还有司法权。没有专业行政人员，也就没有专业法官或辩护人。受害人可直接向他的公民同胞们提起诉讼，这一原则始终得以保留。地方法院受理轻案，雅典的法院处理重要刑事或民事案件。陪审团实际上是公民大会的一个部门，人数从 101 人到 1001 人不等——由案

---

① 十将军（Strategoi）是雅典的军事最高长官，统领雅典军队，总司雅典军事事务。

件的重要性决定。没有法官，只有一位纯粹形式上的主席，类似于我们的"陪审团主席"。没有辩护人，当事人双方自行出庭控辩，尽管事实上他们可能会请专业"诉状枪手"撰写陈辞，但他们要将其熟记在心并自行陈述。这个大众陪审团是法律和事实上的法官，而且没有上诉程序。如果法律没有就某一罪行明确规定惩罚措施，而陪审团又因人数众多无法便宜量刑，那么若原告胜诉，便可提出惩罚建议，被告可提出另一个备选，而陪审团须在两者中择其一。这就解释了柏拉图在《申辩篇》（*Apology*）中提到的程序：当苏格拉底被判有罪时，控方要求判处死刑，但苏格拉底先是提出荣誉市民地位（Freedom of the City）作为替代刑罚，后来又建议付一笔少得可笑的罚款，而非陪审团会欣然接受的流放。

我们的纵览虽然简短，但将揭示重要一点：雅典将公共事务尽可能付与业余人士管理，而专业人员的发挥空间被尽可能地缩减了。事实上，专家通常是公众的奴隶。每位公民都会轮流成为士兵（或水兵）、立法者、法官、行政人员——就算做不了执政官，也必定会成为"五百人议事会"成员。这种由业余人士管理城邦的离奇之举可能会使读者感到荒谬，事实上苏格拉底和柏拉图对此做过严厉抨击。但与其说他们抨击的是这种做法效率低下，不如说是抨击它把城邦事务托付给对"政治艺术"的主要职能，即"使人变得更好"一无所知的人。但这就是题外话了。

在这种对专业人士的普遍厌恶之下，有种尚算清醒的关于城邦的理论：在一生中的适当时期参与城邦所有事务，是个人对城邦和自己应尽的责任。这是只有城邦才能提供的丰富生活的一部分——只为自己而活的"野蛮人"不可能拥有这种生活，生活在由国王及其仆人统治的庞大帝国中的开化"野蛮人"也不可能。至少对雅典人来说，通过讨论实现的自治、自律、个人责任和直接参与城邦生活的各个方面正如呼吸之于生命一样不可或缺。

上述情况在管理广阔疆域的代议制政府中不可能出现，这就是为何雅典不能像罗马那样，通过吞并其他城邦发展壮大。对雅典人来说，做出自己的决定、执行这些决定并承担后果是自由人生活中必不可少的一部分。这就是雅典流行埃斯库罗斯和索福克勒斯的悲剧以及阿里斯托芬的喜剧，而我们喜欢电影的原因之一。雅典人习惯于处理重大事务。如果某种艺术没能呈现意义重大的主题，他们就会视之为幼稚。

以上对雅典政治体制的论述——由于篇幅限制，它必然短小——可能至少会给读者留下两个印象：一是它听起来相当业余；二是若这样的制度真的能运行，雅典人在公共事务上就会费时甚多。

我们先讨论前者。这个政府由严格意义上的"业余人士"，即那些喜欢治国和管理的人组成。这样说可能会误导人，因为对我们来说，"政府"和"行政"这两个词要用大写字母，它们自成体系，是某些误入歧途的人毕生奋斗的目标。对希腊人来说，它们不过是城邦生活多个侧面中的两个。处理城邦事务不仅是个人对城邦的责任，也是他对自己应尽的义务，同时这责任又很有趣味，引人入胜，是圆满生活的一部分。所以雅典人尽可能从不雇用专业管理人员或法官。城邦是个超级大家庭，家庭生活意味着直接参与家庭事务、提出建议。这种对城邦的态度也解释了为什么希腊人从未如我们所说的那样"发明"代议制政府。为什么应该"发明"大多数希

129

腊人努力奋斗要废除的东西——"治于人"呢？

但从这个词的另一重含义来看，它业余吗？它低效或自相矛盾吗？如果我们不将标准设为"完美"，而只以常见的政府作为参照，我想答案可以是否定的。雅典的社会制度很稳固，它曾两次从战争失利造成的寡头革命中顺利恢复，还能建起并管理帝国；它征收税赋；以稳健的手段掌管经济、财政和货币；似乎还保持了我们这个时代的某些政府都没能达到的公义标准。它曾在一场关键战争中失利，但并非因为缺乏胆量或斗志，而是由于严重的判断失误，而这是任何形式的政府都无法完全避免的。根据上述衡量效率的一般标准判断，这种合乎逻辑的民主实验没有失败。

雅典人会认为所有上述效率测试都很合理，但会再加上一个衡量标准：它能保证普通公民安居乐业吗？也就是说，政府除了按当今我们对自己政府的期望做事之外，是否能激发公民智慧，满足其精神需求？雅典人回答这个问题时不会有丝毫犹豫。苏格拉底和柏拉图等哲学家的问法更一针见血：这种形式的政府能培养人们的德性吗？柏拉图在《高尔吉亚篇》（*Gorgias*）中写道，地米斯托克利、客蒙和伯里克利"将城邦中塞满了防御工事和类似垃圾"，却在政治家的首要责任方面悲惨地失职。该责任就是滋养公民之德性，但鲜有政府会致力于这一目标。

就更宏观的效率而论，我们必须记住两点。其一是城邦的体量小。公民大会是雅典人的地方会议，像今天某个活跃的地方议会一样，处理的大部分是许多成员本人多少能直接了解的问题，而且问题的复杂程度远不及今日。这里的"复杂"当然不是指知识或道德上的复杂性（在这些方面古今并无不同），而是组织的复杂性。如果宣战，无须"动员国内一切资源"，也无须没完没了地成立各种委员会、签发大量文件，只要大家回去取自己的盾牌和长矛，带上给养去报到，等候军令就好。公民大会犯下的最严重错误，就是制定超出其成员认知范围的决策。因此战斗正酣时，尽管正如修昔底德所说，少有人知道西西里岛的地理位置和面积，它还是做出了入侵西西里岛的灾难性决定。

那么我们就必须记住，除了最年轻的成员外，所有大会成员都有在地方政府、部落办事机构以及法庭的直接管理经验，而且每年会选出五百名新成员在议事会任职，从事起草提交大会的法律、接待外国使节、处理财政问题等工作。如果我们把常规情况下的公民人数合理估为三万，就会发现几乎任何公民都可能曾在议事会服务一年。事实上，公民大会的绝大部分成员都有个人相关经验，并非纸上谈兵之辈。

那我们就要考虑第二个问题：普通雅典人如何挤出时间处理这一切？他不是超人，当时的一天和现在一样也只有二十四小时。这个问题显然很重要。希腊人和古代所有开化人群一样，也有奴隶为之服务。许多没有读过阿里斯托芬，但读过《汤姆叔叔的小屋》的人由此推断，阿提卡文化的创造者是由奴隶供养的有闲阶级。这种想法也许能安慰我们，因为我们拥有如此强大的经济实力，但实际文明程度堪忧。然而这种说法本质上是错误的。公元前5世纪至公元前4世纪的希腊奴隶制度与罗马的大庄园制（latifundia）之间鲜有相似之处，后者是由奴隶劳动支撑的大庄园，是由于农村人口减少才产生的。

首先，奴隶制在希腊的农业中几乎找不到容身之地。人们仍广泛奉行传统生产方式：土地为公民私有，而因为奴隶生产

131

的东西几乎与他吃掉的相等，因此奴隶制在小规模农业中几乎讨不到好处。像城里地位相似的家庭一样，富裕的农场主会拥有几个奴隶，主要从事私人和家务劳动。如果养得起的话，雅典人会蓄养少数奴隶，以便外出购物时有人提东西，同时还有一两个奴隶，有男有女，在家充当"仆役"和保姆。这些奴隶使生活更加便利，在某种程度上推动了文明发展，就像我们以前雇用仆人，好让中产阶级妇女下午能有时间玩桥牌，让教授有时间写书一样。但奴隶制肯定不是阿提卡经济生活的基础。据现代权威人士估计，就在伯罗奔尼撒战争之前，阿提卡大约有 12.5 万名奴隶，其中约有 6.5 万人，也就是一半以上，从事家务劳动。[8] 戈姆（Gomme）教授估计，同期 18 岁以上的雅典男子大约有 4.5 万人，由此可推断雅典总人口超过 10 万。这就是说，平均每人约有 0.5 个奴隶，但无法估计多少家庭没有奴隶，或多少家庭拥有大量奴隶。戈姆教授估计其他奴隶中有 5 万人从事工业活动，有 1 万人在矿山劳作。采矿奴隶的生存条件极端恶劣，这也是雅典人在总体人道主义方面唯一受严重诟病的地方。一般来说，他们的奴隶享有相当大的自由，而且比美国的黑人公民受到更多法律保护，以至于斯巴达人会说风凉话，说在雅典的街道上无法区分奴隶和公民。但在矿井里奴隶常常劳累致死，那里的条件比我们在最严酷时代开办的工厂都要糟糕得多。尽管雅典的辩护者可能会合理地指出：至少雅典人没有假称这些受害者是有不朽灵魂的公民，而且只有最低贱的奴隶才会被送到那里。但这太可怕了。毫无疑问，部分原因要归于"眼不见心不烦"，部分原因是如果不这样做根本无法采矿。大多数文明都自有其恐怖之处。我们每年的交通事故要夺去四千名公民的生命，因为如果不这样，我们现在的生活方式就无法继续。理解未必就能宽恕，但试图理解并没有坏处。

其次，至于从事工业活动的 5 万名（估值）奴隶，与总人口相比似乎是个巨大的数字。如果大不列颠有同等比例的工业奴隶——比如 1000 万，而且不考虑必将使我们境况更糟糕的经济规律，那么我们都应该生活得极为舒适。但在试图估计这 5 万名奴隶对经济和社会的影响时，我们应该记住，在没有机器的情况下，他们的劳动并没有为其他人的生活创造大量剩余价值：当然还是有一些，但不多。萧条时期，无所事事的奴隶毫无用处。奴隶主还必须养活他们，于是奴隶的资本价值就会相应减少，这就相当有效地限制了工业奴隶的雇佣。因此我们发现，正常的"工厂"既役使奴隶，也雇用公民，因为公民可被"辞退"。事实上，"工厂"规模一直很小，能用得起 20 个奴隶的就算是大厂子了。多亏最近出土的碑文，我们碰巧能获知关于卫城建筑业务的某些知识。由于已经知道雅典蓄奴，我们会自信地猜测帕特农神庙、厄瑞克修姆神庙（Erechtheum）和其他建筑都是由某位承包商役使大批奴隶建造的。再三思考后，也许就会觉得这种假设相当愚蠢：如此庄严、充满人性光辉和才华的建筑物和雕塑会是奴隶主的作品吗？这些建筑与金字塔截然不同。我们不仅会发现事实与猜测大相径庭，还会发现更不可思议的事情。这些建筑是由数千个独立承包者建造的：某位公民带着一个奴隶，承包从彭忒利科斯山（Pentelicus）运来十车大理石的工作；某位公民雇用两个雅典人，再加上自家的三个奴隶，签下为某根柱子开槽的合同。当时的奴隶制不过起到辅助作用，如果说它是雅典经济的支柱那就太夸张了，至于说它奠定社会基石并使普通公民远离艰苦工作就简直可

133

笑。它能做到的不过是降低工资水平：因为如果从长远来看蓄奴更有利可图，就没有人会雇用自由劳动力，但拥有奴隶毕竟是件棘手的事。

那么，若我们要探寻雅典人为何看似拥有如此多的闲暇时间，就必须适当重视奴隶制，但不可过分。很大程度上，它只是使那些生活本已舒适的人更有余暇。我想真正应该重视的是他们的生活标准。雅典人的生活在我们看来极为简朴，即使那些富人也概莫能外。他们的房子、家具、衣服和食物都会被英国工匠嗤之以鼻。当然，在英国的气候条件下，靠这些东西他们也无法生存。

当然，机器能为我们生产成千上万种希腊人没有的物品，但这个问题要从两面看。我们现在讨论的不是舒适，而是闲暇，它是希腊人心目中仅次于荣耀的东西。总体来说，机器并没能为我们创造大量闲暇时间。它使生活越来越复杂，因此机器生产为我们节约的大部分时间又被机器时代产生的额外工作夺走了。

再次，读者可以算算自己需花多少时间，才能赚来支付诸如长靠椅、领子和领带、床上用品、自来水、烟草、茶叶和民政服务这类事物的钱，而希腊人的生活中根本没有这些东西。此外，还要考虑到他们不必做，而我们必须做的事情占用的时间，比如花在阅读书籍和报纸、每天通勤、家务琐事、修剪草坪（在英国的气候条件下，草是影响社交和钻研知识的罪魁祸首之一）等事情上的时间。又如，因为缺少足够的人工照明，希腊人安排日常事务依靠太阳而非时钟，他们日出而作。柏拉图在《普罗塔哥拉篇》（*Protagoras*）中提到，有个热切的年轻人匆匆来拜访他。由于他来得太早，苏格拉底还在被窝里（或者更确切地说仍躺在"床上"，也许裹着斗篷）。因为天还没亮，周围漆黑一团，年轻人只好摸索着来到他床边。柏拉图明显觉得对方来得太早，但这也不是什么离谱的事。我们也许会羡慕普通雅典人似乎能在下午花几个小时泡在浴室或体育馆（宽敞的公共体育及文化中心）里。我们就不可能在日中抽出这么多时间，不可能的。相反，我们要七点钟起床，然后刮脸、吃早饭、穿上复杂得要命的全套出门装备，不到八点半这一切都做不完；而希腊人黎明即起，把盖在身上的斗篷抖开，像我们穿西服一样优雅地披在身上就行了。他不必刮胡子，不必吃早饭，五分钟后就能出门见人。事实上，下午对他来说不是日中，而是临近日末。

135

最后，许多形式的公共服务都有报酬，甚至连出席公民大会也一样。事实上，雅典人早就发现了我们在 20 世纪才发现的问题：虽说我们还没设立公共基金帮助穷人支付国家剧院席位的花费，遑论建立此类国家剧院，但若想让普通公民花时间参与公共事务，那么必须给予一定补偿。虽然数额不高，但"五百人议事会"成员、执政官和其他官员，以及管理法庭的陪审员都可从公共资金中获得一定报酬，这在某种程度上可以说是受益于帝国。显然在公元前 4 世纪，雅典公民在阿提卡的工业和贸易中起到的作用远不如定居在彼的外邦人，原因并非雅典人更依赖奴隶制，而是他们更依赖城邦。

除非世上再出现一批小到可在两天内步行穿越的独立小国，否则这一民主政体的试验将永不能复制。雅典人将亲自参与城邦各方面治理的渴望付诸实施，且为此穷尽逻辑极限。这种自信的方式几乎像是在蓄意挑战人性弱点。一个民族能以持久的智慧和自制力来明智地管理自己的事务吗？一个民族能控制帝国及其自身财政而不被腐化吗？它能掌控战局吗？民主国家要经历何种诱惑和危险的试炼呢？在建立民治政府方面，雅典几乎称得上是实验室实验。若非它所处的年代久远，与我们远隔千里，而且使用的是某种几乎消亡的语言，几乎都值得今天的我们下功夫研究研究。

# 八  战火中的希腊人

希腊世界在此时一分为二：一边是被公然称作"暴政统治"的雅典帝国；另一边是斯巴达及其伯罗奔尼撒同盟，还有支持斯巴达的国家（主要位于彼奥提亚）。前者是海洋霸主，后者在陆上称雄。前者以爱奥尼亚人为主体，后者则主要是多利安人，但这不是问题的关键。关键在于雅典赞成甚至坚持在同盟内部实行民主制度，而另一边倾向于寡头政治，或者最多能容忍有限民主政体。这种局面让人觉得很眼熟。人们普遍认为雅典限制其名义上盟友的自治权到了令人忍无可忍的程度，以至于斯巴达挺身而出充当希腊自由的捍卫者。雅典和科林斯之间也有贸易竞争，而科林斯害怕与西边希腊人的贸易受到威胁。在此事件中，正是科林斯人说服斯巴达人挑战雅典人。我们在上文中引用的雅典人特质的侧写正是引自科林斯人当时在斯巴达的演讲。

这场战争是希腊城邦历史的转折点。从公元前431年至公元前404年，二十七年间战火时断时续，几乎烧遍希腊世界的每一个角落：整片爱琴海、哈尔基季基（Chalcidice）内外、彼奥提亚、伯罗奔尼撒海岸、希腊西北部、西西里岛（雅典人的两支强大远征军覆灭于此，几乎无人幸存）以及阿提卡。在阿提卡，除被单线防御工事所围的雅典和比雷埃夫斯外，其他地方都毫无遮掩地暴露在斯巴达军队面前，遭到有组织的破坏。战争爆发的第二年，阿提卡农民被迫放弃家园跑进城中避难求生，同时瘟疫暴发并肆虐了几个月。病后余生的修昔底德貌似平静地叙述这场瘟疫，但至今我们读到此处仍觉得毛骨悚然。他特别指出瘟疫使道德体系崩溃。它带来痛苦，使人们不再受法律、宗教、诚实和礼仪约束。包括伯里克利在内的约四分之一城邦人口死去。然而，雅典还是从这次打击中恢复，清理海上通道，定期进口粮食，派出海军和陆军，还取得了两三次本可达成对自己有利的和约的机会。直到瘟疫暴发的二十五年后，雅典才耻辱地失去最后的舰队，只能仰斯巴达的鼻息苟活。

然而在这过程中，城邦生活仍照常进行。所有公民组成的公民大会要做出包括选举将军，开辟第二、三、四条战线，讨论和平条约，审议前线战报等所有重要决定。战争期间，唯有在西西里岛大败后，公民大会才失去冷静，受到蛊惑，将权力移交给少数人的团体，而后者实际不过是某个铁杆寡头集团的傀儡。不过他们的恐怖统治只维持了几个月就被推翻，同时有限民主制度得到确立（修昔底德对此大加颂扬）。但很快原来的公民大会又重掌权力，向所有公民开放。

不仅政治生活，思想和艺术生活也如常进行。想想一战期间吧，那时英国人的文化生活不复存在，因为紧张焦虑的当局关闭了所有能关闭的，只有商业活动"如常"进行。群众头脑濒于狂乱，连听贝多芬和瓦格纳的作品都被视为不爱国，更不用提愚蠢的书籍电影审查制度、水平一落千丈的戏剧——和战争期间的雅典人相比真是丢脸。他们处于同样危险的情况：敌人更近，甚至就在阿提卡安营扎寨，被杀害的公民和失去亲人的家庭的比例也不低于我们。但雅典人继续举办节日庆典，不为自我放纵，而因为那就是他们为之战斗的生活的一部分。在以雅典人的名义、为雅典人创作的戏剧中，索福克勒斯只字不提战争，而是继续思考人类生活和天性的终极问题；欧里庇得斯揭露胜利的空虚和复仇的丑陋；最令人吃惊的是，阿里斯托芬嘲弄民众领袖、将军和拥有最高统治权的人民本身，用杂糅了才智、奇思妙想、插科打诨、抒情诗般的美、喧闹的下流场面和格调高雅的仿作的喜剧表达对战争的厌恶及对和平的向往。

除了在波提狄亚（Poteidaea）作为士兵英勇战斗的那段日子里，苏格拉底一直都待在雅典参与讨论、争辩、批判。他试图说服任何愿意听他讲话的人，告诉他们灵魂的善才是至高无上的善，而严谨的辩证法是达到该目的的唯一手段。

另外，我们回顾战争的最后几年时会发现，虽说雅典人之前有许多方面值得我们赞美，但也有同样多的方面令人扼腕或该受指责。同样是这个民族在派系之争中分裂，把自己交托于才华横溢、肆无忌惮的阿尔西比亚德斯①，而此人先是背叛雅典投向斯巴达，后又背叛斯巴达回到雅典。他们先是绝地反攻，大获全胜，随后又罔顾胜利，野蛮地攻击为他们取得胜利的将军。他们仍能爆发出惊人能量，随后就由于某天的疏忽而失去一切。少有历史事件能比这场战争更好地揭示人性的强处和弱点。而我们之所以有这样的感觉，几乎完全要归功于当时的历史学家修昔底德的天才。

与其照本宣科地描述这场战争，我宁愿翻译或转述修昔底德《伯罗奔尼撒战争史》中的几个片段，希望能使读者了解他本人、战时希腊人和雅典公民大会、大会对市民的影响，以及雅典精神在战争压力下的悲惨衰落。修昔底德是个出身良好

①　阿尔西比亚德斯（Alcibiades，前450？—前404）是雅典的政治家。

138

的雅典富人，崇拜伯里克利（但不崇拜他的继任者们），是战争早期阶段的一位将军，是位给读者留下深刻印象的作家。在专注力与洞察力方面，唯有两位希腊作家能与之比肩：一位是埃斯库罗斯，另一位就是《伊利亚特》的作者。

战争将要爆发时，公民大会曾举行辩论，我们可以从修昔底德对该辩论的记录开始。之前斯巴达曾派来使团，向雅典人提出某些外交要求，特别是要求他们取消对伯罗奔尼撒同盟成员迈加拉的贸易禁运。最终，最后一批斯巴达使节拉姆斐阿斯（Rhamphias）、密利西配斯（Melesippius）和阿哲桑达（Agesande）对前面提到的问题只字未提，只是说："斯巴达人希望和平。现在和平还是可能的，只要你们愿意给予希腊人以自由的话。"雅典人[1]召开公民大会，将该要求提交会议讨论，并决定对所有要求进行一次彻底辩论，然后答复斯巴达人。正反双方都有不少人发言，有些人认为应该开战，其他人则认为应该废除迈加拉法令（Megarian decree），不允许它阻碍和平。最后，赞提帕斯（Xanthippus）的儿子伯里克利排众而出，他是当时的公民领袖，长于演讲，也是最出色的实干家。他对他们说：

> 我的意见完全和过去一样：对伯罗奔尼撒人，我反对作任何让步，虽然我知道，说服人们参加战争时的热烈情绪到了战争开始行动的时候是不会保持得住的，并且人们的心理状态是随着事件的发展过程而变化的；但是我认为这时候我一定向你们提出和我过去所提出的完全相同的意见。我请求你们那些因我的言辞而被说服的人以全力支持我们现在正在一起所作出来的一些决议，我请求你们坚持

这些决议，虽然在某些地方我们发现自己会遭遇着困难的；因为，如果不是这样作的话，在事情进行的顺利的时候，你们不能表现你们的智慧。事物发展的过程往往不会比人们的计划更来得有逻辑性些；正因为这样，所以当事物的发生出乎我们意料之外的时候，我们常常归咎于我们的命运。①

这段开场白中，伯里克利赞扬了做出判断时应有的始终如一及谦逊态度，随后他话锋一转，提出合乎逻辑的论点，旨在证明即使是在一点小事上让步，也会被当作胆小鬼，并会使对方得寸进尺。而且即使战争爆发，伯罗奔尼撒同盟也不会占上风，因为它们既缺乏资源，内部也不团结。"假如我们住在一个岛上的话，"他说，"难道我们不是绝对安全，不受他人的攻击吗？事实上，我们一定要努力把我们自己看作岛上居民；我们必须放弃我们的土地和房屋，保卫海上的城市²……我们所应当悲伤的不是房屋或土地的丧失，而是人民生命的丧失。人是第一重要的；其他一切都是人的劳动成果。假如我认为能够说服你们去作的话，我愿意劝你们往外去，并且亲手把你们的财产破坏，对伯罗奔尼撒表示：你们是不会为了这些东西的原故而向他们屈服的。只要你们在战争进行中，下定决心，不再扩大你们的帝国，只要你们不自动地把自己牵入新的危险中去，我还可以举出许多理由来说明你们对于最后的胜利是应当有自信心的。我所怕的不是敌人的战略，而是我们自己的错误。"他以坚定的态度做出自己的回答，见到没有人公然反

① 《伯罗奔尼撒战争史》，第99页。

对，于是坐下来。现在该公民大会决定了："雅典人认为他的发言是最好的，所以照他的意见表决了。"使者们回斯巴达去了，此后斯巴达再没派代表团来过。[1]

底比斯突袭普拉提亚，拉开战争序幕，这一点将在稍后叙述。斯巴达人入侵阿提卡，安营扎寨，洗劫蹂躏阿卡奈（Acharnae）的重要村庄和市镇。"他们亲眼看见自己的土地遭到破坏——这件事情，青年人从来就没有看见过，老年人只在波斯人入侵的时候看见过。但是阿卡奈离雅典不过六十斯塔狄亚[2]，他们看见敌军驻扎在阿卡奈，这种情况是他们所不能容忍的。很自然地，他们会因此而感到愤怒，特别是青年人，他们要出来阻止敌军的破坏的。双方意见激烈地争辩，有些人要求领导他们出来作战，有些人则反对这个要求。职业的预言者说出各种预言，各派人士热心地听着，阿卡奈人知道他们是全国的重要部分，同时认为他们的土地正在遭着蹂躏，所以他们特别坚持出兵。当时，雅典处于一种很紧张的状态中：他们迁怒于伯里克利，对于过去他所给予他们的忠言，他们完全不注意了；他们反而辱骂他，说他身为将军，而不领导他们去作战，把他们自己所受痛苦的责任完全加在他的身上。伯里克利深信他自己主张不出战的观点是正当的，但是他看到目前雅典人因愤怒的情感而误入迷途了。所以他不召集民众会议，或任何特别会议，因为恐怕一般讨论的结果，他们在愤怒之下，而不在理智的影响之下，作出错误的决议来。同时，他注意城市的防御工作，他尽力维持镇静的态度。但是他常派遣骑兵队出

141

---

[1] 《伯罗奔尼撒战争史》，第102～104页。
[2] 约6英里。

去，防止敌人的巡逻队冲入雅典郊外乡村中进行破坏。"① 在这一年的晚些时候，他派一支舰队去劫掠伯罗奔尼撒的沿海地区，以此反击敌人。

修昔底德重述此事的原因，也正是我引用它的理由：它表明在雅典人的生活方式中，防止人民做蠢事的手段有多不可靠。事实上，雅典能依靠的只有民众集体的理智。如果大众冲动地强烈要求"马上开辟第二战线"，那么其热切之情并不会通过在墙上粉刷口号或报纸的煽动宣传等方式耗尽。这个要求可以直接提交公民大会讨论，并立即付诸行动。这本身就促使人们产生责任感。若有位公民要求"马上开辟第二战线"，那么大家都会等着他阐述如何开辟、在哪里开辟以及该派出哪支部队去完成这项任务。"城邦"不是仙女教母，也不由专家管理。他就是他自己，以及围坐四周听他演讲的一群男人。

旷日持久的战争扩大了人与人之间的差距——不是贵贱或贫富间的差距，而是繁荣的工商业者阶层与遭受苦难的农民阶层之间的差距。城邦领导人不再像伯里克利那样富有远见卓识、独立不羁。他们才智逊色，更为卑鄙，倾向于煽动和利用，而不是约束汹汹民意。于是，防止人民做蠢事的手段就不太靠得住了。

类似时刻于战争爆发的次年来到，那也是雅典经历的至暗时刻之一。因为当时不仅有斯巴达人再次攻进阿提卡，而且可怕的瘟疫席卷了雅典。这是伯里克利的战略带来的后果中唯一一个他本人无法预料的。"……雅典人的精神有了一个改变……现在他们开始谴责伯里克利，说他不应当劝他们作战，

---

① 《伯罗奔尼撒战争史》，第121～122页。

认为他们所遭受的一切不幸都应当由他负责；他们渴望和斯巴达讲和，事实上他们也派遣了大使们到那里去，但是这些大使没有得到任何结果。因此，他们完全失望，他们把他们所有的愤怒情感转移到伯里克利身上了。伯里克利很清楚地知道他们在这种形势下对他的恶感；事实上他知道他们现在的举动正如他事先所预料到的一样。因为当时他还是将军，所以他召集民众会议，想鼓舞他们的勇气，并且想把他们的激昂情绪引导向较为温和而自信的情绪上去。"①

伯里克利的演讲（尽管经修昔底德总结，仍过于冗长而无法全文引用）意义非凡，而它居然能被绝望的听众接受则更令人称奇。民众领袖以如此倨傲的口吻演讲，而且从头到尾都在说理（论证得好坏与否眼下先不论），可真是非同寻常。该演说大意如下：

> 我召集这次会议的目的是想提醒你们过去所下的决心，并且向你们提出我自己的理由来……每个人在整个国家顺利前进的时候所得到的利益，比个人利益得到满足而整个国家走下坡的时候所得到的利益要多些。一个人在私人生活中，无论怎样富裕，如果他的国家被破坏了的话，那他也一定会牵入普遍的毁灭中；但是只要国家本身安全的话，个人有更多的机会从私人的不幸中恢复过来。
>
> 你们出于私人痛苦而生我的气，因为是我说服你们宣战。因此你们也为投了我的票而生自己的气。你们认为我比大多数人更有远见，更为雄辩——因为若某人不能清楚

---

① 《伯罗奔尼撒战争史》，第 144 页。

表达心中所想，那么他还不如没有远见——更爱国，也更诚实，而我自认为如此。但若你们这样看我，那么指责我伤害了你们就有失公正。我没有变，变的是你们。灾难降临到你们头上，你们就无法再坚持万事顺利时选择的政策。是你们的软弱使我的建议看上去出了错。意外之事才是人类精神的试金石。

你们有一个伟大城邦，你们享有赫赫声名。你们必须配得上这一切。海洋属于你们，那可是半个世界。要知道，阿提卡不过是个围着堂皇大厦的小菜园。如果你们不愿为主权担责，那就别再要求它带来的荣誉，也别指望能安全地放弃这个其实施行暴政的帝国。对你们来说，要么生活在帝国中，要么就去做奴隶。

来自敌人的打击，我们必须勇敢地承受；降自神明的灾祸，我们必须恭顺地忍耐。你们不能将意料之外的不幸也归咎于我，除非能将所有天降成就归功于我。

修昔底德说，凭借这次演讲，"伯里克利这样企图阻止雅典人对他的愤怒，引导他们的思想离开目前的痛苦。关于国家的政策，他们接受了他的论点，没有再派使团到斯巴达去了……事实上，对伯里克利的恶感还是普遍存在，直到他们判处伯里克利一笔罚款，他们才心满意足了。但是不久之后（群众方式总是这样的），他们又选举他作将军，把他们一切事务都交给他处理。"①

若是考虑到这场瘟疫同伦敦大瘟疫（Plague of London）

---

① 《伯罗奔尼撒战争史》，第149页。

一样可怕，而且当时外有强敌环伺，雅典人被困在防御工事里，因此更加恐惧，我们就真应该佩服能对同胞讲这样一番话的人的伟大；同时也要敬佩人民的伟大，因为他们不仅能在困境中聆听这样的演讲，还能真正接受它。雅典的民主有许多缺点和败笔，但若要如实评价它，就要考虑到它对雅典人民精神和道德持久性的影响。有人可能说它失败了，但若这判断正确，那么与其说这是在评价政治制度失败，不如说是在评价人类本性的承载能力。

伯里克利染上瘟疫，数月后不治而亡。修昔底德继续以内敛的文笔，将其与继任者对比，从而向这位伟人致以崇高敬意。该继任者无视伯里克利战时不要试图扩张帝国版图的建议，"但是他的继承人所作的，正和这些指示相反；在其他和战争显然无关的事务中，私人野心和私人利益引起了一些对于雅典人自己和对于他们的同盟国都不利的政策。这些政策，如果成功了的话，只会使个人得到名誉和权利；如果失败了的话，就会使整个雅典作战的力量受到损失"。①

这里我必须留出篇幅，描写另一次"议会辩论"。公元前428 年，莱斯沃斯岛暴动。莱斯沃斯岛是个面积较大的岛屿，以米蒂利尼（Mitylene）为主要城邦，是少数尚能"独立"的同盟成员之一，因此这次暴动对雅典是致命一击。莱斯沃斯人曾指望斯巴达人能施以援手，但从未得到后者的回应，于是那次暴动被镇压，莱斯沃斯人只能听凭处治。他们会得到什么下场？这要由公民大会决定，当时公民大会的领袖是个名叫克里昂（Cleon）的皮革生产商（阿里斯托芬曾无情地讽刺他为既

144

---

① 《伯罗奔尼撒战争史》，第 150 页。

粗暴又没文化的小丑）。很明显，他是个能干的人，而且虽说和伯里克利式的口才风格很不一样，但也算能言善辩，否则就不会给公民大会留下好印象。不过，此人身材粗壮，头脑庸俗。他劝说雅典人采取"铁腕手段"。于是当晚有艘战舰被派往米蒂利尼，去给那里的雅典指挥官下令：处死所有男子，将妇孺卖作奴隶。

"但是第二天，雅典人民的情绪有了突然的改变，他们开始想到这样的一个决议是多么残酷和史无前例的——不仅杀戮有罪的人，而且屠杀一个国家的全部人民。"① 在雅典的密提林代表团看到了这种形势，于是和那些支持他们的雅典人一同去见政府当局，主张把这个问题在公民会议中再提出来讨论一次，所以政府马上召集了会议。

双方唇枪舌剑后（修昔底德并未一一记录），克里昂站起身来。他的演讲大略如下：

> 这场辩论只会让我坚信，统治帝国不可依靠民主。盟友依附于你，并非因其对你有优势，而是慑于你的实力，因此表现出怜悯不会为你赢得感激，而会被视为软弱的标志。若不杀鸡儆猴，其他人也会揭竿而起。在所有的政治错误中，优柔寡断是最糟糕的。与其常变法，还不如将恶法执行到底。一旦做出决定，就必须坚持。比起聪慧者，迟钝者通常更长于管理，因为当其他人试图表现得比法律更聪明，把演讲当成口才表演时，他满足于遵守法律，以诚实和实际的方式判断演讲，承认自己没有批评它们的能

① 《伯罗奔尼撒战争史》，第204页。

力。就是这些人重开辩论。毫无疑问，他们将试图证明米蒂利尼人曾为我们服务，并没伤害过我们。这是你们的错，因为你们视审慎的大会为戏剧表演。米蒂利尼人给你们造成的伤害比任何城邦都严重。他们的暴动不怀好意，没有任何借口和理由可为他们开脱。他们必须受到应有的惩罚。他们所做的一切都是故意的，只有被迫的行为才可以原谅。还有，别愚蠢地把贵族和平民区分开。平民也曾联合别人反对我们。如果起义成功，他们会从中获利；如果失败，就让他们付出代价吧，否则你们会失去所有盟友。把怜悯留给有同情心的人，而不是死敌。对那些将来会对你有好感的人可以适可而止，但不能同样对待那些会始终恨你如一的人。以雄辩为乐是帝国的第三个障碍，而口舌也是可以被人买通的。让那些聪明的演讲者在小事上展示技巧去吧。

这聪明的演讲以选择性报道事实来部分掩盖其媚俗和崇尚暴力的本质，但人们不禁要问，若伯里克利在场，克里昂还敢这样大放厥词吗？

有人回应了他。除在这个场合外，再没有关于此人的记述。但修昔底德使"攸克拉底（Eucrates）之子戴奥多都斯（Diodotus）"这个名字流传至今，他也确实配得上这荣誉。

在我看来，匆忙和愤怒是阻碍我们得到善良主张的两个最大的障碍——匆忙通常是和愚笨联在一起的，而愤怒是思想幼稚和心胸狭窄的标志。凡是主张言辞不是行动的指南的人，如果不是一个笨伯，就一定是一个有私人利害关系的人：如果他认为可以通过别的媒介来说明尚不可知的将来的话，那么，他一定是一个笨伯；如果他的目的是想说服你们去做一些可耻的行为，他知道他不可能为了一个坏的主张而做出好的演说来，因此他利用一些恶意的诽谤来恐吓他的反对者和听众，那么，他是一个有私人利害关系的人。更不能容忍的，是那些人责难发言者，说他因为受了贿赂而故意炫耀自己的辞令……但是责难发言者受贿的时候，如果他成功的话，他会被人怀疑；如果他失败的话，人家将认为他不但愚笨，而且不诚实……城邦的顾问会不敢发言，城邦得不到他们的服务……一个诚实地提出来的善良建议也和一个坏得透顶的建议同样地被人怀疑。……

但我站起来谈密提林人问题的目的不是要反对任何人，也不是为了要控诉任何人。我们要考虑的不是密提林人是不是有罪，而是我们的决议对于我们自己是不是正确的问题……照我看来，我们的讨论对于将来的关系大而对于现在的关系少。克里昂的主要论点之一就是说：把他们处死刑，对于我们将来是有利的，因为可以防止其他城市的暴动……但是我的意见和他相反。……

因为许多城邦以死刑惩罚各种犯罪，然而还有人心存侥幸，铤而走险。除非确信叛乱会成功，否则没有哪座城邦会造反。在公共和私人事务中，人天生就有做错事的倾向，而日益严厉的惩罚无法阻止这一点；但是人们会因贫穷而周顾一切，自大的富人会滋生野心，而生活的其他阶段会激发他们的激情。有希望就会有尝试；欲望壮大希望；运气以意想不到的成功为饵，促使人贪得无厌，从而

146

鼓励人们冒自己力所不及的险。此外，每个人在与他人共同行事时，都会把自己的想法发挥到极致。因此，我们不要过于依赖死刑而做出蠢事，剥夺反叛者悔过的机会。现在，若反叛的城邦发现胜利无望，而且还有能力赔款求和时，它会与我们达成协议；但克里昂的政策会迫使每个反叛者背水一战，最后只给我们留下一片废墟。再者说，现在每座城市的平民都对你们很友好：如果贵族反叛，他们要么不加入，要么不情愿地被裹挟。在密提林，平民百姓没有帮助叛乱者。一旦得到武器，他们就会把这座城邦交给你们。如果你们现在杀了他们，就会被贵族利用。

我和克里昂一样，不希望你们受这些情绪的影响。我只根据我所提出的论点，请求你们采纳我的建议：从容地审判那些帕撒斯①认为有罪而送到雅典来的人，让其余的人在他们自己的城市中生活着。如果采取这种办法，你们的行动对于将来是有利的，同时使你们的敌人现在畏惧你们了，因为敌人害怕那些做出聪明的决定来的人更甚于害怕那些不瞻前顾后而采取强暴行动的人。②

票数很接近，但戴奥多都斯获胜。

于是马上另派一条三桨座战舰急忙地出发，因为他们担心：如果这条战舰不赶上第一条战舰的话，他们会发现他们到达时，城市的居民已被杀害。第一条战舰已经在先

①　帕撒斯（Paches），雅典军队的指挥官。
②　《伯罗奔尼撒战争史》，第210～215页。英文原书有删节、修改和归纳，译者照此译出。

一天一晚的时间出发了。密提林的使节们供给舰上水手们的酒和大麦，并且允许水手们，如果及时到达目的地的话，将给他们一笔很大的酬金。当他们吃大麦饼的时候，他们还是继续划桨；到睡眠时，他们轮流划桨。幸而没有逆风，因为第一条战舰负担这样一个可怕的使命，它从容地航行；而第二条战舰这样紧急地追赶，结果第一条战舰早到一点，帕撒斯刚刚看完了命令，准备执行的时候，第二条战舰进了港口，阻止了这次屠杀。密提林的逃脱危险是间不容发的。[1]

这场辩论及其起因结果暗示了雅典人对许多问题的反思：对开化希腊人之间的野蛮战争的反思——直到我们的文明时代才有反思可以之相提并论；对雅典令人满意的充实生活的反思——普通公民能聚集起来决定如此重大复杂的事情。难怪雅典人憎恨僭主和寡头政治，因为它们剥夺了雅典人的权力，使他们不能全面参与管理城邦事务这一有趣而尽责的活动，而这活动正是他们自卫的唯一武器。但让我们仔细思考戴奥多都斯的演讲。首先，他完全没有以情动人，甚至没有描绘一排排尸体躺在莱斯沃斯海岸上，而哭泣的孤儿寡母被赶进囚笼的场面。他强调自己的出发点不过是对雅典有利这一常识。但若由此断言戴奥多都斯，以及雅典人普遍是一味追求治国之术的冷血人，那就大错特错了。参加辩论的同一群公民可能于一周后在剧院里见面，一同观赏欧里庇得斯的戏剧。同《赫卡柏》（*Hecuba*）或《特洛伊女人》（*Trojan Women*）一样，这部由官

147

---

[1] 《伯罗奔尼撒战争史》，第 215 页。

方监督创作，由在任执政官选出的戏剧也揭示了复仇的残忍和毫无价值。我们无权假定戴奥多都斯是个冷酷无情的人。在他看来，这场合需要理智而非情感。他抗衡克里昂，依靠的不是更美好的感情，而是更巧妙的论证。在这方面，这场演讲与希腊诗歌和艺术有类似的特征：理性控制情感会提升整体效果。

尽管我的扼要介绍没能充分展现，但换个角度来说，这两场演讲都属于典型的希腊风格，体现了对归纳法的热爱。戴奥多都斯的最后一句话就是例子。除非他能从特例中归纳出普适法则，否则希腊人不会满意。只有通过归纳，方能发现并检验真理。

随同修昔底德回顾公民大会在整个战争期间的表现是件很有趣的事。克里昂关于剧院的评论已经暗示了某种不负责任的态度，而我们可以看到它如何发展：公民大会对审慎态度或自身规章施加的限制愈加不耐；克里昂主张的暴力原则渐得民心，这一点集中表现在雅典对无辜的中立成员米洛斯岛的暴行上。公民大会在败军之将甚至凯旋的将领身上泄愤，以至于若有将领甘冒此险为国效力，人们反而会感到奇怪。尽管少数杰出事例能体现出节制和真正的高贵，但总体来说，公民大会在战争和机会主义领导的压力下悲惨沦陷。修昔底德的悲剧历史应该按他自己的意图来解读。它不仅记录了某个特定民族在特殊情况下的所作所为，还分析了政治和战争中的人类行为。

然而只有专著一本方可写尽这些分析，我们在此无法完成。而且由于我们迄今为止只关注一个希腊城邦，也许可以用两个事件来结束这一章，使读者对这场战争有更深刻的了解。

第一个事件本质上是"快照"（snapshot），它为我们展示了战时某个相当普通的希腊城邦走的一点小运，以及从同盟成员的视角观察到的希腊帝国的某些情况。乱世在斯巴达只造就了伯拉西达①一位英雄，他既有天赋才华，又相当有魅力。他曾在希腊北部指挥了一场辉煌的战役。雅典在那里有不少海事同盟者，特别是重镇安菲波利斯（Amphipolis），而伯拉西达攻占了后者。（顺便说一句，修昔底德本人当时是雅典在这一地区的指挥官，由于未能及时赶去拯救安菲波利斯，他被流放出雅典，直到二十年后战争结束了才回来。然而，他以最严肃客观的方式叙述了这件事，丝毫不做自辩，甚至没有提到自己被流放，只在后文某个完全无关的背景下才提及。）

> 在同一个夏季中，伯拉西达马上率领他自己的军队和卡尔西斯人，正在葡萄将要收获之前，进攻安德罗斯的殖民地阿堪修斯（Acanthus）。对于接待他的问题上，当地居民分成鲜明的两派：一派是那些和卡尔西斯人一起邀请他来的人；另一派是一般民众。但是人民因为担心他们郊外的果实，所以听了伯拉西达的话，让他一个人进城来，在他们作最后决定之前，听听他所要说的话。因此，他们允许伯拉西达进城，出席民众会议。对于一个斯巴达人说来，他绝对不是一个拙于言辞的。②

伯拉西达说斯巴达正把希腊从雅典的暴政中解放出来。在 149 穿越希腊的危险行军结束时，他竟然吃了阿堪修斯人的闭门羹，这让他感到惊讶。他许诺说，如果他们投靠斯巴达一边，

---

① 伯拉西达（Brasidas），又译布拉西达斯。
② 《伯罗奔尼撒战争史》，第 317 页。

他们就能保持完全独立，斯巴达不会以任何方式干涉其内政。如果他们拒绝，他本人虽不情愿，也不得不秉公行事，攻破他们的城邦。

伯拉西达是个坦诚的人，当时他的讲话安抚了对方的情绪。此外，大多数希腊人还不知道斯巴达承诺的价值，那就是分文不值。"阿堪修斯人经过双方面发言讨论之后，举行秘密投票；一部分因为他们受了伯拉西达演说的影响，一部分因为他们担心他们郊外的果实，大部分人都赞成叛离雅典。他们首先要求伯拉西达保证他自己所说的，就是斯巴达政府派遣他出来的时候所宣誓的誓言，保证一切他所说服过来的同盟者的独立，然后他们欢迎他的军队进城。不久之后，安得罗斯的殖民地斯塔基拉斯（Stagirus）也一起叛离雅典了。这一切都是那个夏季发生的事。"①

让我们把镜头定格在普拉提亚悲剧故事的开端，为战火中的希腊摄下最后一张照片。普拉提亚是彼奥提亚的一个小城邦，靠近阿提卡边界。彼奥提亚的城邦大都实行寡头政治，通常与该地区最重要的城邦底比斯结盟。普拉提亚实行民主政体，而且与雅典关系融洽。大家可能还记得，普拉提亚是唯一在马拉松援助过雅典的希腊城邦。一个彼奥提亚城邦却和雅典之间保持这种关系，一直使底比斯恼火。公元前431年，局势紧张，战争一触即发，而下述事件成了导火索：

……正在初春，一支底比斯军队，约三百多人，由他们的司令官，即彼奥提亚同盟的两名将军指挥，大约在头

---

① 《伯罗奔尼撒战争史》，第319~320页。

更的时候，武装开入了普拉提亚……底比斯人是诺克里底（Naucleides）和他的朋友所领导的一个政党邀请来的……这个政党的目的是想屠杀他们自己的政敌，使普拉提亚和底比斯建立同盟，以便自己取得政权……因为底比斯人知道战争一定会发生的，他们很想在和约尚未破坏，战事尚未真正开始之前，首先把一向和他们有仇恨的普拉提亚加以控制。他们这样容易地进入了普拉提亚而没有被人发现，因为普拉提亚人没有放哨。

150

底比斯军队于是开入市场，把兵器放在地上。邀请他们进城的那些人劝他们立刻行动起来，跑进敌对党人的屋宇中去。但是他们没有采纳这个意见；相反地，他们决定以合理的条件，发表一个宣言，因为他们宁愿达到一个友好的协议，他们认为用这种方式，他们很容易把这个城市争取到自己这一方面来。因此，他们的传令官宣告全城：凡愿意回到彼奥提亚同盟中适当的传统地位的人都应当跑到市场上来，和他们订立协定。

至于普拉提亚人，他们眼见底比斯人扬长而入，俄顷之间就取得了城市，也愿意和他们订立一个协定。这一部分是由于恐惧，一部分是由于在黑夜中看不出真实的情况，他们估计进城的人数远远地超过了实际的人数。所以他们接受了这个提议，不抵抗底比斯的军队，尤其是因为底比斯军队没有以暴力加于任何人。但是协商正在进行的时候，他们发现进城的底比斯军队力量不大；如果他们起来反抗，敌人是很容易被打垮的。并且大部分人民不愿意放弃和雅典的同盟。他们决计抵抗。为着避免敌人窥见他们在城内的行动，他们把毗连在一起的屋宇的墙壁凿成孔道，大家集合起来；他们把大车拖入街中，造成障碍；其他一切对于他们有利的工作，他们都做好了。

准备工作尽可能地完成了之后，他们等候，在曙光未启，到处还是漆黑的时候，他们从屋中冲出，一齐进攻底比斯人。他们的用意是这样的：如果白日进攻，敌人比较有把握，能够在相等的条件下来对抗自己；至于晚间，敌人对于自身的把握就比较少了，况且在夜间敌人不如本地居民一样熟悉地形，也是一个弱点。所以他们黑夜进攻，战争于是乎爆发了。

当底比斯人发现自己被诡计欺骗了的时候，他们马上整队，向攻击他们的敌人反攻，两三次他们把敌人打退了。但是进攻的人们呼声震天，同时妇女和奴隶都在屋顶上大声叫喊并且抛下石头和瓦片，又加以通夜大雨不停。最后，底比斯人丧胆了，回转头来向城外逃跑，大多数的人在黑暗和泥淖中，不知道要向那个方向跑才有生路，而追击者却很知道怎样防止他们逃窜。结果，底比斯人大部分都被杀死了。他们原先走进来的城门是唯一开了的城门。一个普拉提亚人把这个城门关闭了，又用标枪上的大铁钉把门闩钉紧；所以就是这条唯一的逃命之路也完全被堵住了。有些逃命的人爬上城墙，向城外跳下去，大多数就这样跌死了。有一队人找着了一个未曾防守的城门，他们从一个妇人手中取得一把斧头，把门闩打开；但是他们还是被追击者所发现，只有很少的人逃出去，其余的人都是在城内被消灭了。最大的一支队伍集结得比较好些，他们冲进城墙旁边的一栋大屋子，那栋屋子的大门恰恰是敞开的，底比斯人以为那就是城门，可以走向城外。普拉提亚人看见敌人这样投入罗网，大家商量，是放火把他们烧死在这栋屋子里面，还是另想方法来应付敌人。最后，关在这栋屋子内的以及在他处留得性命的敌人都缴纳兵器，向普拉提亚人无条件投降了。这就是进入城内的人的命运。①

151

　　虽然雅典给出了更明智的建议，但为时已晚。这些不幸的人首先被当作人质，迫使前来增援的底比斯军队离开普拉提亚，然后被当场处死。我在此可以简单讲讲故事的结局，也就是普拉提亚的最终命运。这座城市遭到伯罗奔尼撒同盟围攻。围城期间，一部分居民勇敢穿过敌人的封锁线，安全逃到了雅典。留下的人最终投降，条件是"他们受斯巴达人的审判，彼此间有一个谅解，就是有罪者必受处罚，但是必须经过审判后，才能处罚"。② 斯巴达人的审判就是单独询问每一个普拉提亚人：战时他是否帮助过斯巴达和它的盟友。普拉提亚的代言人声称他们没这个义务，因为条约明确指出，他们有权与雅典结盟。他还提到自家城邦在希波战争期间为希腊做出的卓越贡献，以及后来对斯巴达的某次援助。他也提醒斯巴达人，如果他们摧毁像普拉提亚那样一个光荣的城邦，那么在希腊人的眼中，斯巴达将会背上恶名，遭人唾弃。但一切都无济于事。斯巴达人重复他们的问题："战时你帮助过斯巴达吗？"那些做出否定回答的男人被处死，女人被卖为奴隶。"普拉提亚就

① 《伯罗奔尼撒战争史》，第106～108页。英文原书有删节、修改和归纳，译者照此译出。
② 同上书，第217页。

在它和雅典建立同盟之后的第九十三年这样灭亡了。"①

　　修昔底德有意紧接米蒂利尼事件之后描述了这出惨剧。两者形成鲜明对比。在雅典，无论是在公民大会上还是在剧院里，至少有机会听到人道的呼声。斯巴达当时没有诗人。很可能正是受斯巴达人残酷处置普拉提亚人的启发，欧里庇得斯创作了《安德洛玛刻》（Andromache），这是一部关于被俘虏的赫克托耳王后的戏剧，激烈抨击了斯巴达人的残忍和表里不一。然而，雅典人也过分容忍赤裸裸的暴力哲学。在约十年后他们袭击中立且无过错的米洛斯岛，屠杀并奴役岛民，犯下了更严重的罪行。修昔底德虚构了一次涉及政治和道德问题的正式对话。他没有评论，马上转而谈论雅典人对西西里岛的灾难性袭击，认为那是悲惨的愚蠢之举。修昔底德像大多数希腊艺术家一样，轻写实而重构建。从史料的排列重组中，我们能窥见他心底的想法。

152

---

① 《伯罗奔尼撒战争史》，第 230 页。

# 九　城邦的衰落

城邦是种创造性的力量，塑造并实现所有成员的生活，然而它在伯罗奔尼撒战争期间走到了尽头。公元前4世纪，希腊稳步朝新思想和新生活方式前进，变化如此之大，以至于该世纪末出生的人觉得伯里克利时代之于他们，就像中世纪之于我们一样遥远。

公元前4世纪的希腊政治史混乱乏味，令人沮丧，为它做简短总结足矣。斯巴达赢得战争与其说是靠自己的本事，不如说是靠雅典人犯的错误。而且还有个原因：斯巴达放弃了爱奥尼亚，于是比雅典从波斯人处获得更多助力。雅典和斯巴达联袂在战场上从薛西斯手中赢得的东西，又被相互敌对的它们拱手还给其继任者阿尔塔薛西斯（Artaxerxes）。雅典帝国已经山穷水尽，但斯巴达承诺的"自由"意味着在几乎所有地方都强制实行寡头政治，由斯巴达执政官来维持秩序，以至于许多希腊人都宁愿回归雅典的"专制统治"。正是在这个时期，我们看到了斯巴达最糟糕的一面。斯巴达人从来没有学会如何在城邦之外行事。在城邦之内，斯巴达人必须顺从节俭；但在海外，人们不能将权力或金钱托付于他们。此时斯巴达人赋予希腊的"自由"无非是他们能随意欺凌弱小的自由。战争的真正受益者是波斯，因为它已重新控制爱奥尼亚，而处于分裂状态的希腊再也无法将其夺回。因此所有希腊人，包括斯巴达人，以及波斯人都渴望希腊各城邦能够完全自治。

在斯巴达建立或支持的寡头集团中，统治雅典的是被称为

"三十僭主"（The Thirty）的残忍嗜血的团体，其领袖名叫克里提亚斯（Critias），他曾是苏格拉底的伙伴。他们的恐怖统治持续了几个月，但寡头政治在阿提卡不可能长久。民主制度恢复，雅典以勇气和"中道"来弥补其在战时做下的蠢事和偶然的暴力之举。公元前399年，人们确实说服恢复了元气的民主政府处死苏格拉底，但这绝不是残忍愚蠢之举。请读者想想陪审团所看到和经受过的一切：斯巴达人击败他们的城邦，让人民挨饿，摧毁建筑；民主制度被推翻；人民被野蛮暴政蹂躏。再请读者想想，伤害雅典最深且对斯巴达帮助最大的雅典贵族阿尔西比亚德斯正是苏格拉底的忠实伙伴，而可怕的克里提亚斯则是另一个。同时别忘记，尽管苏格拉底是忠诚公民，但他也曾直言不讳地批评民主原则。因此，难怪不少单纯的雅典人认为阿尔西比亚德斯的背叛、克里提亚斯及其追随者的暴政是苏格拉底教诲的直接结果；也难怪其他人不无道理地把城邦苦难归咎于传统行为和道德标准颠覆，然后将所有责任归咎于一再对它们公开质疑的苏格拉底。在这种背景下，尤其是在苏格拉底强硬地为自己辩护后，就算今天的我们就此案进行盖洛普民意测验，苏格拉底会被判无罪吗？说不定票数还没有当初的高——当初501票中有罪投票只领先60票。随后他拒绝流放或越狱，选择从容赴死。没有什么比苏格拉底在审判期间和之后的言谈举止更崇高的。我们不应把苏格拉底当作无知暴民的受害者，从而感情用事地美化这种崇高。他的死几乎是黑格尔式的悲剧，一场双方都没有错误的冲突。

斯巴达没能在霸主的宝座上坐太久，它目空一切的暴力行为使其他城邦结盟，发动科林斯战争（Corinthian War）与之对抗。公元前387年，以签署波斯国王提出的和约这一不光彩方式，所有希腊城邦能再次享有自治权。现在，雅典、斯巴达和底比斯成为城邦中的"三巨头"。如果哪个变得过于强大，其他两个就会联手遏制它。雅典的经济和政治都在慢慢复苏。某种形式的中央权威对于爱琴海诸国来说不可或缺，于是它们甚至成立了第二个同盟。公元前371年发生的事件动摇了希腊的根基。底比斯在留克特拉（Leuctra）击败斯巴达军队，双方均无其他城邦协助。少见的是，当时底比斯同时出现了两颗将星——佩洛皮达斯（Pelopidas）和伊巴密浓达（Epaminondas），并且他们采用大胆的新战术。他们将传统的重步兵八人纵队（侧翼有骑兵和散兵）加以调整，减少一翼和中军纵队人数，并将另一翼纵队增至五十人——这是个了不起的数字。这一大群士兵如橄榄球队一样压垮斯巴达人的防线，创造了奇迹。然而，底比斯人并没有提出新的政治理念。伊巴密浓达四入伯罗奔尼撒半岛，建立由阿卡迪亚山区人组成的中央集权的新城邦，以此对抗斯巴达。最后一次出征时，他的军队在曼提尼亚（Mantinaea）的激战中获胜，但他本人阵亡，于是底比斯的优势不复存在。底比斯对斯巴达的打击是后者罪有应得。但希腊承受不起这次不寻常的正义，因为有意料之外的威胁正在北方崛起。

马其顿从未被视为希腊世界的成员。这个野蛮而原始的国家，勉强由某个自称有希腊血统的王室（该王室声称自己的祖先至少可追溯到阿基琉斯）统一，且其宫廷至少文明到足以吸引晚年的欧里庇得斯从雅典前来。公元前359年，腓力二世走完家族暗杀这一惯常程序后继承王位。他雄心勃勃，精力充沛，头脑机敏。他年轻时在底比斯待过一段时间，见过希腊正变得多么虚弱，并且对佩洛皮达斯的新战术有所了解。他采用并改进了这些战术，设计出著名的马其顿方阵（Macedonian

155

phalanx)。这阵型称霸疆场，直到被罗马军团击败。年轻的腓力为自己设定的目标是：若有可能，与雅典并肩控制希腊；若有必要，踩着雅典人的尸首过去。从表面上看，这似乎是不可能的。西北方野蛮的伊利里亚部落（Illyrian tribes）是马其顿之患。伊利里亚本身也很落后，被周边的希腊城邦阻隔了与爱琴海之间的交通，而同时雅典海军已重回巅峰。但腓力也有很大优势，如充足的兵源和新近发现的金矿。除此之外，他还有独裁者常会拥有的优势：保密、速度和欺骗。他迅速解决伊利里亚人，免除了马其顿的后顾之忧，还占领了会阻挡他南下的希腊城邦安菲波利斯。安菲波利斯是雅典的殖民地，当时修昔底德没能将其从伯拉西达手中拯救出来。自然，腓力征服它只是为了帮雅典人解决麻烦：他会马上把它交给他们，或者稍等等就把它交给他们。他把注意力转向其他希腊城邦，尤其是奥林索斯（Olynthus）。该城邦曾是某个一度强大的同盟的中心，但斯巴达不喜欢同盟。它解散了奥林索斯同盟（Olynthian League），大大方便了腓力。于是在公元前 4 世纪的政坛上，两位巅峰人物间漫长而富有悲剧性的对决拉开了帷幕。对峙双方是腓力本人和雅典公民德摩斯梯尼——专业演说词撰写人、深受修昔底德熏陶的爱国者，或许也是有史以来最伟大的演说家。虽然为时稍晚，起初也未能见其全貌，但他至少预见到危险来临。在一次次的演讲中，他越来越绝望地恳求雅典人进行抵抗。公元前 350 年代的雅典与公元前 450 年代的雅典形成可悲的对比：百年前雅典军队遍布各地，公民们随时准备应付任何变故；现在德摩斯梯尼不得不乞求他们捍卫自己最重要的利益，恳求他们派出至少部分由雅典公民组成的军队（当时雇佣兵已经成为普遍现象），并迫使军队留在战场上，而不是去

156

其他地方进行更有利可图的战役。他不得不乞求他们不要再派遣"纸糊的军队"，即一位将军率领着常常拿不到报酬的雇佣兵。"你们的盟友，"他说，"会被这种远征军吓死的。"但雅典人不愿正视令人不快的真相，宁愿相信腓力的许诺——"这绝对是我最后的领土要求"，同时听取精明财政官员和不靠谱顾问的意见。那些人嘲笑德摩斯梯尼，向雅典人保证腓力诚实而有教养，是雅典人最好的朋友。1937 年，有家英国报纸刊出一张海报："希特勒死了吗？"公元前 357 年，德摩斯梯尼对他的同胞们说："你们跑来跑去，互相询问：'腓力死了吗？'——'不，他没有死，但他病了。'——他是生是死有什么区别？如果你不改变做事方法，很快就会招来另一个腓力与你为敌。"这两个历史事件是如此相似，以至于我们在阅读德摩斯梯尼的政治演说时不由得切齿。如果我们有位能真正了解德摩斯梯尼的政治领袖，有个能看出希腊历史可为当代问题之鉴的下议院，并且能想到上上周以前发生的事未必不会影响到今天，那么近代史可能会呈现迥然不同的面貌。

最后，当雅典人的拖沓、希腊人之间的仇恨以及亲腓力的雅典人散布的弥天大谎愈演愈烈直至顶峰时，德摩斯梯尼占了上风。雅典做出了巨大而值得称道的努力。它结束了与底比斯的长期争斗，二者联军直指腓力。但结果是：

> 胜利竟由欺诈达成
>
> 自由终结在喀罗尼亚①。

---

① 喀罗尼亚（Chaeronea）是马其顿国王腓力二世称霸希腊的决定性战役的战场，之后雅典和底比斯再无力抵抗。

157　　　最后希腊人只能任人摆布。腓力命马其顿军队驻扎在三个合称为"希腊的枷锁"（the Fetters of Greece）的军事重镇。

　　两年后，腓力崩。如果继承其王位的不过是常见的马其顿庸主，那么这个国家的光芒可能会悄然泯灭，希腊也可能会暂时恢复混乱的自治状态。但腓力的继任者并不平庸，他是亚历山大大帝，是我们所知的最令人惊骇的人物之一。他年方二十，用兵如闪电。不出十五个月，他就在色萨利镇压叛乱，进军希腊，使那些向杀死腓力者发表感谢演说并计划反叛的城邦吓破了胆。他的大军神速地打到多瑙河，扫清后方隐患。波斯许底比斯以重金，让其反抗马其顿驻军，让其他城邦谋划暴动。但亚历山大再次进军希腊，占领并摧毁底比斯，只在那里留下一栋房子。

　　　　唯余品达之家，神殿与高楼
　　　　尽为赤地。

　　上述所有军事行动仅花了十五个月，希腊人和马其顿北方的邻居都得到了教训。次年（公元前334年）春天，亚历山大进入亚洲。十一年后，年仅三十三岁的他英年早逝，但当时整个波斯帝国的疆域已尽归马其顿，甚至波斯从未能统治过的印度旁遮普（Punjab）也一度被他征服。亚历山大的铁骑并非像旋风一样卷过，每到一处，他都精心建起希腊式的城市以巩固其征服成果。其中某些城市，特别是埃及的亚历山大城，至今仍沿用他赐下的名字。

　　腓力去世时，对希腊人来说，雅典和底比斯就算是强盛的庞然大物了；而亚历山大死时，希腊本土的人们面对的是西起亚得里亚海，东至印度河，北起里海，南至上埃及（Upper Egypt）的帝国。十三年间，沧海桑田。古典希腊时代就此曲终，从此希腊人生活的形式和意义与之前截然不同。

我们自然要为如此突然的政治体系全盘崩溃寻找解释。至少有一个直接原因唾手可得：百余年的战争将希腊的物质和精神消耗殆尽。一切都无法继续维持，城邦再也无法支撑尚可容忍的生活方式。当下的情况有几分类似：西欧正摸索着寻找建立更大政治联合体的道路；而在公元前4世纪，也有些人既厌恶城邦本身也不愿遵从民主原则。弥尔顿十四行诗中的"能言善辩的老人"伊索克拉底对君主制就很有好感。他为塞浦路斯的一位"僭主"埃瓦格拉斯（Evagoras）写了首颂歌，同时敦促希腊城邦停止互相争斗，团结在腓力的军旗下，大举进攻衰落的波斯帝国。柏拉图绝望地放弃民主，提出"哲学王"①的概念，还两次远赴西西里岛，徒劳地想要把年轻的锡拉库萨统治者狄奥尼修斯培养成"哲学王"。

但城邦的失败不仅表现在外部，即没能赋予希腊人尚可容忍的生活方式；也表现在内部失控，我们从雅典这个例子中看得最清楚。德摩斯梯尼时代与伯里克利时代的对比令人吃惊：在伯里克利时代的雅典人看来，使用雇佣兵似乎是对城邦的否定，而事实上的确如此。在政治方面，公元前4世纪的雅典表现得死气沉沉，近乎冷漠。人们关心其他事情胜于城邦。直到生死关头来临，雅典人的行动才堪配其伟大名声，然而为时

158

---

① 柏拉图把现实国家的改造和理想国家实现的希望完全寄托于真正的哲学家能够掌握国家最高权力。根据柏拉图设计的社会政治结构，哲学家垄断城邦全部政治权力，被置于等级结构的顶端，即哲学家为王，其他各等级则完全被排斥在城邦权力体系之外。

已晚。

这两个时代的对比内涵深刻，这不仅是由于雅典已被旷日持久的伯罗奔尼撒战争拖垮。事实上，在公元前 4 世纪，精疲力竭的雅典人已能喘过一口气，在其他方面也表现得足够活跃进取。我们不能只把这种变化归因于元气大伤，也不能简单说它是对公元前 5 世纪活跃政治生活的反动，因为即使是反动，其力量也会被时日消磨。我们看到的是：在公元前 4 世纪，这个民族的性情永久地改变了，有截然不同的生活态度冒头。公元前 4 世纪，个人主义更加盛行，我们从艺术、哲学、生活等领域都能看出这一点。例如，雕塑作品开始变得内省，关注个人特征和一时情绪，而非表达理想中的或有普遍性的事物。事实上，它开始表现个人，而非人的共性。戏剧也是如此，但从戏剧中我们能看出这种变化是循序渐进的。在公元前 5 世纪的最后二十年里，悲剧已经开始避开重要和普遍的主题，转向不寻常的人物［如欧里庇得斯的《厄勒克特拉》（*Electra*）和《俄瑞斯忒斯》］，或关于神奇历险及惊险逃脱的浪漫故事［如《在陶洛人里的伊菲格纳亚》（*Iphigenia in Tauris*）和《海伦》（*Helen*）］。在当时的哲学流派中，我们可以找到犬儒学派和昔勒尼学派①等。当时哲学家要回答的大问题是：善在哪里，对人类而言的善呢？他们给出的答案中没有城邦。著名的第欧根尼是犬儒学者中的极端人物。这学派说德性和智慧在于依照天性生活，摒弃渴望荣誉舒适等虚荣思想。所以第欧根尼待在桶里晒太阳，城邦也只好随他去。昔勒尼学派是个享乐主义学派，

---

① 昔勒尼学派（Cyrenaics）是古希腊小苏格拉底学派之一，创始人是亚里斯提卜，与犬儒学派各从不同方面发展了苏格拉底学说。

认为智慧在于正确选择快乐，以及避开会扰乱平静生活的事物，因此他们也逃避城邦。事实上，"国际都市"（Cosmopolis）这个词就在此时被创造出来，指智者所效忠的社会就是人类社会。无论智者在哪里生活，都和其他智者同属一邦公民。但就算抛开哲学意义，"世界主义"（cosmopolitanism）也是新个人主义的必要对应物。国际都市开始取代城邦。

我们如果把注意力从艺术和哲学转向生活和政治，就会发现本质相同的问题。普通公民专注于私事，而非城邦事务。穷人倾向于视城邦为利益来源。例如德摩斯梯尼曾努力劝说人们将通常用作"戏剧基金"的城邦税收划作防务之用。该基金不是用来创作戏剧的，而是让市民免费观看戏剧和其他艺术节。只有公民欣然服务城邦犹如欣然接受城邦恩惠一般，这笔资金才有可能保留。富有的公民更专注于私务。德摩斯梯尼以不赞成的态度，把他那个时代富人的豪宅与公元前 5 世纪富人安居的陋室比较。喜剧很清楚地显示出民族性情的变化：旧时喜剧自始至终都与政治有关，演员们在舞台上批判并嘲弄城邦生活；而现在它们以私人和家庭生活为素材，拿厨师与鱼价、悍妇和庸医开玩笑。

虽说与我们所阐述的个人主义发展似乎没有多大关系，但比较伯里克利和德摩斯梯尼的雅典，我们还能发现其他显著差异。公民大会的领袖不再是城邦的负责官员，而负责官员中，担任战场指挥官的更加少见。当然上述职能分离并不是绝对的。尽管如此，我们通常会发现像德摩斯梯尼及其对手埃斯基涅斯（Aeschines）这样的职业演说家在大会中有显赫地位，还会代表雅典出使其他城邦。但他们不担任职务，更不会上阵指挥军队。像尤布卢斯（Eubulus）这样的政治家把耀眼才华

160

奉献给谨慎的行政管理工作，但在其他方面声名不显。伊弗克拉底斯（Iphicrates）和卡布里亚斯（Chabrias）这样的将军实际上是专业人士。雅典不需要他们时，他们就为其他城邦服务，而且确实住在雅典之外。伊弗克拉底斯娶了色雷斯国王的女儿，而且曾帮助岳父对抗雅典，他的连襟哈里迪米（Charidemus）却经常被雅典人雇为将军，而哈里迪米本人不是雅典人，只是位有才能的雇佣兵指挥官。

161 　　纵览整个希腊世界，我们会发现城邦制度正在崩溃；内观雅典，我们会看到该城邦正在瓦解。城邦制的崩溃似乎比实际情况要突然得多。这不是一场战役的结果，也不是在十年甚至一代人的时间内能完成的过程。发生什么事了？我们看到某些症状，但病灶何在？为什么城邦在公元前 4 世纪而不是在公元前 5 世纪崩溃？为什么希腊能同心对抗波斯却不能同心抗击腓力？这种崩溃与之前提到的个人主义有联系吗，与雇佣职业士兵的不祥做法间有联系吗？如果我们再次想想城邦的含义和意味，就应该能找到所有这些问题间的密切联系。

　　城邦为非专业人士打造。它的理想是每个公民（程度取决于城邦实行民主制还是寡头政治）都应在众多活动中发挥作用。该理想可被视为传承了荷马慷慨的"德性"概念，指全方位的卓越和活力。它意味着对生活整体性或统一性的尊重，并由此厌弃专业化。它意味着对效率的蔑视，或者更确切地说代表更高层次的效率。这种效率并不存在于生活的某个方面，而是存在于生活本身。我们已经看到奉行民主制的雅典对专业人士有多大限制。一个人对自己和城邦都有依次身体力行每件事的责任。

　　但除生活的整体性之外，这种非专业人士的观念还暗示生活的简单性。如果一个人能在有生之年扮演所有角色，那么这些角色对于普通人而言就不能太难。而这就是城邦崩溃的关键。从希腊人开始，西方人就从不袖手旁观，而是一定要追问、发现、改进、发展。正是发展使城邦解体。

让我们首先来看国际方面。现代读者一定会被柏拉图和亚里士多德这两位相当不同的政治哲学家震惊，因为他们坚持城邦应该经济自给自足（Autarkeia）。在他们看来，自给自足几乎是城邦存在的首要法则。他们实际上是要废除商业。至少从历史角度来看，该主张似乎是对的。他们都坚定地视希腊的小规模城邦制度是真正文明生活的唯一可能基础，这种观点相当合理。但这样的系统只有在满足下列三个条件中的某个时才能正常运作。第一，城邦应能以人类尚未能具备的才智和克制态度处理事务。第二，在万不得已（pis aller）的情况下，城邦应该强大到能维持秩序但又不至于企图干涉其他城邦的内政的程度。斯巴达曾在某个特定时期内以不义的方式做到了这一点。第三，整个体系须有足够的空间，保证各成员的利益不会互相冲突——换句话说，它们应该能自给自足。早期这个条件或多或少能被满足，但地中海的开放和商业发展改变了一切。商业竞争立即导致大规模战争。实际上希腊世界正在缩小，冲突不可避免。雅典的发展是火上浇油。它的整体经济结构与自给自足法则相矛盾，因为从梭伦时代起，它越来越依赖酒、油和制成品的出口，以及从黑海和埃及进口谷物。所以雅典必须以某种形式控制爱琴海，特别是达达尼尔海峡。但希腊的现状大体使雅典明白，这种控制与城邦体系不兼容。事实上，当该体系与其存在的基本法则相抵触时，它的运转就不再顺畅了。

然而，城邦对简单化的要求不局限于经济。让我们来看看

162

缺少飞跃发展的陆军和海军战术。今天我们都知道希腊人如何作战：从一个高峰到另一个高峰。地形限制了他们的战术：但是在同一片土地上，几百年里城邦间战争主要依靠只宜平地作战的重甲步兵。更令人惊讶的是，骑兵和轻型武装部队只能充当辅助，承担保护侧翼、掩护撤退等任务。对如此锐意进取的民族来说，这种战术愚蠢得出奇。原因很简单。士兵由公民充任，而大多数公民是农民。战争不可持续时间过长，因为如果不能种植并收获作物，城邦就会挨饿。所以人们要求速战速决，而长于山地作战的部队很难做到这一点。此外，尽管能指望公民熟练使用刀剑和盾牌，并且能熟练掌握简单却严格的近战编队的纪律，但他们没有时间掌握更困难的山地战术。只有斯巴达有一支由黑劳士供养的专业公民军队，但由于斯巴达的近战无可匹敌，它也缺乏改变战术的动力。

不过，在伯罗奔尼撒战争期间，一位有魄力的雅典指挥官在希腊西部的野地上指挥了一次战斗。虽然没有取胜，但他发现重甲步兵面对轻装部队时处于严重劣势，因为轻装部队懂得如何进攻、撤退并再次进攻。这堂课没有白上。轻装战术的研究取得了如此令人瞩目的成果，以至于在接下来的一个世纪中，雅典的伊弗克拉底斯率领轻装部队，在崎岖不平的地带截住一小股斯巴达部队，将其杀得大败。这本身不是什么大事，但它预示着兵法愈加专门化，逐渐超出公民士兵和公民将军的能力范围。像伯里克利这样的政治家同时也能在战场上指挥若定的时代已接近尾声。战士逐渐成为一种要求熟练技能的职业。我们已能看到有职业将领出现，而且轻易就能从长期战争遗留的无家可归、失业或仅仅是想冒险的人中募集职业军人。色诺芬的万人军队就是这样一支军队。因此，雅典人可以为过于依赖雇佣兵，也就是专业人员作战找到借口，可以说这是最有效的方法。但个中危险显而易见。至于雅典人最终要面对的敌人腓力，他有一支训练有素、掌握最新战术的常备军，可随时袭击任何目标。他们是不受文明约束的蛮夷山民。要对抗这样一支军队，就无法保持城邦制。

海军战术亦然。城邦最终无法承受习得专业战术所要付出的高昂代价。在与波斯人的战争中，希腊战船笨重迟缓，和第一次布匿战争中的罗马舰队一样属于典型的陆上居民建造的船只。海上战术的中心思想就是猛撞敌船，然后以接舷战一决雌雄。但五十年后，在伯罗奔尼撒战争的第一年，雅典人的"三桨座战船"（trireme，意思是"有三排桨"）外观酷似赛艇，已经可以称为真正的战船。他们牺牲重量，换来速度和机动性，而且桨手——当然是市民而非奴隶——通过训练掌握了相当精确的技术。例如，有种战术是驱己舰箭一般冲向敌舰，仿佛要冲撞对方。在要撞到的千钧一发之时突然转向，收回靠近敌舷那侧的船桨，让船体在擦过敌舷时折断对方所有船桨，同时甲板上的弓箭手竭尽全力用箭雨覆盖敌舰，然后让己舰迅速转舵，驶向已无还手之力的敌舰，从容地冲撞它。

这样的战术需要每个作战成员都能精确把控准头，都得有极大勇气。事实上，舰上水手必须近乎专业化。但你如何能将那些还要自挣衣食的公民培养成专业水手呢？既然劳动生产率如此之低，雅典人怎能在舰队上投入如此多的劳动力呢？唯一的办法是让雅典控制的同盟成员献上盟捐。事实上，只有雅典帝国这样大的政治单位才承受得住这种专业化程度，而城邦不能。但人们无法接受比城邦更大的政治单位，这点对今天的西欧来说也颇值得注意。事实上，雅典依靠剥削其他城邦而获得

164

专业海战技术等成果，但这伤害了希腊人的感情。它否定了整个体系的基本法则之一，而这否定本身也带来了苦果。

我们刚才看到，否定了自给自足的复杂经济与城邦的国际层面不相容。就雅典这一具体案例而言，我们可以观察到它对内影响同样严重。尽管柏拉图的法则在外部有效，但毫无疑问，是雅典内部的经验引导他制定了该法则。到公元前5世纪中叶，比雷埃夫斯港已成为地中海最繁忙的港口。伯里克利事先否定柏拉图的法则，自豪地宣称："天下物产辐辏于此。"的确如此，但其中也包括瘟疫。比雷埃夫斯和雅典繁荣发展。一心进取的外邦人于兹定居，工业兴起，两个城邦成为世界中心。这一切都非常精彩，非常激动人心，但城邦承受不起。城邦以利益共同体为基础，但雅典人中的商贾和农人在利益上，或者说实际在根本性质上开始出现巨大分歧。前者是极端民主主义者兼帝国主义者，是主战派。战争为其中较富裕的人提供商业扩张的机会，而为其中较穷的群体提供就业机会和工资。而对农民而言，战争意味着无家可归，意味着生长缓慢的橄榄树被毁于一旦。伯里克利之后，公民大会的领袖多来自"比雷埃夫斯阶层"，像克里昂一样是成功的商人。他们往往很能干，但爱投机取巧。先天气质和后天训练使他们看问题片面，因此会惹怒那些观点更为偏激暴烈的对手。此外，商业发展使生活日益复杂，在城邦内部产生离心力。人们更关注私人事务，在上面耗费的精力越来越多，因此倾向于退出公共事务。公元前4世纪雅典人萎靡的政治就是其直接后果。

但这种混乱的发展并不局限于物质生活方面，而且如果断言说它从物质生活开始就太愚蠢了。阿里斯托芬把这归为聪明过头，这个单纯的观点值得好好谈谈。

几代人以来，希腊人的道德就像其战术一样，一直在正义、勇气、自制和智慧等基本美德的基础上严格保持传统。一代代诗人宣扬几乎相同的信条：正义之美、野心之危险、暴行之愚蠢。正如基督教没有被全基督教世界奉行一样，这种道德观念也没有被全体希腊人奉行。然而就像基督教教义一样，这是公认的标准。大家判断某人是否做了错事靠的就是这种标准。公共生活就建立在这简单而坚固的基础之上，而这也是古典希腊艺术中力量和简朴的源泉。在这些特质方面唯一能与希腊相媲美的欧洲 13 世纪艺术也建立在类似基础上。

166

但公元前 5 世纪改变了这一切。到了世纪末大家都已经不知自己身在何处。聪明人把一切搞得上下颠倒，迟钝者觉得自己已被时代抛弃。谈到美德，大家就会说"这完全取决于你对美德的定义"，但没人知道美德的真正含义。这也是诗人失业的原因之一。正如在过去的百年中，自然科学的新思想和新发现深刻改变了我们的观点，颠覆了许多人心目中的传统宗教和道德定义，以至于魔鬼走下宝座，邪恶烟消云散，人类的所有缺点都成为制度的结果或环境的产物。所以在公元前 6 世纪和公元前 5 世纪早期，爱奥尼亚哲学家大胆的哲学思考更激烈地激发了多方面的系统探索，结果严重动摇了许多曾被普遍接受的道德观念。

其中就有苏格拉底，他无疑是有史以来最高尚的人。他曾对唯物论者的推测感兴趣，但后来放弃了，因为他觉得这种推测是徒劳的，而且与"我们应当如何生活"这样的重要问题相比微不足道。他不知道这个问题的答案，但决心通过严格检验他人观念来寻找。通过检验，苏格拉底和他热心的年轻追随者们发现传统道德缺乏逻辑基础。在雅典，只要同这位令人生畏的石匠交谈十分钟，人们就会发现自己关于道德或智识的定义开始动摇。对某些年轻人来说，这结果是灾难性的，因为他们对传统的信仰被摧毁，却没有任何东西可以取而代之。对城邦的信仰也被动摇了，因为如果人们不知何谓美德，城邦又如何在这方面训练其成员呢？因此苏格拉底大声疾呼，说雅典奉行的民主制何其愚蠢。人们在诸如建造城墙或船坞之类的琐事上小心翼翼地征求专家意见，而在极其重要的道德和行为问题上却允许任何未经教导的人畅所欲言。

167

苏格拉底及其后继者柏拉图的崇高目标，是把美德建立在无懈可击的逻辑基础上，使它从未经检验的传统观点变为可以掌握和传授的确切知识。这是值得称道的目标，但它直接导致"理想国"（Republic）诞生。理想国由专业人士管理，正好是由非专业者管理的城邦的对立面。因为若要以美德训练公民，须将城邦政府托付给那些知道何谓美德的人。柏拉图对知识（Knowledge）的坚持将社会分裂为个体，每个个体都只献身于一种追求，而且应该被限制在这一追求之内。所有艺术中最重要、最困难的艺术就是"政治艺术"，掌握了政治艺术的人一旦被发现就必须成为统治者。至于城邦本身，以及它那种"美好生活意味着参与每件事"的理论就只好靠边站。

除苏格拉底外，这种知识界的混乱还造就了一批相对次要的人物，也就是诡辩家（Sophists），他们对城邦的直接影响甚至更为重要。"诡辩家"一词完全没有贬义，是柏拉图赋予这个词轻蔑的色彩，因为他既不喜欢他们的方法，也不喜欢他们的目的。他们是老师，而不是追问者；他们的目标是实际的而不是哲学的。这个词的意思是"教授苏非亚（Sophia）的老师"，而这个晦涩的希腊单词意为"智慧"、"聪明"或"实际能力"。也许现代的"教授"就相当于"诡辩家"。从希腊文教授到颅相学教授，"教授"这个词涵盖的范围与其很相似。尽管有些教授从事研究，但所有人都在教书，所有人都拿薪水，而这正是诡辩家受人诟病之处。他们中有严肃的哲学家、教育家或学者，也有只教授能帮你飞黄腾达的无上技巧的江湖骗子。你想提高记忆力吗？你想挣一千英镑的年薪吗？有些诡辩家会教你，但要收费。诡辩家从一个城市跑到另一个城市，讲授特定学科，有些人甚至保证什么都能教，但总是要收费。这些课程很受有野心或爱追根究底的年轻人欢迎，其教学效果可以概括为以下两个方面。

　　一方面，他们像苏格拉底一样批判传统道德。有些人认真地尝试为这种批判寻找坚实基础，其他人则像《理想国》第一卷中的色拉叙马库斯（Thrasymachus）一样，传授令人兴奋的新学说。色拉叙马库斯态度强硬，容不得模糊任何与正义有关的观念。我们可举一例使其形象清晰准确。在被要求清晰准确地表达观点时，他宣称："正义无非是强者的利益。"另一位更伟大的诡辩家普罗塔哥拉（Protagoras）认为世上没有绝对的善与恶："人是万物之权衡。"也就是说，真理和道德都是相对的。我们都见过"适者生存"的科学学说如何被卑劣地利用，因此我们可以毫不费力地想象那些拥有暴力和野心的人会如何利用这一信条。它可以为任何邪恶行为披上科学或哲学的体面外衣。没有诡辩家的教导，人也能行恶，但他们的教导会帮人为恶行捏造出貌似合理的借口，愚弄那些思想单纯的人。

　　但另一方面，那些不谈论道德标准的诡辩家也同样令人不安。教育是城邦生活的副产品，因此所有人都可平等受教育。

168

有天赋的人会比其他人走得更远，但大家都站在同一起跑线。城邦保持统一。随着诡辩家出现，教育逐渐专业化和职业化，只对那些有能力付费并且愿意付费的人开放。于是，在文化人和愚钝者之间第一次出现真正鸿沟，自然其结果就是，比起未受过教育的同城邦公民，自己与其他城邦中受过教育的阶层间的共同之处更多。这样一来，国际都市的脚步声更近了。

在诡辩家们传授的实用技艺中最重要的是修辞学。这门对希腊人如此重要的说服技艺已被分析、详细阐述并简化为某种体系。之前它依赖天赋和练习，而现在我们可以付费学习它。人们热衷于此。雅典人本就从论证充分、措辞得体的演讲中找到足够乐趣，便至少在某一时期内沉迷于专业人士创造并传授的精致风格和微妙论点中。正如克里昂所说，他们变成了鉴赏家而不是公民。而普通人在辩论或庭审中失败，就会嘟囔着抱怨说正义就是被这种方式扭曲的［阿里斯托芬的《云》(Clouds) 就说明了这一点］。除非掌握了这种新风格，否则在不得不向你的公民同胞们提起诉讼时，你就会，或者可能会，处于非常不利的地位。我们之前已见过同样的现象：在城邦中天然没有训练有素的专家的位置，而当专家在生活各领域中出现时（公元前 5 世纪的情况正是如此），城邦的凝聚力就被削弱，或者说城邦的天然界限就被打破了。

# 十　希腊思想

至此我们已简要回顾了城邦实质终结之前的希腊历史，不妨在此暂时驻足，考察希腊人的思想特质及其在这一时期内取得的成就。

"万物一体"（wholeness of things）的认识也许是希腊思想最典型的特征。我们之前已经见过某些值得注意的表现形式：荷马热爱独特的细节和个性，却仍将它们牢牢固定在普适框架中；许多希腊人同时具备多重身份，比如梭伦既是政治和经济改革家，又是商人和诗人；城邦本身不是一台管理机器，而是几乎与生活的方方面面都息息相关。现代人按范畴划分万物、专攻并思考，而希腊人的本性恰恰相反，他们从最广义的角度思考，把万物看作有机的整体。克里昂和戴奥多都斯的演讲恰恰表明了同样的观点：特殊问题必须被概括得出一般性的 170 结论。

现在让我们从最"希腊"的事物，即希腊语入手，阐述"一体性"的概念。

希腊语初学者常会在某些单词上遇到困难：它们看似简单，也确实如此，但在甫一接触时会出乎意料地难倒人。如"kalos"及其反义词"aischros"。初学者会得知前者的意思是"美丽"。他知道拉丁文中的对应词是"pulcher"，并为之满心欢喜。接下来他读到"kale polis"，意为"美丽的城邦"，还有荷马称斯巴达为"kalligynaikos"，意为"美女之城邦"，至此一切顺利。但接着他又读到德性是"美丽的"，为国捐躯是

"美丽的",而有伟大灵魂的人"努力获得美丽",精良的武器或宽敞的港口也是"美丽的"。于是他总结说:希腊人本质上是用美学标准评判事物。而当他发现"aischros"这个词相当于拉丁语中的"turpis",相当于英语的"base"(卑鄙的)或"disgraceful"(可耻的),以及"ugly"(丑陋)的含义,于是某人的品行和外表都可以用"丑陋"来形容时,他对自己的结论更加肯定。希腊人这种以德性为美、以邪恶为丑的思想多么可爱啊!

但这完全不是希腊人的风格,这是我们的风格。我们把概念划分为不同却可能并列的范畴,如道德的、理智的、审美的、实践的。希腊人不会这样,即使他们中的哲学家也不愿如此。在柏拉图的著作中,苏格拉底在辩论开始时说,"你会同意有种名为'Kalon'的东西",我们可以肯定他打算把"Kalon"的义项从"美丽"偷换为"尊贵"来迷惑对手。这个词的真正含义类似"值得热烈赞美的",更像是英语中的"fine",可以用来形容所有"值得热烈赞美的"事物。在英语中也有类似词语:"bad"(糟糕的)可以用来形容行为、诗歌或鱼肉,在不同情况下含义迥异。但希腊语常常拒绝对词义专门化。

"Hamartia"一词意为"error"(错误)、"fault"(过失)、"crime"(犯罪)甚至"sin"(罪恶)。从字面上看,它的意思是"没打中目标""射偏了"。我们惊呼:"希腊人多么有智慧!在他们看来,罪恶不过是'没打中目标',祝你下次好运!"当我们发现某些希腊人眼中的德性似乎兼具智识和道德因素时,我们的结论似乎又得到了证实。而这一事实也会使它们无法被译为英语,因为英语必须对此加以区分。希腊语中

"Sophrosyne"一词的字面意义是"完整的心智"或"未受损伤的心智"。根据上下文，它的意思可以是"明智""谨慎""节制""贞洁""适度""谦虚""自制"。也就是说，它可以指纯粹智识或纯粹道德，或介于两者之间。我们理解这个词的困难，就像理解"hamartia"一样，在于我们倾向于分门别类地思考。"Hamartia"（射偏了）并不意味着"下次好运"。它的意思是，精神上的错误与道德上的错误一样应该受到谴责，而且可能同样致命。

接下来，为完善我们的希腊语教育，我们发现，在我们会使用知识术语的领域内，希腊人选择的词语却饱含道德色彩。以政治理论为例，"侵略的策略"即使不以"hybris"（恣睢），也很可能以"adikia"（无道）来形容；而"扩张"或"牟取暴利"则是"pleonexia"，即"非分之想"。这种行为从智识和道德方面来看都是错误的，是在蔑视宇宙之法则。

让我们暂时回头来看看荷马。创作《伊利亚特》的诗人有阶级意识，而这正是如今某些被误导的人认为艺术家该拥有的最重要条件。他只描写国王和皇亲国戚，普通士兵无足轻重。此外，这些贵人身上所有阶级和时代的局限性都被一针见血地描绘出来：他们骄傲、凶猛、复仇心重、喜战但同时又憎恨战争。这样的英雄怎么可能成为后世资产阶级榜样和灵感的源头活水呢？因为作为希腊人，他们不可能把自己置于除最广泛的背景——生而为人外的其他任何背景下。他们的理想不是骑士精神或爱情那样明确的侠义典范。他们称之为"德性"（aretê），这又是一个典型的希腊词。在柏拉图的著作中，我们把它译作"美德"（Virtue），结果因此失去了它的所有希腊

风味。至少在现代英语中，"美德"几乎只涉及道德领域；而

172 "德性"在所有范畴中被无差别使用，仅有"优秀"之意。当
然它可能会受语境限制：赛马的"德性"在于速度；拉车驾
马的"德性"在于力量；一般情况下，如果用该词形容某人，
就意味着此人在道德、智力、身体和实践等方面都很优秀。因
此，《奥德赛》的主人公骁勇善战、足智多谋、能言善辩，而
且意志坚强、智深如海，知道必须忍受神赐予的一切，不可过
多抱怨。他既能造船又能航海，犁出的垄沟不比谁差，在掷铁
饼比赛中打败过一个年轻的吹牛大王，与费埃克斯青年较量过
拳击、摔跤和跑步。他能把牛剥皮、切块、煮熟，也会因一曲
而潸然泪下。事实上他是优秀的全能选手，他的"德性"无
人可比。年代更久远的诗篇中的英雄阿基琉斯也是如此。他
是最可怕的战士、最敏捷的奔跑者，拥有最高贵的灵魂。荷
马曾用一段著名的诗节告诉我们阿基琉斯如何受教育。他的
父亲把这个孩子托付给老菲尼克斯（old Phoenix），嘱咐老菲
尼克斯要把他培养成"敏于言行的人"。在我们的英雄时代
中，骑士和牧师分别拥有不同的德性，而这位希腊英雄试图
兼具二者。

这就是这部史诗得以流传，而且在文明得多的时代里仍能
保持教育意义的原因之一。"德性"的英雄理想虽然深深植根
于自身时代和环境，却有如此深刻广泛的意义，可以成为另一
个完全不同时代的理想。

在我之前翻译过的《伊利亚特》的一段文字中，有个让
我感到极其希腊化的细节。"多毛的胸腔里，两个不同的念头
争扯着他的心魂：是……杀了阿特柔斯之子，还是咽下这口怨

气，压住这股狂烈？"丁尼生①在翻译维吉尔②诗作时写过类似情景：

> 他思维敏捷，却左右为难。

确实，思想与心灵不同，但如果丁尼生或维吉尔在提到思想或心灵时，也提到它们主人的肉体细节，我们会十分惊讶。可荷马自然而然地注意到那胸膛是"多毛的"。在他眼中，人是个整体。

这不是我要说的重点，但它确实引出了思想一体性的另一个方面，使希腊人与"野蛮人"和大多数现代人形成鲜明对比。基督教世界和东方世界通常把肉体和灵魂，以及物质和精神划分得清清楚楚。但至少在苏格拉底和柏拉图时代之前，这种做法与希腊人无关。在希腊人眼里只有完整的人。我们在某些希腊神秘宗教中确实看到过肉体是灵魂的坟墓这一观点，而柏拉图关于不朽的学说，必然会将肉体和灵魂明显区分开。尽管如此，这并不是典型的希腊思想。希腊人把体育锻炼作为教育的重要组成部分，并不是因为他们对自己说，"看，我们千万不能忘记身体"，而是因为在他看来，训练是全方位的。城邦拥有体育馆就像拥有剧院或战舰一样自然。希腊男子无论老少都常来体育馆，锻炼身体，同时锤炼心智。

173

---

① 阿尔弗雷德·丁尼生（Alfred Tennyson，1809—1892）是英国维多利亚时代的代表诗人，主要作品有《悼念》《莫德》《国王叙事诗》等。
② 普布留斯·维吉留斯·马罗（Publius Vergilius Maro，前70—前19），通称维吉尔，古罗马著名诗人，代表作有《牧歌》《农事诗》《埃涅阿斯记》。

然而，能最清楚地展现希腊人思想这个侧面的，是城邦内部和城邦之间的各种运动会。我们有时会指责某人"以比赛为宗教"。希腊人不会这样做，但他的所作所为可能更令人惊讶：他将比赛当作宗教的一部分。确切地说，在城邦间的四大庆典中最盛大的奥林匹亚运动会纪念奥林匹亚的宙斯；皮提亚竞技会（Pythian Games）纪念阿波罗；泛雅典娜运动会（Panathenaic Games）向雅典娜致敬。而且这些赛会都在圣地举行，促成它们的是完全自然的情感。比赛是激励和展示"德性"的方式，是配得上神祇的奉献。同样，人们也举行赛事纪念死去的英雄，就像《伊利亚特》中纪念帕特洛克罗斯（Patroclus）一样。但既然"德性"涵盖身心两方面，同时举办音乐比赛和体育运动也就没有任何突兀之感。长笛比赛是皮提亚竞技会最早的固定项目，阿波罗自己不就有"竖琴王"的美名吗？

174 比赛的目的不是测试某项专门技能，而是衡量作为整体的人的"德性"。通常项目包括 200 码左右的短跑、1.5 英里的长跑、着甲赛跑、掷铁饼、标枪、跳远、摔跤、拳击（以一种非常危险的形式）和战车比赛。最重要的项目是五项全能：赛跑、跳远、掷铁饼、标枪和摔跤。如果你赢了，你就算个人物了。不用说，马拉松比赛是现代才有的，希腊人会认为这是个可怕的项目。希腊人肯定会大大赞赏现代高尔夫或台球冠军表现出的技巧，认为若他们是奴隶，而且除了如此训练奴隶就没有更好安排的话，那这的确是种令人钦佩的成就。希腊人会说，一个人不可能既要习得这样的本事，同时又过上"人"和公民应有的体面生活。基于这种看法，亚里士多德才会说，有身份的人应该会演奏长笛，但不必过于精通。

若能在上述某个赛事中赢得冠军，他就算个人物，甚至可以成为英雄，被公民同胞们仰视。他会享有公众荣誉，如余生都可在市政厅享用公款支付的晚餐（用以替代野橄榄枝做的冠冕）。特别是在多利安人中，这种待遇会升级为委托诗人为冠军创作庄严的合唱赞美诗，在宴会或宗教节日上表演。公元前 5 世纪早期，最伟大严肃的诗人埃斯库罗斯和品达就创作过类似作品。如果没有发现其他类型诗歌的某些片段，我们会以为后者专事创作胜利颂歌。严肃诗人为运动员写颂歌，在我们看来是奇怪的想法。更令人惊讶的是，在此类颂歌中有如下一段：

> 君值盛年，骤得桂冠。
>
> 希望为翅，扶摇云天。
>
> 堆金叠玉，何如凯旋？
>
> 君不见，人世欢欣终如电，
>
> 明灭刹那间。乌云遮掩。
>
> 噫！世人若蜉蝣，黄粱一梦休。
>
> 若神赐荣耀，天降恩宠，此生夫复何求！
>
> 埃伊纳岛，汝之母亲，引领城邦，追寻自由。
>
> 更有宙斯为伴，
>
> 还有珀琉斯、健壮的忒拉蒙和阿基琉斯众英豪。

175

尽管被从原生土壤——希腊语中"连根拔起"，译为其他语言，它仍不失为鸿篇，只有《传道书》方可与之比肩。以上是品达为埃伊纳岛的年轻人赢得德尔斐男子摔跤比赛写的颂歌的终章。

并非品达所有的颂歌都阴郁如斯。写下这首诗时，他已垂垂老矣，而他特别有好感的多利安人的某个近支埃伊纳人正被雅典人威胁，因此他在结尾郑重求助于埃伊纳人的诸位英雄。但诗篇的庄重严肃之感没有丝毫反常之处。品达想到的不仅是体育赛事——他从不屈尊去描述这些，他想的是胜利者体现的"德性"。从这一点出发，希腊诗人可以很自然地过渡到任何形式的"德性"，无论在个人身上还是在城邦中都是如此。我们在最广泛的背景下理解这场胜利。

对品达来说，身体、道德和智力方面的卓越，还可加上简单的财产，都是某个整体的一部分。也许这就是人们会沉迷于品达的作品，觉得他是唯一真正写过诗的诗人的原因之一。虽然这种崇高的运动会观念经品达之手后可能超越了普通人的认知，但它足够真实。然而，它不过是"一时之欢"。"神降下明亮的荣耀光辉照在它身上"，但这种物质、智识、道德、精神和感官的完全融合最终瓦解。品达死后大约二十年，欧里庇得斯写了一篇文章，严厉批评奥林匹亚运动会的胜利者，认为这些人无功而受追捧，体格健壮而头脑迟钝。而品达唯一敷衍了事的颂歌是写给科林斯某个叫色诺芬的人的。此人似乎已成为半职业化的金牌追求者，除此之外再无长处。

176　　　这种把事物看作整体的本能，是希腊人生活中最基本的理性源泉。希腊人自有激情。与其他民族一样，他们的政治史上也免不了有突发的野蛮行径。无论寡头还是民主派，饥渴的流亡者只要能回来重掌权力，就将毁灭他的城邦。但他们所有活动的标准是理性的平衡。很难想象有希腊人变成狂热分子。东方或中世纪的宗教狂热在古典希腊的生活中找不到立足之地，我们时代如重商主义等更无趣的过分行为亦然。希腊人知道何谓神秘的狂喜，并在对狄俄尼索斯的狂热崇拜中寻找它，但这不过是明确的万物体系的一部分。一年中有三个月，阿波罗会离开德尔斐，让位给狄俄尼索斯，这宗教传说有重大意义。欧里庇得斯曾描述过狂热分子希波吕托斯（Hippolytus），身为童男的他是童贞女神阿耳忒弥斯（Artemis）的纯洁崇拜者，他从不向爱情女神阿佛洛狄忒致敬。在中世纪，这种人可能会被封为圣徒，但欧里庇得斯把他塑造成悲剧性的怪人。尽管这两位女神彼此可能敌对，但人类必须同时礼拜她们。希波吕托斯被他所轻视的阿佛洛狄忒所毁灭，而他崇拜的阿耳忒弥斯却无法保护他。

现在我们必须转向希腊人思想的另一个侧面，即对理性（Reason）的坚定信念。有个据说是关于某位中国哲人的故事，虽说可能有损其名誉，但读之令人莞尔。故事讲的是有人问他大地靠什么支撑。"一只乌龟。"哲学家答道。"那乌龟踩在什么上面呢？""一张桌子。""桌脚下面是什么呢？""一头大象。""大象站在什么上面呢？""别刨根问底。"不管这是不是中国人的看法，这显然不是希腊人的思想。希腊人从未怀疑过宇宙是有规律可循的：它遵守法则（Law），因此能被解释。甚至在哲学产生之前的荷马作品中，我们也发现了这种观念：诸神背后（虽然有时人们认为其与诸神同一）有朦胧的力量，荷马称之为"Ananke"（必然性），它是连诸神也不能违抗的事物秩序。在人类事务中起支配作用的是法则，而不是机会，希腊悲剧就建立在这一信念上。举个晦涩的例子，在索福克勒斯的《俄狄浦斯王》中，俄狄浦斯出生前就有人预言他会杀父娶母。他全然无知地做了这些事。但如果将其解释为人是邪恶命运的玩物，那这出戏就毫无意义。索福克勒斯的意思是，

177

尽管我们可能不知其意义，但在最复杂的和明显出于偶然的事件组合中确有某种意图。正因为神能看穿整个意图，阿波罗才能预言俄狄浦斯的行为。在埃斯库罗斯看来，法则更为简单，它就是道德律（moral law）。狂妄后有惩罚，犹如黑夜后有白天。正是由于这种对法则的坚定信仰，怀特海①才把希腊悲剧诗人而不是早期的希腊哲学家称为科学思想的真正奠基人。

虽说我们无暇详述早期希腊哲学家，但他们是这种对理性本能信仰的最佳范例。

希腊人对于宇宙起源和本质的推测，绝不是像大多数哲学史认为的那样始于米利都的泰勒斯，然而，是他首次用逻辑而不是神话术语来表达观点。泰勒斯是商人，曾到埃及旅行并学到埃及数学和迦勒底天文学的知识。迦勒底人对于天体运行已有相当深入的了解，但他们这样做绝非出于好奇这种务虚的目的。他们是务实的人，利用天文学制定历法。而且他们也像我们星期日报纸的读者一样，想预知未来，并且认为未来都藏在星辰之中。（古典时代的希腊人对占星术不屑一顾。）他们精通商业算术，就像埃及人精通实用几何学一样。（"几何学"这个词在希腊语中是"测量土地"的意思。）埃及人非常聪明，他们测量一段 700 英里长的尼罗河河段的落差，误差仅为几英寸。他们已经发现并应用勾股定理。在这个领域里，希腊人望尘莫及。希腊人致力于解决道德、宗教和社会问题，这是他们思想的特点。希腊人对物理宇宙的种种猜测都集中在"它如何产生"这种无用问题上，而不是"它如何运转"这种

---

① 阿尔弗雷德·诺思·怀特海（Alfred North Whitehead，1861—1947）是英裔美籍数学家、哲学家，被认为是 20 世纪最伟大的哲学家之一。

实际问题上。

我们对泰勒斯的了解来自他后世的哲学家和哲学史家，所知甚少但意义重大。他掌握了足够的天文学知识，预言在公元前585年会发生日全食。日食在我们历法的5月28日如期发生。他应用学到的几何知识测量海上船只的距离，据说他还为航海技术和历法做出贡献。他显然是个讲求实际的人，而且作为希腊人，他对政治很感兴趣，因为（据希罗多德说）他曾向人心涣散的爱奥尼亚各城邦提出非常明智的建议：它们应该以提奥斯（Teos）为中心成立政治同盟。大家常讲的一个关于心不在焉的教授的故事，据说主人公就是泰勒斯。故事说他在散步时专心仰望天空，结果掉进井里；但亚里士多德讲了另外一个故事，鉴于他本人也是哲学家，态度难免有所偏袒。泰勒斯因浪费时间在无用之事上而受到责备。因此，当他从某些迹象中预见到下一季的橄榄会丰收时，便悄悄买下莱斯沃斯岛所有榨油机的期权，当橄榄真正丰收时，大家都想赶紧榨油，只好去找泰勒斯。他以此证明：只要哲学家认为值得做，就能赚足够的钱。

然而，泰勒斯所做的最重要的事情是提出一个简单的问题，然后给出错误答案。问题是：世界由什么构成？他的答案是水。

这里有很多有趣之处。首先，为什么要提出这个问题呢？这些希腊人尽管实际，却热衷于问无用的问题，例如希罗多德在埃及发现一位神，显然（在他看来）是赫拉克勒斯，但年代要古老得多。于是他得出结论说，希腊人是从埃及人那里获知赫拉克勒斯的。他对此很感兴趣，于是专门去了趟蒂尔（Tyre），因为他听说那里有个非常古老的庙宇供奉这位神，后

179

来为此还去了萨索斯岛（Thasos）。这种纯粹不涉利益的调查完全是爱奥尼亚人的风格。我们再回头说泰勒斯。他想了解某些毫无实际用处的事情——罗马人就永远不会想到这些问题。他认为这个问题有答案。他是用什么方法得出答案的呢？不幸的是，我们无法知道，但既然我们知道他的思想的直接继承者们，包括杰出的希罗多德如何工作，就可以在某种程度上做出猜测。水无处不在，它包围陆地，从天上降下，从地里涌出，还能冲积出三角洲——泰勒斯对此非常了解。此外，它显然是许多固体的组成部分，它能轮流变成固体、液体和气体。鉴于人们普遍认为早期希腊思想家是纯粹的理论研究者，我们就有必要注意到：恩培多克勒曾用酒囊证明空气是物质实体，用水钟演示大气压力；克塞诺芬尼（Xenophanes）根据山上发现的贝壳以及锡拉库萨采石场石头上海藻和鱼类的印记，创立了地质变迁理论。这些人既能观察又能思考，我们没有理由假设泰勒斯的答案是建立在抽象推理基础上的。

但最重要的是，他不被事物表象所扰，而是假定世界由一个而非多个事物组成。在这里我们看到了希腊思想永恒不变的特点：宇宙，无论在物质还是道德层面上，不仅必须是理性的（因而是可知的），而且必须是简单的；物质的多样性不过是表面现象。我们现在可以看到，希腊剧作家也以同样的方式思考："别为生活表面的丰富多彩所扰，直接关注简单的事实吧。"如果泰勒斯遇见一位 19 世纪的化学家，听对方说元素共有 67 种（或者不管几种），他会说这实在太多了。如果他遇到一位 20 世纪的物理学家，得知这一切实际上是同一事物的不同组合，他可能会回答："我之前一直这样说。"

180 在挥别泰勒斯之前，也许还有一点值得我们指出：泰勒斯完全不受任何形式的宗教神秘主义的影响。这出乎人们预料，因为这位思想家的先辈们都以神话词汇表达思想。如果他假设构成世界的元素是三种、七种或其他神圣的数字，那也不足为奇。尽管神秘主义在我们马上要提到的毕达哥拉斯学派（Pythagoreans）中相当有市场，但爱奥尼亚人没有此类想法。

不可能简洁概括那场始于泰勒斯的哲学运动，然而我们可以谈谈某些方面的发展。总之，这种想法显然非常大胆，就好像学游泳的人第一次抬起脚离开水底开始游泳，而且是以惊人的自信畅游。

阿那克西曼德（Anaximander）是泰勒斯思想的直接继承人，同样是个实干家。他绘制了第一幅地图，还曾带领一支移民队从米利都来到阿波罗尼亚[①]。他似乎认为最终的物理实在本身不可能是某种具体物质，所以他用"无限定"来代替水，这种东西本身没有固定属性，但包含"对立"元素，比如热和冷，湿和干。通过这些对立，在永恒运动的影响下，感官对象由"无限定"而生，并在毁灭后复归于它。他用"dikê"这个词来表达自然力量平衡，该词在其他语境下意为"正义"。永恒运动被描绘成以大地为中心的漩涡或旋风，阿那克西曼德以此完善了泰勒斯"（平坦的）大地浮于水上"这一学说。阿那克西曼德认为大地自由地悬浮在空间中，在任何方向上到漩涡（或旋风）边缘的距离都相等。

这是非常显著的进步，阿那克西曼德思想的自由之处在推测人类起源时表现得最为明显。在神话中，人类间接源自诸神

181

---

① 位于今日保加利亚的索佐波尔。

和泰坦（Titan）。这个爱奥尼亚人认为水被太阳蒸发，所有生灵从中诞生，而鱼是人类的祖先。在阐述其思想的性质时，我们在此处可以注意到，一方面，他并没有受大量无法抗拒的科学证据驱使，得出可能令人反感的新颖假设，因为在亚里士多德开始研究之前，经观察得来且已被分类的事实并不算多。另一方面，他的理论并非不着边际的猜测，它部分基于纯粹的推理。其他动物出生后很快就能独立生存，人类却要经历漫长的哺乳期。如果人类一直如此，那么早就会被淘汰。因此人类是从其他动物进化而来的，这就是有趣之处。从逻辑上讲，他也可能得出其他结论。但我们碰巧得知，阿那克西曼德观察过具有哺乳动物特征的鱼类——锯尾鲨（Galeus levis）的习性。我们不知道他还采信了哪些论据，但我们可以看到，正是纯粹的推理和观察相结合帮他提出了一个理论，一个即使我们自己的祖父辈听到都会吓一跳的理论。

爱利亚学派［Eleatic School，其中名气最大的人物包括巴门尼德（Parmenides）和著名悖论的提出者芝诺（Zeno）］对理性更有信心。他们用逻辑检验爱奥尼亚人的物理理论，并通过形而上的推理，系统阐述了原子学说。巴门尼德的推理可被这样概括：非存在（non-existence）并不存在；也就是说，没有所谓的"虚无"。因此，存在即永恒。因为如果不是这样，它就一定从"虚无"中产生，或者必须终于"虚无"，而"虚无"并不存在。运动是错觉，因为物体只有在空旷的空间，即"虚无"中才能移动。物质始终如一，因为它不能与"虚无"混合从而更加稀薄；宇宙是一个静止、始终如一、充满物质的球形空间（plenum）。

这当然是谬论，但现代研究者并不会看轻这种消极结果。

对逻辑规律的研究是巴门尼德思想的结果之一，另一个结果是留基伯（Leucippus）和德谟克利特（Democritus）的理论。他们接受巴门尼德的宇宙观，但假定有无限多的宇宙，同时也有可供它们移动的虚空。这些就是构成万物的原子，自然运动使它们聚集并再次分离。

　　另一个引起争论的问题与认知的性质及其可能性有关。人们普遍认为现实（Reality）是稳定的，但赫拉克利特（Heraclitus），一位默默无闻、玄奥神秘的作者唱起令人震惊的反调：变化是宇宙的本质，一切都在不断变化。你不能两次踏入同一条河，因为第二次你踏入时它已不再是原来那条。有个继承其思想的人机智地修正了这句话，"你不能一次踏入同一条河"，因为它在你踏入的同时也在改变。如果某个事物总是在变化，那么你能断定它存在吗？事实上，你能断定任何事物的性质吗？赫拉克利特的哲学对柏拉图影响深远，因为区别不断变化、不完美、最终不可知的现象世界（world of sense）与永恒不变、完美且可知的理念世界（world of Reality）正是柏拉图主义的基石。

　　不仅哲学家有这种思维习惯，即忽视事物的短暂表象、多重性和多样性，试图触及内在的、简化的真实。难道我们没有发现希腊雕塑也有类似尝试吗？至少直至公元前4世纪初，希腊雕塑从未试图描绘个体特征，一直致力于完美展现运动员或神祇。我们当然也在希腊悲剧中找到了类似尝试。希腊戏剧和英国的古典戏剧之间的差异堪比希腊建筑和哥特式建筑之间的差异，这些差异正好反映了我们正在讨论的这种思维习惯。正如哥特式建筑喜欢将某部分一再重复，喜欢最大限度的明暗对比，还喜欢借鉴来自整个自然王国的装饰，包括鸟类、野兽和

182

花朵，国王、圣人和天使的雕像，以及怪诞的事物一样，在伊丽莎白时代，悲剧舞台上人头攒动，三教九流无所不包，呈现生活的全部复杂性和丰富性——国王和公民、谋臣与士兵、情人、弄臣、儿童、仙女……应有尽有。有人说哥特式大教堂永远不会完工，相反，莎士比亚常被删节。但谁能为希腊神殿加筑而不沦为蛇足，或者从希腊戏剧中删减某个场景而不影响观众理解呢？

　　造成这些差异的原因并非希腊人长于形式感，或在想象力、生活乐趣方面逊色，而是他们的思维方式不同。也许下面这个例子可以说明这一点。看过莎士比亚的历史剧后，我们可以反观现存唯一一部希腊历史题材戏剧，即埃斯库罗斯的《波斯人》（*Persians*）。它在真实事件发生后不到十年间写就，在曾于战争中表现亮眼的雅典人面前上演。顺便说一句，演出地点就在波斯人洗劫玷污过的卫城下面。任何伊丽莎白时代的剧作家都会让我们看到整个战争的全貌，展示战争中绝望、希望和胜利的时刻。我们会在舞台上看到运筹帷幄的将领和赢得胜利的士兵。但从《波斯人》中我们看不到这种东西。场景设置在波斯首都，只有从波斯人的角度才能看到某次行动，战争的过程被简化到略去了月神岬海战，甚至温泉关的英勇防御战都未被提及，而且没有提到任何一个希腊人的名字。很难有比这更全面的对比了。

　　雅典的舞台和希腊戏剧形式不允许以现实主义手法呈现战争。这是实情，但还不足以解释这种对比。真实原因是剧作家们不想写实，是剧作家创造了戏剧和戏剧形式，反过来，它们可无法指挥剧作家。但如果我们意识到埃斯库罗斯无意写一部"历史"剧，而是想写一部关于狂妄（该剧中是薛西斯肆无忌

惮地蔑视天意）必将受天谴的剧作，那么在此前提下，戏剧
中的每个细节就都是自然且必要的。在剧中，薛西斯被宙斯和
希腊精神击倒，而希腊人不过是宙斯手中的枪。埃斯库罗斯戏
剧化的不是事件，而是其内在意义。无论多特别的历史事件，
如果没能足够清楚地表达内在意义，埃斯库罗斯就会加以改
编，于是这就进一步佐证了亚里士多德的格言：诗歌比历史更
具哲学色彩。

　　现在我们开始考察希腊人众多特质之间的联系。这些特质
包括相信理性、形式感强烈、热爱对称、具有创造性或建设
性、富于天赋以及倾向于依赖先验推理。毫无疑问，有好几条
路都可以穿越这座概念丛林，但既然我们已从泰勒斯开始，走
到了埃斯库罗斯面前，那么就继续走下去吧。

　　我已经暗示过，是本能帮助最早一批哲学家透过自然的外
在表象，直达其下假定的真实和统一。正是这同样的本能，使
悲剧诗人放弃将战争过程戏剧化，而是利用某些战争事件来呈
现他心目中的真正意义。正因为希腊艺术家一直如此，所以在
某种特殊意义上来讲，他们总是在建构或创造。所有艺术家都
这样做，完全正确，但选择的方式不尽相同。通过意味深长的
选择、组合和对比构建综合体，从而描绘生活图景，与以希腊
方式诠释它是完全不同的两回事。前者导致多样性和广泛全
面，后者则趋向简洁和张力。由于希腊人不打算描绘典型生活
图景，而是尽可能地清晰而有说服力地传达某种观念，因此他
们实现的形式更符合逻辑，也更具张力。也许比较《安东尼
与克里奥佩特拉》（*Antony and Cleopatra*）与《阿伽门农》这
两部都采用大量传奇素材的戏剧会有帮助。莎士比亚笔下的情
节源自普鲁塔克。简言之，他在普鲁塔克书中找到了自己作品

184

的情节。作为历史学家，普鲁塔克记录了庞培手下某位船长向他提出巧妙的计划：带三位执政官出海，然后把他们扔进海里。莎士比亚读了这篇文章，觉得这场景应该不错，于是将其整个移植到自己的戏剧中。完全看不出它与安东尼与克里奥佩特拉的悲剧爱情（我想这就是该戏的主题）有什么关系，但它会使整部剧更有深度、更全面。而且，当然，确实有梅纳斯（Menas）那样的流氓，所以毫无疑问，一切都很合适。至于《阿伽门农》，要尽可能简洁地总结埃斯库罗斯实际使用的传奇素材，会耗费相当长的篇幅：抢走海伦、远征特洛伊及赢得战争、卡桑德拉（Cassandra）的生平、谋杀阿伽门农和卡桑德拉，甚至上一代人——阿伽门农的父亲阿特柔斯和自己兄弟间的争吵。这表明素材范围之广，但戏剧情节非常简短。有人宣布阿伽门农要回家，于是他就回来了，还带着被俘的卡桑德拉公主。他的妻子克吕泰涅斯特拉谋杀了这两人，说阿伽门农罪有应得，因为他为使远征能成行，把他们的女儿献祭给了阿耳忒弥斯。然后，她的情夫埃癸斯托斯（Aegisthus）出场说阿伽门农活该，但提出的理由不同。这就是全部情节。埃斯库罗斯和莎士比亚一样，有一个漫长而复杂的故事要讲述。不同的是，埃斯库罗斯将自己的故事肢解，并用碎片构建表达某种正义观念的戏剧。简言之，这种正义观念就是冤冤相报的复仇会导致混乱。他的戏剧框架不是情节，而是这个观念。他摒弃了不想要的故事片段，比如战争，或是埃癸斯托斯对克吕泰涅斯特拉的诱惑，并且按自己需要的顺序而非时间顺序安排那些他确实想要的片段。（他之所以能如此处理这个故事，是因为观众已知晓故事的主要内容。用神话作素材的一大优点在于，剧作家可以省却介绍故事来龙去脉的乏味工作。）在这种特殊意

185

义上，他创造了新的东西，而作品形式（Form）完全在他掌控之中。随着剧情逐渐紧张，他的主题"一报还一报"一而再再而三地得到表现，呈现合乎逻辑、优美有力的结构。所有的希腊戏剧都以这种方式建构于单一观念之上，任何不直接表现该观念的东西都不会被采纳。事实上，在希腊戏剧中，想得到清晰有力的作品，要舍弃的正是梅纳斯那样的人物。据说有多少演员能扮演哈姆雷特，我们在舞台上就能看到多少该角色的不同风格。而希腊的悲剧不会如此。希腊悲剧中，意义和形式之间的关系如此合乎逻辑，以至于任何自出机杼的表演都会被有力地证明是错误的。如果表演不能诠释戏剧的每一个细节，那它就是错的，因为正确的表演能解释一切。

186

我认为，此乃希腊形式感中如此明显的逻辑性和清晰性之源起。艺术家明了要表现的主题，并且能完全掌控素材。同样明显的是希腊人对对称的热爱。这种热爱会带来有趣的结果：目之所及，尽是模式和平衡感。可以先看一两个明显例子。我们已经提到过，在建筑方面，几乎每座哥特式大教堂的设计图都是不规则的，暗示了活力和生命的理念。对希腊人来说，这种不规则的设计是可憎的，只会给人造成不完美的感觉。按构想建造的完美建筑自然是对称的。或者我们可以看看热心于平衡和对偶，而且常常会过分沉迷于其间的希腊散文。对于优秀作家或演说家来说，对偶是敏锐心智的直接产物，这种敏锐的心智会立即将某个概念化整为零。[地米斯托克利的某件轶事就是个很好的例子。它如此富有希腊特色，以至于若我没有在本书的某处引用就会是个遗憾。某个来自微不足道的塞里福斯岛（Seriphus）的爱嫉妒的人告诉地米斯托克利，他之所以出名，与其说是因为他自己的功绩，不如说是因为他碰巧是个雅典人。"你的话有些道理,"地米斯托克利说,"如果我是塞里福斯人,我就不会出名,但就算你是雅典人,你也不会出名的。"] 但有时,即使在修昔底德的作品中,对偶的后半部分也纯粹形式化。某些诡辩家的散文极尽繁复之能事,充斥着各种对偶,连音韵也不放过。于是,这种修辞手法变得难以形容地乏味。希腊文体的缺点不在于无能导致的结构松散,而在于虚假的形式主义。

然而,希腊人不仅喜欢自己的作品呈现对称性或某种模式,还认为整个宇宙必须是对称的。这很自然。在人的作品中,理性与完美对称。人属于自然,因此基于理性[1]的推测,自然也是对称的。

大自然中,对称性的例子并不少见。一年之中,黑暗与光明互相平衡,寒冷与炎热互相平衡。即使变化无常的风向也能保持总体平衡,除了"流浪者"——行星外,恒星合乎法则的运动早已为人所知。对称、法则和理性是同一事物的不同方面。

因此,就像在本该运用观察和演绎法时希腊人却依靠理性一样,他们倾向于无中生有地强加模式。第一点可举早期地理学家的做法为例。在埃及时,尼罗河使希罗多德非常激动,他千方百计地打听尼罗河的源头。有人给他讲了个转了好几手的故事,说非洲流沙地带(Syrtis,今苏尔特湾)附近某个部落中,某些爱冒险的年轻人曾穿过利比亚沙漠向南走,冒险走了一段路后被小黑人[即俾格米人(Pygmies)]抓走。有条大河从这些黑人的城边自西向东流过,河里有鳄鱼。讲故事的人猜测那是尼罗河,而希罗多德说:"这道理讲得通。"他的道理就是:大自然是对称的,因为正如尼罗河中分非洲一样,多瑙河也把欧洲一分为二，而且多瑙河入海口正对着尼罗河的入海口。多瑙河发源于遥远的西方，"在凯尔特人中间，比利牛（Pyrene）城附近"，希罗多德如是说，显然他听过"比利牛斯"（Pyrenees）这个名字，但把它当作地名或民族名。尼罗河也发源于西方，像它的入海口一样，它的源头也与多瑙河的源头恰好对称，还有什么事实比这更明显呢？这完全是早期希腊地理学的特征：无论是谁创造了大地，他都恰当地采用了对称方式。

第二点是希腊人在本该应用科学方法的地方使用逻各斯①，这可以用希腊医学史上的一场争论来说明。

> 有些医学文章的作者武断地选择任何他们认为对得上号的假说作为讨论的基础，如热与冷、干与湿等，从而简化了病因和死因，使它们在所有病例中看似无甚差别。这些作者的许多实际陈述都是错误的[2]，但他们最大的错误是，他们所处理的是一门行业技艺，而且是最为生死攸关的技艺。

这是一篇题为《论古代医学》（"On Ancient Medicine"）的文章的开头。该文被认为是公元前 5 世纪医学界最伟大的人物——科斯岛（Cos）的希波克拉底所作。希波克拉底是否真的写了这篇文章尚不清楚，但这个问题并不重要，重要的是其中科学家对先验哲学家（a priori philosopher）表示抗议。后者

---

① 逻各斯（Logos）首先是希腊哲学中的概念。赫拉克利特最早引入这个概念，认为它是隐秘的智慧，是世间万物变化的微妙尺度和准则。

从更宽泛的（他们理解中的）自然哲学（Natural Philosophy）降级到医学领域，正在构建普遍"假说"。这种"假说"不是科学假说那样为解释观察到的事实而形成的临时理论，而是未经证实的概括，更像数学公理。这位作者在后文中说，这些东西可以用来解释天上和地下的奥秘，但并不能依此处理"行业技艺"（或"技术"，因为希腊语"technê"包含两方面含义）。他接着说道，医学基础的原理和方法早已为人所知，这些方法已经带来了许多杰出的发现。如果称职的探索者掌握所学知识，并在此基础上进一步研究，就能将未知变成已知。但拒绝和鄙视这一切，并试图以其他方式探索的人既是错误的受害者，也是制造者。这条路行不通，而且他会证明这一点。

189　　就是说，在一门有可能通过观察和实验建立真理体系的科学中，已有希腊人能够持足够科学的态度。我们已经从修昔底德对瘟疫的描述中看到了这一点。他详细地描述了瘟疫对身体、精神和道德的影响，并在引言中说："至于这种病症最初是怎样产生的，为什么这种病症对身体有这样剧烈的影响等问题，我将留给那些有医学经验或没有医学经验的人去考虑。我自己只描述这种病症的现象，记载它的症候；这些知识使人们能够认识它，如果它再发生的话。我自己患过这种病，也看见别人患过这种病。"①

　　这就是科学的态度。修昔底德从不做未经证实的总结论述。还有什么能比以下《箴言论》（Precepts）的摘录更富科学气质呢?[3]

---

① 《伯罗奔尼撒战争史》，第 137~138 页。

在医学上，我们必须注意的不是似是而非的理论，而是经验和理性的结合。"理论推测要想被认可，就要基于事实，并从观察到的事物中系统地推导出来"，但由独立无助的理性得出的结论几乎不可能有用；有用的结论只能从观察到的事实中提取。

《流行病学》（*Epidemics*）中有段话，堪称仔细观察事实的佳例。该书显然是位云游医生的病例汇编。作者显然相当有条理。他首先记录当时的天气，然后列出病人的大致病程，并注明年龄、性别和其他可能相关的细节。以下是个典型的例子——简短，并且记录了一个有趣的地名：

> 那个年轻人跑步后发烧，全身脱力，于是在"撒谎者"市场上病倒。第一天：肠胃不适，大便多而稀黄，小便少，色深，失眠口渴。第二天：所有症状加重；排泄更差；失眠；精神活动紊乱；微汗。第三天：不舒服，口渴；恶心，辗转反侧；痛苦，神思恍惚；四肢发青、发冷；季肋部过劳受损并相当松弛（？）。第四天：失眠；病情恶化。第五天：死亡。得年约 20 岁。

190

\* \* \*

19 世纪有篇关于《流行病学》的批评文章（被琼斯博士引用过）很有趣，因为它完全不得要领。其大意说，《流行病学》的作者冷酷地旁观人类痛苦，却束手不去施救。他确实有一两次提到如何治疗，例如"热敷不能缓解痛苦"，但关键是，他是以病理学家而不是医生的身份写作，并坚持自己的立场。在这个例子中，希腊人比现代批评家所理解的更富科学精神。

引文清楚地表明，有的希腊人理解并遵循科学程序，但其他人只运用先验方法。用琼斯博士的话来说就是："随着疾病起源于神这种看法逐渐被抛弃，另一个同样令人不安且同样有悖于系统医学进步的因素逐渐抬头。哲学取代了宗教。希腊哲学在现象的多样性中寻求同一性，而对同一性的渴求导致在试图构建包罗万象的理论的时候臆断并忽视事实。正是这种渴求使泰勒斯宣称万物都为水，使《希波克拉底文集》① 中某篇论文的作者认为，所有的疾病都由空气引起。正如达伦姆贝格② 所说，"哲学家们试图闭着眼睛解释自然"。在这方面希腊人并非孤例。人类大脑惯于无视鸿沟，做出惊险的跳跃性结论。例如中世纪的音乐理论有时会深受三位一体的教义困扰，这在今天看来有些不伦不类。

但在那些"闭着眼睛"的希腊人面前，我们也不可自视过高，因为他们在闭上双眼的同时开放了思想。虽然闭上的双眼阻碍科学的发展，但开放的思想带来的东西也许同样重要，那就是形而上学和数学。

191　　数学也许是最具特色也最令希腊人兴奋的发现。如果我们先记住希腊人确信宇宙是一个合乎逻辑的整体，因此它是简单

① 《希波克拉底文集》（Hippocratic Corpus）是一部古希腊早期的医学著作，其中收集了约 60 篇医学论文，这些论文均与古希腊医学代表人物希波克拉底及其学说密切相关，但没有一篇被认为是希波克拉底本人所作。

② 查尔斯·维克多·达伦姆贝格（Charles Victor Daremberg, 1817—1872）是法国医生、学者、医学历史学家。

（无论表象如何）并且可能对称的，随后试着想象该信念对他们基础数学思维的影响，那么我们就更能理解这些对事实视而不见的家伙。

请读者稍花时间听听我自己的经历。我曾因失眠而做数学研究打发时光（精通数学的读者们可能会发出会心一笑）。我突然想知道一个数字的平方减去其相邻两数的乘积会是多少。$10 \times 10$ 等于 100，而 $11 \times 9 = 99$——两者的差为 1。有趣的是，我发现 $6 \times 6$ 和 $7 \times 5$ 之间的差相同，我的兴趣逐渐高涨，并且用代数证出，该乘积总是比该平方小 1 这一定律。下一步是考虑与某数相差 2 的两个数的情况，结果令人高兴。我自己揭示了一整套数字变化的规律，我可以高兴地说，数学老师可从没教过我这个。我越来越好奇，又接着算下去：$10 \times 10 = 100$，$9 \times 11 = 99$，$8 \times 12 = 96$，$7 \times 13 = 91$……我发现这些差值依次为 1、3、5、7……正好是奇数数列。更令人惊奇的是，如果用第一个乘积 100 依次减去每一个乘积，就会得到 1、4、9、16……我的老师从未告诉过我，我也从未想到，用数字可以做这些严肃而美丽的游戏。它们永无休止，（显然）独立于时间、空间和人类的心灵。这是对某个新的完美宇宙的一瞥，令人印象深刻。

推己及人，我能体会毕达哥拉斯学派的学者在有同样发现时的心情。但就我个人而言，这些发现并没有带来实际效果。爱奥尼亚人试图在物理中寻找的终极和简化的真理（Truth）实际上是数字。赫拉克利特不是说过万物都在不断变化吗？数字就是不变而永恒的，与终将腐朽的肉身没有丝毫关系，不受有瑕疵的感觉支配，完全可以通过思想掌握。此外，由于数字的构想基于空间，这些数学实体就拥有希腊人假想的完美事物

192

的性质：它们是对称的，而且其中的逻各斯是种典型范式。颠倒一下上述数列，我们就能说明这一点。平方数的数列可由奇数依次相加得到：

$$1^2 + 3 = 2^2; 2^2 + 5 = 3^2; 3^2 + 7 = 4^2 \cdots\cdots$$

因为毕达哥拉斯学派的数学思维以几何术语完成，因此对他们来说，这些就是典型范式。"平方数"由此产生：

希腊思想在这个新世界中走得越深，它的直觉似乎就越能被证实：表面的多样性之下存在简洁性；万物之主宰是法则而非偶然；宇宙建立在理性基础之上，而理性可以揭示其内在真实。铺就真理之路的砖石并非感觉，而是思想。

大自然中常见的几何特性强化了这种信念。毕达哥拉斯学派的一些成员必定观察过花和大晶体的几何结构。我们没有相关记录，但我们确实看到该学派发现音乐和谐的数学基础时兴奋非常。弦短一半，音符就会高一个八度——这个最简单的事实证明一整列比率同时就是音程。对于完全不通数学者，这似乎是奇迹般的巧合。希腊人在此看到的不仅是巧合，或者一个有趣的物理事实。希腊思想（正如我们指出的）沉迷于以类推进行论证，想一步跨越深渊，其真正原因在于他们假定整个宇宙或者说大自然是涵盖物质、道德和宗教的完整统一体。如果我们记得这一点，如果我们记得他们如何把道德看作对立元素之间的平衡手段、恰当的"调音"和灵魂和谐的状态，如果我们记得"音乐"（Mousikê，包括诗歌和舞蹈）在希腊教育中的重要地位，如果我们记得物理宇宙中已发现了数学关系，那么我们就可以理解受和弦特性研究成果鼓舞的毕达哥拉斯学派如何取得飞跃式进步，并认为他们也可以为宗教和道德找到数学基础。他们逐渐发展神秘的数字学说，根据该理论，神或善是 1，代表统一；正义是第二个平方数 4；等等。这是一次勇敢的尝试，但人类的历史表明，把握物理世界比道德世界容易得多。

柏拉图热衷于数学。他在学园门上题着：

**ΜΗΔΕΙΣ ΑΓΕΩΜΕΤΡΗΤΟΣ ΕΙΣΙΤΩ**

意为"不懂数学者不得入内"。他的名言"神总是按几何学行事"是在以哲学方式表达某种直觉。正是这种直觉促使希罗多德形成对尼罗河的猜测。但柏拉图把数学冲动与苏格拉底"人类研究活动的对象应该是人自身，以及就人而言的至善"的信念结合。他也继承了苏格拉底的辩证法，即通过逻辑探究寻找美德的"逻各斯"——那个包罗万象的定义。他像苏格拉底一样，相信美德就是知识，相信凡是知道何谓美德的人一定会实践美德，因为美德与"好的"同属一词，必然比"坏的"更可取。在这一点上，苏格拉底和柏拉图低估了意志的弱点，但也可能是我们低估了他们所说的"知识"的含义。柏拉图像某些前辈一样，严格区分知识和意见。知识不是人们被告知、展示或教导的东西，只可能是他自己经过长期严密探索后的发现。而且，只有永久的东西方可为知识添砖加瓦，易变之物是不行的。知识的对象是"存在"，而不是易变的感官对象。事实上，尽管所走的道路完全不同，但柏拉图到达的地方与那些主张"对神的认识是智慧开端"的诗人相去不远。194

关于"存在"的知识只能通过毕生孜孜不倦的智识探求来获得，这方面的入门方法就是研究数学，因为数学能引导思想远离显而易见的感官对象，去思考更真实的东西。我们只能通过思想把握不变的现实，而感官只能展示倏忽即逝的、有瑕疵的现实摹本。在现实或理念中，最高的是至善（The Good），虽然柏拉图并没有正式将至善等同神，但他以这样的方式谈到至善的神性，跟正式把二者等同也所差无几了。

人有了这知识就不会犯错。这知识有关存在和至善，实际上也就与神有关。它比我们当下理解的、纯粹有关智力的"知识"内涵更丰富广泛，因为有道德和智识的激情作为它的双重驱动力，而它的目标是包罗万象的真实。无论在类型上有何不同，它实际上和基督教的恩典（Grace）[①] 一样，属于同一事物序列。这是希腊思想家探索内在真实即"逻各斯"的顶峰。道即为神（The Word was God）。

---

① 恩典指从神或者某人那里得到的各种礼物，或吸引人注意的美事，甚至包括人所羡慕的特性。

# 十一　神话和宗教

　　本章并非要概括希腊生活和思想中某个广泛而相当复杂的部分，只解释某些可能会困扰读者的明显矛盾。

　　我们已经花了些时间详述：希腊人本能地在宇宙中寻求统一和秩序，我们由此可能觉得他们是一神论者。然而相反的是，他们自称信奉的神祇不可胜数。甚至在古典时代，启蒙诗人们似乎也毫不犹豫地塑造新的神灵。希望、恐惧及其他类似
观念都能化身为神而不会令人惊讶。我们都知道圣保罗曾发现雅典人"相当敬畏神祇"（钦定版《圣经》翻译得并不准确），但他们敬畏的是万千众神。再者，我希望大家都已经看到，大部分古典诗歌和艺术十分严肃。它们绝不乏欢乐和魅力的元素，但在其中占主导地位的是道德责任感。然而这正是该艺术的神话基础缺乏的东西，这使人觉得很不可思议。关于神之反复无常、残暴风流的故事多如恒河沙数，很可能会让我们觉得希腊人视道德责任为无物。然而，此种印象大错特错。

　　这两个问题相当难解释。一言以蔽之：希腊词语"theos"并不意味着上帝（God）。早期神学与道德间的关系并不是我们想当然的样子，事实上两者毫无瓜葛。只因我们首次见到它们时，它们已经披上了更为琐碎的后天伪装，我们就不可避免地以错误态度看待神话，从错误角度出发剖析它们。无论是否认识到这一点，我们都是从奥维德①及他引用的后期希腊权威

----

　　① 普布利乌斯·奥维德·纳索（Publius Ovid Naso，前43—17）是古罗马诗
　　　人，代表作有《变形记》《爱的艺术》《爱情三论》。

作者开始接触神话的。若要正确了解希腊神话，我们必须探索其源头而非末尾。

　　让我们先来看看多神论。原始希腊人对神的看法似乎和其他原始民族相差无几。我们的生活实际受制于不可控的外部力量，例如天气。这些力量就是"神祇"，我们所能做的就是设法和他们友好相处。这些力量视众生平等，雨落在好人身上，也落在不义之人身上。于是，还会有其他力量保护我们，或者说我们希望如此。这些力量包括部落、氏族、家庭和灶台的神。我们必须小心敬奉这些看不见的社群成员，为神献祭须遵成例，任何出格行为都可能激怒他们。它们是否能被支配人类行为的法则约束尚不可知。事实上，某些神祇明显不受约束。这就是说，神学和道德之间没有本质的联系。

196　　但在史前时代，从这种原始宗教的发展方式中仍可以看出希腊人的性情。在他们的拉丁近亲中，神力纷繁众多而且无个性特征。只要该宗教存在，其仪式就始终以最严格的方式遵循古老程序，而该程序的真正意义可能已被遗忘。有个几乎无法想象的词"numen"，很难用诸如"精神"这样意义明确的词来翻译。它涉及人生中几乎所有行为——从婴儿时期的第一次啼哭开始，一直到他最后躺进坟墓。如果所有仪式都能准确地因循规矩，那么其他一切都不重要。希腊宗教的发展形式完全不同。首先，希腊人有生气勃勃、富有戏剧性和创造力的感觉，势必会为这些"力量"在人世间找到对应形态。可以说，神祇是升华了的国王形象。其次，追求统一和秩序的冲动减少了众神的数量，他们被合并为一个家族以及一个家族议事会。举一例足矣，伟大的部落或国家之神宙斯同时又是天神，还有一位名叫赫启欧斯（Herkeios）的神保护人类的"herkos"

（农场围墙）。这两个神合二为一，成为宙斯·赫启欧斯（Zeus Herkeios）。在这里"Herkeios"是形容词，表明宙斯有特别的责任：保护围墙。

　　然而，这追求统一和秩序的冲动远不止于此。即使某些力量看似不受法则约束，并且有时明显互相冲突，但在宇宙中有种规律的节奏，它们可能向其挑战，却永远不会将其打破。换句话说，有种力量比诸神更强大，神并非无所不能。这种神秘的力量被称为"Ananke"，意思是"不可避免"，或者"Moira"，意思是"共同的命运"。这种关于普遍客观力量的概念中产生了宗教和科学的萌芽。

　　下一阶段是神学与道德的结合。当然，这个过程并不像任何简短总结所暗示的那样清晰和系统。希腊人永远不会像罗马人那样尊重形式。我们可以看到宗教和道德间的鸿沟已至少被以两种方式跨越。向神献祭的仪式需要严格意义上的纯洁，比如流血的人在未得洁净以前不可参与祭祀。随着时间的推移，这种对外在洁净的神圣要求会扩展到内在纯洁，这是很自然的。同样，某些人类法律无法惩罚或查明的罪行被交给神来制裁。在原始环境中，被放逐者和避难者不受法律保护，而且地位卑下者可能也不易得到法律庇护。因此，乞援人、客居者和乞丐都被认为受到神的特殊眷顾。伪证罪可能无法被证明，因此特别为神憎恶。最重要的是，希腊人从根本上拒绝区分自然和人性。因此统治物质世界的力量也必然统治道德世界。至此神已经被精神化。"Ananke"或"Moira"不再凌驾于宙斯之上，而是他意志的表现；而其他神圣力量，如惩罚暴力和不公正的复仇三女神厄里尼厄斯（Erinnyes），是他的忠诚代理人。

　　但宙斯的这个形象与神话中那个狂暴、易怒而多情的神灵难道不矛盾吗？确实有矛盾。但我们谈论矛盾之前，最好先找出这些神话的起源。

有两类神话不在我们关心之列。一类是历史神话或表面上基于史实的神话，比如特洛伊及其衍生故事；另一类是诸如珀修斯（Perseus）砍掉蛇发女怪戈耳工（Gorgon）头颅的民间神话（Märchen），它们同我们国家"杰克与仙豆"（Jack and the Beanstalk）之类故事的性质一样。我们关心的是克洛诺斯（Cronos）被儿子宙斯打败并阉割，① 以及关于宙斯和阿波罗成功把众多女神、仙女和凡人妇女弄到手的故事。这些故事误导我们，也使希腊人在更倾向于自省的时代感到受了冒犯。它们是如何产生的呢？

总体来说，它们不过是对事物的解释，之所以被赋予色彩和生命，是因为希腊人情不自禁要这样做。

它们就是解释。有大量现存宗教习俗和已在人类记忆中模糊的传统需要解释，因此随着真相被遗忘，虚构的故事就取而代之。上文对希腊史前宗教的讨论只是让我们对其复杂性有大概但并不精准的认识。我们大体上谈及了早期希腊人的多神教，但再思考下，这些"早期希腊人"并不是统一的民族，而是几个世纪以来一直互相排挤的小股人群，他们居无定所，不断与新邻居发生新接触。我们也要考虑到，只有高度发达的宗教，如犹太教、基督教和伊斯兰教，才会排外且不宽容。多

---

① 这里作者似乎把克洛诺斯和宙斯的事迹搞混了，克洛诺斯是古希腊神话中的第二代神王，他阉割了父亲乌拉诺斯（Uranus）并推翻其统治，乌拉诺斯预言克洛诺斯也会被自己的儿子推翻，但是宙斯在推翻克洛诺斯后似乎并未将其阉割，而是将他与其他战败的泰坦族人一起囚禁在塔尔塔罗斯。

神论的宗教自然乐于接受新神祇。早期希腊民族的一部分人在新邻居中间定居或统治当地人，自然会继续崇拜自家神灵，但也会尊敬已存在的本土神。举个相当典型的例子，斯巴达附近的阿米克莱（Amyclae）有个海厄森斯祭（Hyacinthia），祭祀海厄森斯（Hyacinth）和阿波罗。格调阴郁的海厄森斯祭的主要特征是倾祭酒于地。整个庆典为期三天，第二天祭祀阿波罗，而且气氛欢快。无疑，这个双重祭拜庆典源自古代某个崇拜奥林匹亚阿波罗，且定居于阿米克莱的新民族，他们的宗教信仰与崇拜地神而非天神的当地民族完全不同。无论出于虔诚还是谨慎，人们都不会忽视原有宗教，因此新旧仪式合二为一。几代人之后，双重崇拜的起源已被遗忘，事实上地神的存在本身也被忘却了，但天生的保守主义和虔诚使该仪式得以延续。那么该仪式的意义到底是什么？倾酒于地现在只意味着它是被献给死者的。由于阿波罗也在海厄森斯祭中有一席之地，那么死去的海厄森斯一定是阿波罗的亲密朋友。因此有种说法称，海厄森斯是阿波罗所爱的年轻人，但被阿波罗掷出的铁饼误伤而死。我们已经看到，"海厄森斯"不是希腊词，对地神的崇拜也不属于希腊人。因此该仪式和故事为我们记录或反映了两种完全不同文化的融合。

199

先前的神通常是女神，于是她自然会成为后来神的妻子。如果是如海厄森斯这样的男性神，就可能成为后来神的儿子——但这还需要有位母亲把二者联系在一起。这位母亲往往是当地的仙女或女神。这个过程非常自然而无邪。当类似事情发生在希腊人定居的无数山谷和岛屿上时，当这些被取代的当地神灵越来越被认为与宙斯或阿波罗有密切联系时，宙斯和阿波罗就通过临幸女神、仙女或凡人女子而子孙满堂。但这种好色的神灵形象是神话的偶然结果，而不是最终目的。它之所以没有伤害到宗教情感，正是因为人们知道它不过是种可能的解释。它不过是"据传言"，不是权威或教条，也没有教育意义。虽然这种解释有传统的分量加持，但你可以自由选择相信与否。最重要的是以仪式尊崇神祇，没人能强迫你接受神的故事。

不过，还有另一类神话，加工痕迹更少而且起源不同，但仍意在解释。举个例子，有个严重冒犯了后世希腊人的故事说，宙斯用暴力推翻父亲克洛诺斯的统治，并把他囚禁在地狱的最深处。为何要编造这样一个故事呢？简单地说，此类神话意在尝试解释万物起源：先是物质宇宙，然后是神的起源。太初一片混沌（Chaos），即有"太古空隙"（yawning void）。混沌中产生广阔平坦的大地（Earth），她是万物、神灵和人类的真正母亲。她创造了乌拉诺斯（Ouranos，天空），大地和天空的结合产生了黑夜、白天以及一窝巨大的怪物。这些怪物形象代表了精神和物质的力量。希腊人自然以人类语言勾勒混乱中逐渐出现秩序的图画：为何大地女神和乌拉诺斯没有继续繁殖此类原始后代，秩序从何而来？乌拉诺斯被青出于蓝的儿子克洛诺斯推翻并禁锢，而时机成熟后，宙斯又重复了这一过程。在宙斯的统治下，我们所知的世界和道德秩序终于产生。克洛诺斯是乌拉诺斯的儿子，宙斯是克洛诺斯的儿子，这不过是偶然。他们不可能是其他任何人的儿子。只有更为"文明"的后人才会牢牢抓住这一细节，愤愤于这些神的"不孝"行为。

总之，希腊的多神论是"自然的"宗教。它后来日趋复杂并不断吸收新神祇，一方面由于希腊民族分裂为小部族散居各处，另一方面由于至少在希腊某些地方，两种不同宗教融合在一起。在后一种情况下，融合的两种宗教中，一种与社会群体有关，另一种则与自然崇拜有关。希腊人追求统一和逻辑的本能表现在创造了由人与神之父宙斯主宰的奥林匹亚神祇系统上。在此过程中，希腊的部落神和天空神，明显没有希腊特质的自然女神和男神，一众守护"邪神"（daimones，指精灵，但不是恶魔）如厄里尼厄斯，以及人化的抽象概念［如正义（Dikê）和法律（Themis）］一起构成井然有序的系统。道德最初纯属人类和社会范畴，后来被置于众神的保护之下。该过程也体现了上述本能。此外，这种本能还通过"Ananke"或"Moira"的统一观念表现出来。该统一观念最初凌驾于众神之上，但后来被认为是宙斯的意志。众多意在解释各种现象的神话，不可避免地被希腊人活跃的想象力赋予了人格和戏剧形式。

但是，当宗教和道德开始并轨，当神不仅成为自然、社会和心理力量，而且成为道德力量时，神话中的非道德元素就成了绊脚石。哲学家和艺术家以不同方式应对它提出的挑战。艺术家删除或忘记神话中他们不喜欢的东西，继续创造性地使用其余部分；哲学家们则扫除一切。早在公元前 6 世纪，爱奥尼亚哲学家克塞诺芬尼就提出，如果驴子信教，就会把它们的神想象成驴子的样子。神话的本质不过是"神人同形同性论"（anthropomorphism）。就连身为诗人的欧里庇得斯也谴责"诗人的拙劣故事"。神完美而全能，那么若神作恶或有欲就不再是神。柏拉图痛斥诗人传播关于神的琐碎、错误甚至邪恶的故事，比如他们互相争斗，或者被悲伤、愤怒、欢乐等情感所左右。虽然很不情愿，但他还是不允许荷马进入他的理想国，而且悲剧诗人传播关于神的无价值的思

201

想使他十分恼怒。

当然，也有些水平低下的悲剧诗人活该受到柏拉图的指责，但就我们所知的悲剧诗人而言，柏拉图的抨击是荒谬的。这是哲学家对艺术家的攻击，哲学家不承认除自己脚下的路之外还有其他通往真理的道路。这攻击来自一位严肃聪明的哲学家，他比大多数诗人更有诗人风范。某些最深奥美丽的希腊神话就出自此人之手。[1] 柏拉图说："哲学和诗歌之间长期争论不休。"在哲学家这边，尤其是柏拉图自己的灵魂中，还真是如此。

然而，诗人们却没意识到这一点。如果真有哲学诗人的话，那么品达、埃斯库罗斯、索福克勒斯、欧里庇得斯就都是哲学诗人。而神话，甚至"不道德的"神话，都是他们的天然媒介。理解他们如何利用神话很重要。表面上，戏剧诗人的作品是"关于"神话人物的，事实上根本不是。这些人并没浪费自己和城邦的时间，从一艘挪亚方舟上找出几个人物形象来摆弄一番——尽管批评家们似乎认为他们正是如此，并撰文称他们被诗人们使用的神话素材搞得"十分尴尬"。这些批评再虚伪愚蠢不过。他们的戏剧产生于自己对当时宗教、道德和哲学问题的抗争，他们对神话素材的运用和莎士比亚对霍林斯赫德①素材的利用一样多，而且正如后者一样自由。欧里庇得斯笔下的《美狄亚》（*Medea*）为大家所熟知。被丈夫伊阿宋背叛的美狄亚不仅杀害了伊阿宋新娶的科林斯妻子，还杀害了自己和伊阿宋的孩子。这里的中心事件，即母杀子的事件，是

---

① 拉斐尔·霍林斯赫德（Raphael Holinshed，大约逝世于 1580 年）是英格兰编年史家，其作品《英格兰、苏格兰和爱尔兰编年史》是莎士比亚许多剧本的主要资料来源。

欧里庇得斯捏造出来的。在故事的早期版本中，是科林斯人杀害了他们。为了表达自己的观点，欧里庇得斯把神话改得面目全非。他并非像某些现代制片人认为的那样，是在为某个悲剧女明星量身定做角色，更不太可能是在进行心理学研究。他想要表现的是，不受理性控制的激烈情绪，会给美狄亚这个直接受害者以及整个社会带来什么样的毁灭性后果。埃斯库罗斯同样能够运用最有暴力特点的古老神话，并赋予它们深刻内涵。在《普罗米修斯》（*Prometheus*）一剧中，他引用古老的宇宙起源故事：众神交战，普罗米修斯公然反抗宙斯，因此遭受了长年累月的折磨。在《俄瑞斯忒亚》中，阿耳忒弥斯要求阿伽门农献上自己的女儿，这是从遥远"人牲"时代流传下来的神话。剧中后来阿波罗和卡桑德拉的来往也同样令人震惊。然而，这些神话却被稳定地编入两个戏剧系列（可惜其中之一是不完整的），成为人类思想的最高成就之一，表现了理性、秩序和仁慈在神和人之中诞生和发展的过程。

因此，我们可以继续探讨，看看神话如何在所有剧作家的作品里——尤其以不同的方式在品达的作品里——保持生命力，又在当下被注入深刻的宗教或哲学意义。从本质上讲，它们仍然在解释。但现在，在这些严肃而强大的诗人手中，它们解释的是人的生活和人类灵魂。

然而，希腊宗教思想的未来既不在于神话，也不在于奥林匹斯诸神，更不在于成为奥林匹斯诸神崇拜补充部分的更个人化的"神秘"宗教。它的未来在于哲学家。基督教中有相当多的希腊元素，且这些元素主要源自柏拉图。尽管埃斯库罗斯的宙斯纯洁而崇高，但他身上希腊城邦的色彩过于强烈，所以不能成为整个人类的上帝，正如犹太人的神不经历大变也不能成为异教徒（Gentile）的神一样。正是希腊哲学，尤其是柏拉图关于绝对永恒的神的观念，为世界接纳某种普遍的宗教做好了准备。

就希腊神话而言，欧里庇得斯的某些晚期戏剧显示了重心转移。严肃的思想开始在纯哲学的轨道中运行。诗歌的黄金时代行将结束，神话和宗教的古典统一正在瓦解。到公元前5世纪末，欧里庇得斯［如在《伊翁》（Ion）、《在陶洛人里的伊菲格纳亚》和《海伦》中］开始以讽刺、戏谑或浪漫的方式使用神话。我们现在接近希腊神话的最后阶段，那个我们因希腊化和罗马诗人的努力而最为熟悉的阶段。亚历山大的征服彻底斩断了神话与思想的联系。在埃及或亚洲的新希腊化或半希腊化城市里，希腊人住在陌生人之间，受强大却遥远的国王统治。对他们来说，古老的众神和希腊当地神明及其崇拜仪式似乎已渐行渐远。就像人们被迫永远离开乡间祖居聚集到城市时，我们会因此对民间传说产生兴趣一样，在新的希腊化时代，希腊人散居各处，而旧式生活走到尽头时，大家就会孜孜不倦地搜寻收录当地传说和家乡仪式。但它们不再是活的神话，而只是颇有吸引力的遗迹。诗人和艺术家们急切地转向它们。就像我们今天认识的某些人一样，博学的诗人们不再为仍有活力的、看得见的城邦写作，而是为散布在广阔新世界里的受过教育的公众写作。这就是亚历山大时代。在这个时代，神话发展成文学和艺术的狂犬病；可怜诗人无法为更重要的东西找到灵感或观众，只能用精巧韵文讲述神祇们美丽或不体面的恋爱故事，以及惊人的变形故事。这个时代横亘在我们和古典希腊人之间，让人觉得希腊人是无可救药的不务正业者。这个

203

时代不缺严肃思想家，但他们都是哲学家和科学家，而非诗人。这些诗人的神话起初还算迷人，但很快让人烦得要命。神话已死；而在品达、埃斯库罗斯、索福克勒斯和欧里庇得斯的作品里，它曾那样鲜活。

204

# 十二　生活和性格

　　不知为何，成为万人大军领袖的色诺芬被从雅典流放。他是斯巴达国王阿格西劳斯的密友，后者为他在伯罗奔尼撒的斯奇卢斯（Scillus）找到一个小庄园，离奥林匹亚很近。如果不能住在阿提卡，那么这个地方也算不错，因为每个人迟早都会去奥林匹亚。色诺芬的大部分著作包括《远征记》（也作《长征记》），想必都是在此写就的。在记述了居鲁士远征及后续事件的《远征记》一书中，他借机描述自己的乡间隐居地，这是现存对乡村生活的极少数描述之一。

　　万人大军赢得的战利品中，有十分之一留给阿波罗和阿耳忒弥斯，将军们分头操办此事。在德尔斐，色诺芬把献给阿波罗的财物上交给雅典宝库（Treasury of the Athenians）。他把以弗所[①]的阿耳忒弥斯（以弗所的戴安娜）该得的那份托付给女神的祭司迈加比佐斯（Megabyzus），因为他本人正与阿格西劳斯率万人大军的余部（现在是 8600 人）与底比斯交战，顺便还要对抗雅典。色诺芬在战后幸存，而迈加比佐斯来观看奥林匹亚运动会，顺路来此处拜访色诺芬，并把该献给阿耳忒弥斯的财富如数交还。色诺芬用它在德尔斐的阿波罗指示的地方买了块地。"斯奇卢斯河流经这庄园，也恰巧流经以弗所的阿耳忒弥斯神庙，这两处的河段中都可找到鱼和贝壳。斯奇卢斯的庄园里可以打到你能叫出名字的所有猎物。"色诺芬还用这笔

---

　　①　以弗所（Ephesus）是古希腊小亚细亚西岸的重要贸易城市。

钱建了一座祭坛和一座庙宇，并把地产上每年产出的十分之一作为祭品献给女神。所有的公民和邻居，还有他们的妻子都被邀请参加庆典。女神为来宾提供大麦饭、面包、葡萄酒、甜食、一份神圣牧场献祭的肉和一份猎物。因为色诺芬的儿子与其他市民的儿子在庆典前去打猎，成年男人愿意的话也可加入。猎物有时是在圣地上捕捉到的，有时是福洛伊山（Pholoê）的雄野猪、瞪羚和鹿。这块地产位于从斯巴达到奥林匹亚的路上，距离奥林匹亚的宙斯神庙大约2.5英里。那里有一片草地和林木茂密的山丘，蓄养猪、山羊、牛和马，因此即便是来宾的驮畜也能度过一段愉快时光。神庙四周的果园里种满各种果树。同以弗所的那座神殿一样，这座神庙的规模也不算大，神像也是以弗所的那尊金像的柏木复制品。神庙旁有一柱，其上铭文曰："此乃阿耳忒弥斯之产业。得此地并享其产者，当岁贡所产之什一，下余以修缮神殿。违者神当鉴之。"

这幅迷人的图画展现了希腊某地平和乡村生活的一个侧面。我们可以想象，"公民和邻居"对这个定居在他们中间的陌生大人物有点困惑。这个人曾率雇佣兵从天涯海角回乡，与斯巴达的阿格西劳斯关系很好，并且正在写一本相关的著作，据说还写过其他一两本关于某个奇怪雅典人的书。尽管色诺芬经常谈论他，但那人不过是个小人物。他似乎是个哲学家，名叫苏格拉底，或者诸如此类的名字。虽然你不太会认为关于色诺芬有很多类似的无稽之谈，因为他非常虔诚、明智而务实，虽说可能有点挑剔，但他确实十分看中把一切都安排得井然有序。

这点可以从他写的一本非常有趣的小册子中清楚地看到。这小册子的希腊语书名是 *Economics*（《家政论》），字面意思

205

206　是"家庭与财产管理"。① 它以对话形式，愉快地转述了苏格拉底同雅典乡绅伊斯克玛古斯（Ischomachus）的交流——唯有这一次，主要发言人不是苏格拉底。伊斯克玛古斯讲的是如何将妻子训练为贤妻良母。伊斯克玛古斯的妻子嫁给他时还不到十五岁——地中海女人确实结婚很早——并且整个童年时代深居闺中，因此可能会孤陋寡闻。她知道如何用羊毛衣料做衣服，如何监督仆人纺织，但其余的事有赖伊斯克玛古斯教导。首先，他教她如何在献祭时祈祷，年轻的妻子以真正的色诺芬式的虔诚参与其中。他指出：他选择她，而她的父母也选中了他，作为最合适的搭档来管理共同的家，生育并教养儿女，让他们在各方面都表现出色，以此保障晚年生活的美满。他得"主外"——我们立即被告知希腊人如何挑选并培训管家和工人，让他们忠心而快乐地工作。而她的职责是把他赚来的东西进行最合理的安排。虽说男女在道德上不分高低，但神祇已据分工仔细区分了两者的本性。妻子被比作蜂后，她的责任是管理：保证别在一个月内用光本应支持一年的给养；为需要的人做衣服；把风干食品保存在适当地方。还有也许更令人不快的任务，就是照看生病的奴隶。但年轻的妻子打消了他的所有顾虑："这工作再令我愉快不过，因为那些受到精心照顾的人很可能会感激我，并且比以前更加依赖我。"

　　伊斯克玛古斯继而讲到女佣的家政培训，此时我们得以了解他们家中的情况。家中布置经过深思熟虑，没有丝毫奢华。物尽其用，每个房间里的物品似乎都适得其所。因此，最里面

---

① 《家政论》又译《经济论》，与《论税收》一起，集中反映了色诺芬的经济思想和对经济活动的主张，这两部作品是现今流传下来的古希腊最早的经济专著。

的房间藏着最值钱的地毯和器皿，因为那里最安全。谷物存放在最干燥的房间里，葡萄酒放在最阴凉的地方，我们喜欢看的精美花瓶和其他艺术品都布置在最亮堂的房间中。房子朝南，这样客厅冬天可以有阳光，夏天则有阴凉（外面无疑有个小柱廊）。伊斯克玛古斯坚持认为房屋布置必须整洁有序。没有严格纪律约束的军队或合唱团会是什么样子呢？他向妻子介绍自己见过的一艘腓尼基船：各种索具都被藏在小到难以置信的空间里，那块地方不比一间像样的餐厅大，但任何东西都可以被随时取用，在最紧急的情况下，水手可以立即拿到需要的任何东西。整洁本身就很了不起，衣服、鞋子甚至平底锅，如果布置得当的话，看起来该有多美丽[1]啊！

　　至于他自己的生活方式，伊斯克玛古斯向苏格拉底解释说，他起得很早（当然是在黎明时分），这样就来得及在某个有业务往来的人外出前上门拜访，此外还可以借机散步。（这意味着比等到上午去市场上找人要好。）如果在城里没有事务要处理，他就让仆人把马牵到庄园里去，自己则步行前往，好活动活动腿脚，这比在城邦柱廊上走动要好得多。他去农场里看人们工作，如果他想到任何改进就告诉他们。然后他骑着马，像在战场上驰骋一样穿越乡间，但同时要小心不让马受伤。他把马交给马夫后自己回城，路上或走或跑，之后再来一次运动员的"刮澡"——运动员常在运动后用油擦洗自己，并用"刮身板"（一种弯曲叶片状东西）刮去油泥混合物。随后伊斯克玛古斯开始用午餐，这是一天中的第一顿饭，他谨慎地不吃太饱。这一天的其余时间他在做什么呢？书中没有提。但他无疑是在处理公共和私人事务，同时和苏格拉底这样的人谈话。苏格拉底很欣赏这种生活方式："难怪人们说你是城邦最好的骑手之一，也是最富有的公民之一，因为你如此勤勉地致力于这两件事。""但是，"伊斯克玛古斯说，"我不是很受欢迎。"他脸上没有笑容，色诺芬亦无喜色。

208

这是当时的典型生活吗？如果有大量此类材料供比较，那么我们可能会得出答案。但我们没有。我个人猜测这种情况根本就不典型，当然这绝非因为伊斯克玛古斯实际上很富有。色诺芬身上有几分18世纪的气质：谨慎虔诚、喜爱秩序、杰出的冷静头脑和平易近人的文风。他发现斯巴达伙伴与自己意气相投：他很可能曾为臭名昭著的"三十僭主"²奔走。在伯罗奔尼撒战争结束后，"三十僭主"曾以恐怖手段短暂统治雅典。总的来说，他不是典型的雅典人，如果有人认为默默无闻的伊斯克玛古斯谈及的关于婚姻和女性教育的观点属于典型雅典做法，那他的头脑就未免过于简单。

不过话说回来，这里面有两个细节很典型：一是雅典人不吃早餐，二是城市和乡村生活密不可分。

现在，我们已对公元前4世纪早期的乡村生活略知一二了，虽然是通过一位退役少将的视角，他对历史和哲学都不怎么感兴趣。我们真能深入乡村，来到山上牧羊人之间，或者亲密接触边远村中的农人吗？这比登天还难。中世纪历史学家津津乐道于有关修道院或庄园的记载，我们却没有类似历史素材可供使用。而且城邦文献从不扯闲言碎语。我们听说过乡村庆典，但并不是所有庆典都像色诺芬举办的那样高雅。希腊的蛮荒地区仍离文明相当遥远，所以充斥着古老的乡村迷信和奇怪信仰。在阿卡迪亚，似乎原始的人牲献祭在公元前5世纪仍有实行。阿里斯托芬在《阿卡奈人》（*Acharnians*）与《和平》（*Peace*）中描绘如此图景：阿提卡农民的家园被斯巴达人占领，他们被迫迁进城中，为此恨恨不已。《阿卡奈人》中有两个亨利·劳德①式的人物，即分别来自底比斯和迈加拉的两个深受战争之苦的农夫。不过，书中没有细节描写，甚至连持续的描述都没有。我们必须回溯两个世纪甚至更长时间，当时赫西奥德笔下一年四季永不停息的劳作和规划应该还没过时，或者我们可以向前走一个世纪，去见塞奥克里托斯②和他那些歌声动听的牧羊人。他的文体不仅有达蒙（Damons）、达夫尼德（Daphnides）和利西达斯（Lycidae）等大批传人，而且还在今天的希腊牧羊人中拥有真正的继承者，尽管这些继承者不再即兴创作或辛辣或优美的六韵步对答体歌曲，但至少时而吹笛并创作歌曲——或者说他们曾经这样做，直到被战争占据思想为止。塞奥克里托斯的牧羊人当然经过理想化处理，但在两首更具现实主义风格的田园诗（第四首和第五首）中，理想化的程度可能不高。第七首诗描绘了热天在科斯岛的长途散步和乡村野餐的美好画面。逆着时间长河再向上游走四个世纪，在转而信奉哲学的上流社会演说家金口狄奥（Dio Chrysostom）的著作中，我们读到一个详细而富有同情心的故事：在埃维亚岛偏远地区的一片荒地上，两个家庭靠耕猎为生，其中一人毕生从未进过"城"，另一个则进过两次，他对城市的描述最为有趣。[3]

　　戏剧偶尔会使我们瞥见多少还算生动的乡间生活。在欧里庇得斯的《厄勒克特拉》中，女主人公被邪恶的埃癸斯托斯嫁给了一个正派的农民，这样她的孩子就没有资格从篡位者手

---

① 亨利·劳德爵士（Sir Henry Lauder，昵称为 Harry Lauder）是苏格兰歌手和喜剧演员，在音乐厅和传统的杂耍表演剧院中都很受欢迎。
② 塞奥克里托斯（Theocritus）是西方牧歌（田园诗）的创始人。

209

中夺回王位。我们看到她黎明即起，汲了一罐泉水顶在头上带回家，尽管她的丈夫抗议说她没必要这样做，但她说："我这样做是因为你对我太好了。你在外面有很多事要做，我必须照顾好家。劳动的人回到家里发现一切都井井有条，会很开心的。"不久她有时间独处，为阿伽门农唱一首哀歌，此时合唱团中扮成来邀请她参加节日庆典的女孩现身。"不，"厄勒克特拉，"我不会跳舞作乐。看我首如飞蓬，衣衫褴褛。这些

210　配得上阿伽门农和他征服的特洛伊城吗？""但是女神很重要。来吧！我会借你一件绣花长袍和金饰……"但她期盼已久的兄弟俄瑞斯忒斯出现了，带着忠实的皮拉德斯（Pylades）来向凶手复仇，但看上去缺乏英雄气概。他没有说明自己的身份，于是厄勒克特拉看到家附近有两个武装男子，吓得要命。农夫恰好回家，震惊地看到妻子在门口和年轻人谈话。这真是伤风败俗。厄勒克特拉解释说，他们是她哥哥的朋友，带来了俄瑞斯忒斯的口信——俄瑞斯忒斯确实也只说了这么多。"那么，"农夫说，"进来吧！我家很穷，但我的东西您可以随意取用。"他先进屋，这给了俄瑞斯忒斯一个机会，就"世事难料"的主题做了一次讨人喜欢的道德说教。"拿这个人来说吧，一个普通老百姓，毫无引人注目之处，可他多么高贵啊！"问题是，王室成员俄瑞斯忒斯本人在这部戏里表现得很不光彩。远道而来的客人进了屋，他们的奴隶提着行李。农夫又出现了，他的妻子对他怒冲冲地低声说："你这个笨蛋！你知道我们有多穷，你为什么要请这些地位比你高得多的绅士进来？""哎呀，"这个通情达理的人说，"如果他们是绅士，而且他们看起来也确是绅士，难道他们会对所见不满意？""既然错误已经犯下，就去找我的老奴仆吧。知道俄瑞斯忒斯还活着他会很

高兴，他会给你东西来招待他们。""很好。但你先进去做好准备。巧妇总能找到米的。屋里的食物足够他们今天吃。（厄勒克特拉下）有钱是件大好事！你可以对客人慷慨大方，生病也能治。但吃的上面钱多钱少没什么区别。有钱人吃的不比穷人多。"老奴隶赶来时，因为走了很长的山路而累得很，他不是住在平原上的富裕农民。他带来了一只羊羔、一些奶酪和陈酒，酒不是很多，但甜而浓，很适合兑水喝。另外，他还带来了花环，这是相当于我们晚礼服一样优雅的装饰品。但更重要的是，他认出了俄瑞斯忒斯，这样主人公就不能再犹豫了，这出戏的情节也加快速度，走向残酷而可耻的结局。

在欧里庇得斯的《俄瑞斯忒斯》一剧中，我们曾听一个劳作的农民在阿尔戈斯的公民大会上发表真诚坦率的演说。俄瑞斯忒斯因杀害母亲和埃癸斯托斯而受审。传令官塔尔堤比俄斯（Talthybius）站起来，说了些狡猾而模棱两可的话。欧里庇得斯说，他就是那种墙头草，他总是皮笑肉不笑地望着埃癸斯托斯的朋友。然后那个粗鲁的士兵狄俄墨得斯说："为了敬神，别处死他们，放逐他们吧。"这个提议有人赞成，有人反对。下一个粗俗暴烈的演讲者口若悬河，他建议用石头把他们砸死。"接下来一位农人提出相反的看法。他很勇敢，但平平无奇。他亲自在田里劳作，很少进城，但唯有他和许多与他一样的人能维护国家安全。他很聪明，愿意与人讲理，诚实而无可指责。"他指出俄瑞斯忒斯是为父报仇才杀死这个邪恶、不信神而且不忠诚的女人，应该受到公开奖赏。欧里庇得斯暗示，如果俄瑞斯忒斯没有愚蠢到为自己辩护的话，这个建议就会被接受。

欧里庇得斯显然钦佩这类农民。在索福克勒斯的作品中，

我们看到的不是某一类人，而是某个人。《俄狄浦斯王》中，
从科林斯来的信使是个牧羊人，多年前，他常常整个夏天都在
西塞隆山（Cithaeron）上放牧羊群，希腊现在的牧羊人在低地
牧草枯萎时仍然去那边放羊。

有三个夏天，他同某个牧羊人待在一起，这个牧羊人来自
西塞隆山另一边的底比斯，是国王拉伊俄斯的奴隶。有次，这
底比斯人带着个婴儿出现，有人命令他把这孩子扔掉，但他下
不去手，于是科林斯人带走了婴儿，把他送给科林斯无子的国
王。国王高兴地把孩子抚养成人，视若己出。孩子长大成人后
突然离开了科林斯，再没回来，而科林斯的牧羊人永远没明白
这是为什么。俄狄浦斯来到底比斯，给底比斯帮了个大忙。拉
212 伊俄斯刚刚被强盗杀死，他由此登上王位并娶了王后。几年后
科林斯的老国王去世，人们提议邀请俄狄浦斯回来继位。我们
的牧羊人立刻看到了机会。他以最快的速度赶去底比斯，想第
一个把消息告诉俄狄浦斯，这样就可以得到丰厚的报酬。此
外，他还有一件事可以讨俄狄浦斯的欢心：俄狄浦斯还是婴儿
时被他所救。所以他出场时自视甚高，但很有礼貌且乐于助
人，觉得自己稳操胜券。但最后他完全崩溃，跌跌撞撞地走下
台，因为他好心救了个无助的婴儿，这个婴儿长大后却杀父
娶母。

《安提戈涅》中有个普通士兵很像这个科林斯人：有主
张，健谈，看似笨头笨脑实则十分精明，还爱故意跟人唱反
调。他告诉克里翁有人违抗后者的命令，为反叛者收尸。克里
翁暴跳如雷，怒斥背叛和腐败行为，随后突然对这个可怜的守
卫大发雷霆，说如果他不能找出那个罪犯，就将被绞死，算是
对他受贿的惩罚！

　　守卫：我能说几句话吗？还是我必须马上走？

　　克里翁：你还不明白，你说的每一句话都是在冒犯我吗？

　　守卫：它怎么冒犯你了？冒犯你的耳朵还是灵魂？

　　克里翁：你为什么要对我们不快的根源刨根问底？

　　守卫：我只伤害了你的耳朵，是那罪犯才伤了你的心。

　　克里翁：呸！你算什么，不过是个饶舌的人。

　　守卫：（开心地）难道这还不能证明不是我干的？

　　克里翁：就是你干的！你为钱出卖灵魂。

　　守卫：天哪！轻率做出错误的结论时真可怕。


　　但索福克勒斯的无尽魅力引我们离题甚远。我们在谈论乡村生活，除我们列举的之外再无其他证据。但是我们在把话题转向城市生活之前，可以先看看一块墓碑。它出土于阿提卡山区的木炭产地阿卡奈，据推测是用来纪念做过奴隶的某人。碑文以朴素的散文体写就，但在"雅典"一词处使用的描述语展示了荷马式描述语的文学（和韵律）风采。 213


　　　　这个精美的纪念碑立在奥利马斯之子马纳斯的坟上。
　　　　在雅典宽敞的舞池里，他是最棒的弗里吉亚人。
　　　　天哪，我从没见过比我更好的木雕师。
　　　　他在战争中牺牲。


　　现在我们可以投身到动荡的雅典生活洪流中去。困难不在于缺乏证据，而在于它偶尔缺失留下的空白。证据有哪些？在

文学作品中，首先有存世的阿里斯托芬的戏剧；还有大量米南
德的喜剧残篇（尽管这些都在我们要分析的时代之外成稿）；
色诺芬的某些短篇，包括已经提到的《家政论》、《回忆苏格
拉底》（*Memorabilia*，关于苏格拉底的回忆文章）、《会饮篇》
（*Symposium*）和《论税收》（*Revenues*，关于雅典公共财政）；
德摩斯梯尼的私人（法庭）演讲（并非全部由德摩斯梯尼所
作，但没什么区别）；柏拉图著作中的许多生动场景，尤其是
他精彩的《会饮篇》；以及提奥夫拉斯图斯①相当敏锐有趣的
《人物志》（*Characters*）——对人文学科感兴趣的人都应该知
道这篇文章。以上这些都是优秀读物，尽管如此，还是有必要
指出，有些译者文辞过于浮夸，使人读来有隔膜之感。其他证
据包括大量描绘日常生活场景的花瓶，还有些丧葬雕塑及
碑文。

试图以几页篇幅总结上述一切是愚蠢之举。我们最好先阐
述要点，再附上手头准确资料。

"幸福与否，盖棺论定。"我们之前已见过这句格言。就
算对希腊人或雅典人的生活只了解皮毛，我们也能借此解释它
如此流行的原因。生命以及因此而产生的思想，都毗邻必然性
的基岩而建立，于是获得了一定硬度和由此而来的抗逆力。局
部干旱或洪水可能导致局部饥荒。1930 年，我徒步穿过伯罗
奔尼撒半岛，中途在某个村子里补充给养。向导提醒我们多买
些面包，因为到下一个村庄还有半天路程，那里农民收获的庄
稼之前淋了雨，面包已经不适合食用。这就是生活。生活如此
不宽裕，运输成本如此之高，以至于歉收的人们也无法得到

214

①　提奥夫拉斯图斯（Theophrastus，约前 372—约前 287）是希腊植物学家。

救助。

还有战争。这件对我们来说已经够糟糕的事情，在很多方面对希腊人来说更是雪上加霜。在《回忆苏格拉底》中，色诺芬记录了苏格拉底和阿利斯塔克（Aristarchus）的对话。阿利斯塔克是位富有的地主，但他所有的不动产都被敌人占领了，所以他不仅失去所有进项，家里还有十四个从敌占区那边逃过来的女性亲属要照顾。现代国家尽其所能地制定各种缓冲措施，以减轻战争对个人的打击。希腊城邦的财政仍处于初级阶段，奉行完全的个人主义，它甚至没尝试过做这些事。"我不知道如何养活她们，"阿利斯塔克说，"我没有担保，借不到钱；没有买主，我也不能卖掉家具。"苏格拉底提出一个简单的解决办法。"女人天生就知道如何纺纱和做衣服。服装有市场。买些羊毛，让她们工作。"阿利斯塔克照办，不久回来说，女人们很愿意工作，工作使她们更加开朗和蔼，而且挣到足够的钱来维持生活。他唯一的不满是她们指责他游手好闲。"啊，"苏格拉底说，"给她们讲那个关于绵羊抱怨看门狗游手好闲的故事吧。"

以下关于战争的故事出自德摩斯梯尼残篇之五十六。有个叫欧西休斯（Euxitheus）的人被"坊社"同胞以其不是合法出生的雅典人为由拒绝通过审查。他以决定不当为由向法院上诉。如果该决定成立，他就完了。他将沦落为外邦居留者，无法拥有土地，并将受到某些其他限制从而无法谋生。（常有人说这种人易被卖作奴隶，但事实似乎并非如此。）对方提出的对他不利的证据包括其父有外邦（非阿提卡）口音——这是一个有趣的细节。与所有"正宗"伦敦人不同，所有正宗雅典人都有同样的口音并为此自豪。但是原告说，他的父亲曾在

215

伯罗奔尼撒战争中被俘，被卖到莱夫卡斯岛（Leucas，科孚岛附近）为奴多年，他纯正的阿提卡口音自然会受到影响。有位碰巧造访莱夫卡斯岛的演员帮他重获自由，他的亲戚们把他赎了回来。如果这个故事是真的，我们可以猜测这个雅典奴隶能够见到那位雅典演员，并通过他告知亲属自己身在何处。如果这个故事是假的，至少杜撰者觉得它比较可信。但他似乎已经提供了证据来证实。

除了战争造成的种种机缘巧合外，海盗也在海上兴风作浪，尤其是在警觉的雅典帝国瓦解之后。在德摩斯梯尼残篇之五十三中，有个男人去寻找逃奴，反而为私掠者俘虏。他被人用铁链锁住（使其双腿重伤），在埃伊纳岛出售。赎金是 26 迈纳[①]或 2600 德拉克马[②]。1 德拉克马的实际购买价值略低于 1 英镑的当下价值。他的朋友抵押货物和财产来帮助他筹集赎金。正是此类事件有助于我们理解希腊人一直以来对友谊的重视：在这样的世界上，没有朋友的人等于赤手空拳。

德摩斯梯尼残篇之五十二中也有类似事件。赫拉克利亚（Heraclea）有个叫里孔（Lycon）的人准备出海前往利比亚。他带着见证人去找银行家帕西翁（Pasion）[4]，计算出他的结余（1640 德拉克马），并指示帕西翁把钱付给自己的商业伙伴——斯基罗斯岛（Scyros）的赛费西亚代斯（Cephisiades），此人当时出差去了海外。由于帕西翁不认识赛费西亚代斯，里孔就带去两个见证人。这样等赛费西亚代斯来到雅典时，他们可将其指认给银行。里孔出海后，船被海盗劫持，里孔中箭身

---

① 迈纳（minae）是古代希腊、埃及等地的重量及货币单位。
② 德拉克马（Drachm）在古代西方既是重量单位又是货币。

亡。私掠船停泊在阿尔戈斯，当地的赫拉克利亚的领事负责保管里孔的财物。不久，他向银行申请那笔结余款，但银行已按照里孔的指示将其付给了赛费西亚代斯。

该案结果一如既往不得而知，因为后世保存这些演讲稿的学者们对它们并没有文献方面的兴趣，只把它们当作德摩斯梯尼风格的样本。

甚至不必触及革命带来的如大规模没收、谋杀或流放等风险，光此类事件就能提供足够的谈资。这种特殊的弊病并没使雅典像些城邦那样损失严重，但雅典人，或者更确切地说，有油水可榨的公民却深受雅典人所说的"告密者"（sycophant）之害。这个词在当年的含义比现代语言中的要丰富得多。从阿里斯托芬开始，我们就能听到人们恨恨地抱怨这类社会蠹虫。色诺芬（《回忆苏格拉底》第二卷第九章）记录了苏格拉底和富有的朋友克里多（Crito）的对话。克里多说，想过平静生活真是困难。"此时此刻，人们对我提起诉讼，不是因为我做了错事，而是因为他们认为我宁愿掏钱息事宁人，也不愿惹麻烦上法庭。"苏格拉底（和往常在《回忆苏格拉底》中表现的一样）非常务实。他建议克里多跟阿奇德米（Archedemus）交朋友，因为那是个正直能干的人和优秀的演说家。他很穷，因为他鄙视"挣快钱"的做法。因此，克里多——请大家注意绅士会怎么做——每次献祭时都邀请阿奇德米参加。一旦收获了谷物、油、葡萄酒、羊毛，他都会送一份给阿奇德米。作为回报，阿奇德米攻击这些"告密者"。他查明他们犯的罪行，并在其他被勒索的公民的帮助下揪住他们不放，直到他们答应放过克里多，还额外付钱给阿奇德米。有人嘲笑他是克里多的跟班，但他的回答是："哪种做法更值得尊敬？是做诚实人的朋友和恶人的敌人，还是让诚实的人成为你的敌人，与恶人同流合污呢？"

有篇声名狼藉但可读性很强的演说词《驳尼埃拉》（*Against Neaera*，德摩斯梯尼残篇之五十九，但可能不是德摩斯梯尼所作）描述了一个名叫斯特凡努斯（Stephanus）的家伙。这篇措辞强烈的攻击性文章把斯特凡努斯描述为勒索者，靠妻子不道德的收入生活。他将妻子控制的多个妓女作为女儿非法嫁给雅典公民，谎称她们是他自己的孩子，生母是雅典人。检举人说："他在政治生活中没有任何能摆到台面上的收入，因为他很少发言，他不过是个告密者。他坐在讲台附近大声叫嚷，罗织罪状，贩卖情报，把别人的提案据为己有。然后卡利斯特拉托斯（Callistratus）逮捕了他。"卡利斯特拉托斯是当时的几位政治领导人之一。后来色萨利新上任的统治者狂妄地从海上洗劫了比雷埃夫斯港，导致他在众怒之下被判了死刑。真是个倒霉蛋。

在雅典法庭上做出的指控并不总能被毫无保留地取信。然而关于阴谋和腐败证据的投诉是如此普遍，而且在某些情况下论证充分、证据确凿，不可能把它们压下去。聪明的有心人不难以此方法来利用这些非专业人士组成的"人民法庭"。他们常说："老爷，您完全被这些无法无天的流氓欺骗了……"比如这篇演讲词中提到的斯特凡努斯的控告者之一阿波罗多罗斯（Apollodorus）是"五百人议事会"的一员，当时议事会决定把所有军队派到奥林索斯。因此，阿波罗多罗斯提议，既然雅典处于战争状态，城邦收入的余钱应用于军费而不是庆典基金。这符合法律，大会一致通过了该提案。但斯特凡努斯抨击它违宪，还找人做伪证，说阿波罗多罗斯多年来一直欠国库债

务，从而无权在大会上提出任何提案。"同时通过提出许多无
关指控，他确保判决成立。"斯特凡努斯不顾别人恳求，仍然
提议阿波罗多罗斯该付 15 塔兰同（约 7.5 万英镑）的巨额罚
款。阿波罗多罗斯说这个数字刚好是他全部财产的五倍。如果
不在一年内支付，罚款将加倍，他的所有财产将被没收。如果
这样，阿波罗多罗斯和家人将沦为乞丐，没有人会娶他的女
儿。然而，陪审团将罚款减为 1 塔兰同。虽然捉襟见肘，但阿
波罗多罗斯还是能够支付这笔钱。他说："为此我很感激。先
生们，你们的愤慨并非来自受骗的陪审团，而是来自那个欺骗
他们的家伙。""因此，"他补充道，"我有充分的理由就此案
起诉他。"控告者之所以能直抒胸臆，讲出复仇的愿望，至少
有两个原因：如果人们相信，那么该解释能使控告者摆脱
"告密者"的嫌疑；而且复仇关乎个人荣誉。

　　关于刚才提到的欧西休斯，有件貌似真实的趣事。上诉人
（他是这么说的）得罪了个名叫欧布里德斯（Eubulides）的凶
暴无耻的政客，因为他在某件案子中提供了不利于欧布里德斯
的证词，后来欧布里德斯以大票数败诉。欧布里德斯的报复是
设法把欧西休斯从公民名册上除名。如果有证据表明原告非法
登记，他就可能被卖为奴隶并被没收财产。欧布里德斯的方法
听起来有点耳熟。他恰巧是"五百人议事会"的成员，因此
就开始召集坊社会议，审查登记情况。他把一天的大部分时间
都浪费在演讲和制定决议上，所以真正的投票直到很晚才开
始。当原告的名字被叫到时——明显他完全措手不及——天已
经黑了，大部分坊社成员已经回家，因为大多数人住在离城约
4 英里的坊社中。[5]实际上除了被欧布里德斯收买的人外没人留
下来。尽管原告抗议，但欧布里德斯坚持进行投票。"投票人

218

数不超过三十人，但统计出来的选票竟有六十多人，我们都很惊讶。"这也难怪。

在阅读这些非常有趣的演讲稿时，我们要记住两件事：其一，很明显，法庭上的无赖比在一般社会生活中的要多；其二，这些演讲属于公元前 4 世纪中叶。事实上，他们为"城邦的衰落"这一章中提出的论点提供了详细证据：雅典生活如此复杂，关于城邦的古老非专业人士的构想已无法正常运作。这种体制理论就像美国的一样，已经过时了。

关于公共服务给富人造成的负担和烦恼，以及公职可能给穷人带来的焦虑和危险，我们有很多例子可以举。但生活的其他方面也需要我们关注。不能喋喋不休地列举公共生活的危险，因为正常和平静的状态不会被特意记录。我们之前讲的足以表明，即使在雅典，生活也不会因为单调乏味的安全感而变为死水。事实上，从索福克勒斯和柏拉图的文明而完美的描述转向希腊人生活的真实写照，这过程就像是在经历精神错乱。

大多数男人对女人感兴趣，而大多数女人对自己感兴趣。让我们就此看看雅典妇女的地位。大家普遍认为雅典女人几乎如东方女人一样深居闺阁之中，受到漠视甚至蔑视。据我所知，除了 A. W. 高默[6]之外，没人质疑过上述观点。该观点的部分证据直接来自文学作品，部分来自女性卑下的法律地位。文学向我们展示了完全由男性主宰的社会：家庭生活无足轻重。古老的喜剧中几乎全是男性［除了狂妄之作《利西翠妲》（*Lysistrata*）和《议会中的妇女》（*Women in Parliament*）］；在柏拉图的对话中，争论双方总是男人；柏拉图和色诺芬的《会饮篇》均清楚地表明，绅士款待客人时，在场的女性只是那类声名狼藉的专业陪酒女子。确实，在尼埃拉案中，当妻子的和丈夫的客人一起吃喝的证词，就被作为视该女子为妓女的推定证据提交法庭。雅典人的房子被分为"男子区"和"女子区"。女人住的房间要上闩加栅（见色诺芬《家政论》）。若无人监护，妇女不得外出，除非要去参加某个女性庆典。在两部悲剧（索福克勒斯的《厄勒克特拉》和《安提戈涅》）中，我们看到有人粗鲁地叫姑娘们进屋，说她们就该待在屋里。杰布①在评论《安提戈涅》第 579 行时引用一句诗："待字之女，不可见也。"他还引用阿里斯托芬在《利西翠妲》中的话："（已婚的）女人很难逃离家。"外出购物是男人的事。他把买来的东西交给仆人拿回家（提奥夫拉斯图斯作品中的那个"吝啬鬼"自己把所有东西搬回家）。在米南德（公元前 3 世纪）的喜剧中，年轻的男人永远是在庆典上遇见并爱上某个女孩的，这意味着男人在普通的社交生活中少有这种堕落机会。（虽然我们可能还记得，古板的伊斯克玛古斯"选择"了他的年轻妻子，所以他大概至少见过她；我们也会从提奥夫拉斯图斯那里得知，年轻小伙子可以为心上人唱小夜曲。）事实上，我们真正能听人谈起的浪漫属于男孩和青年男子，且我们经常听说：同性之爱再正常不过，人们将其与异性恋等同视之，毫不避讳。（同异性恋一样，它有高尚的一面，也有低级的一面。）柏拉图有些精彩段落描述年轻小伙子的美与谦逊，以及成年男人对待他们时的温柔与尊重。[7] 女孩的婚姻是父母之命，我们从对色诺芬书中的伊斯克玛古斯的简短一瞥中可以看出，他至少不会沉迷于婚姻，妻子不过是个管家。

220

---

①　理查德·克莱弗豪斯·杰布爵士（Sir Richard Claverhouse Jebb，1841—
　　1905）是苏格兰古典学家。

事实上他明确指出，他宁愿年轻的妻子完全无知，这样就可以
按自己的意愿亲自教导她。女孩的教育被忽略。若想有聪明女
性陪伴，雅典人会去找那些受过良好教育的外邦妇女。她们通
常为爱奥尼亚人，被称为"交际花"（hetaerae），介于雅典仕
女和妓女之间。伯里克利的著名情妇阿斯帕西娅（Aspasia）
就属于这个阶级。凑巧的是，她的名字意为"欢迎"！所以我
们在德摩斯梯尼的著作中读到："我们供养'交际花'是为了
享乐；蓄女奴照顾我的日常起居；妻子为我生下合法子嗣，是
我们家庭值得信赖的监护人。"最后，必须提到伯里克利和亚
里士多德，对雅典妇女地位的描述方能完整。伯里克利在阵亡
将士国葬典礼上说："女人能拥有的最好名声就是不被男人谈
起，无论说的是好话还是坏话。"① 亚里士多德在《政治学》
（*Politics*）中认为，男性生而优越，女性低下，因此男性统
治，而女性被统治。

　　因此正如我所说，人们几乎一致认为雅典妇女少有自由，
有些作家甚至说："有教养的希腊人蔑视妻子。"人们惯常把
雅典妇女受到的压迫与荷马时代的社会及历史上斯巴达妇女所
享有的自由和尊重相比较。

　　似乎在法律领域也能找到相关证据。妇女没有选举权，也
就是说，她们不能参加公民大会，遑论担任公职。她们不能蓄
私产，也不能处理法律事务。从出生到死亡，每位女性都必须
有最近的男性亲属或丈夫作为监护人，只有通过他，她才享有
法律保护。"监护人"安排她结婚并给她准备一份嫁妆。如果

---

① 　此处没有引用《伯罗奔尼撒战争史》中译本中的话，因为与作者在这里
的意思有出入，感兴趣的读者可参见《伯罗奔尼撒战争史》，第 136 页。

她离婚，嫁妆要连同她一起还给原来的监护人。若某个男子只有一女，而他去世时又未留遗嘱，此时适用于这个女继承人的法律条文是我们万万想不到的。与她关系最近的男性亲属有权要求同她结婚，如果他已婚，他可以为娶女继承人而离婚。（这里要先解释一下，阿提卡法律承认叔叔和侄女之间，甚至同父异母的兄弟姐妹之间的婚姻）。还有个选择，这位关系最近的男性亲属可以成为女继承人的监护人，但必须为她找个丈夫，再准备适当的嫁妆。事实上，一个无子且不太可能有子的男人通常会领养成年男子而不是男婴，比如他的妻弟。因为领养目的不在于感情需要或慰藉心灵，而是为了留下合适的家庭户主，保持家庭的合法存在和宗教仪式的延续。但是很明显，很多人在发现有必要领养子嗣之前就去世了，身后只留下女继承人，而伊塞优斯（Isaeus，一位专门研究遗产争议案件的演说家）让我们确信，或者更确切地说，让他的听众（这两个群体未必是一回事）确信，"许多人抛弃妻子"以便娶女继承人。除此特殊情况外，关于离婚的法律条文虽不能完全公正地适用于男女双方，但至少还算合理。例如，让我引用杰布的谨慎措辞："若无子女，女方亲属可要求双方离婚。"

还有什么需要说的吗？先是有文学作品为证，后继之以法律，而且我认为自己对这二者必要的简短总结尚算公平——难道雅典人对待妇女的冷淡态度还不清楚吗？而且用"蔑视"一词来代替"冷淡"也不能算是过火。面对相关证据，我们还会怀疑在这个男性至上的社会里，女性的活动范围如此之小，以至于我们可以合理视其为"沉寂区"吗？

在侦探小说中，常常会出现这种情况：侦探掌握事实，并看到这些事实导向某个结论。除了我们离小说结束还有十章这一点外，其他都没什么可疑心的。于是侦探模模糊糊感到不安：一切都对得上号，但似乎全盘皆错，某个地方一定有什么东西还没有被发现。

我承认我觉得自己很像那个侦探，问题就出在它塑造的雅典男性形象上。雅典人自有其缺点，但在他们的良好特质中，最突出的是令人振奋的智力、社交能力、人性和好奇心。说他们习惯性地漠视甚至蔑视自己民族的一半人口，在我看来不合常理。很难把雅典人视为罗马人的大家长（paterfamilias），认为他们比我们眼中的罗马人更轻视妇女。

首先，让我们考虑几个可能会启人疑窦的普遍因素。在希腊人看来，即使是英国人中最希腊化的人仍是外邦人，而我们都知道，即使是请聪明的外邦人来评价，结果也往往相当离谱。他看到千真万确的事实，却因自己的精神体验不同而误读事实，又对其他事实视而不见。例如有一次，我有幸听一个年轻的德国人分析英国人的性格。这个德国人不傻，对英国的城市和乡村都相当熟悉。他说英国人打板球是为了锻炼身体，这是不言而喻的。当我提到每个村民都喜欢种花时，我发现他以为那是野花。当然，他描绘的英国人形象非常滑稽。同样，每个法国人都有情妇（法国小说和戏剧就是证据），都不爱他的妻子（法国所有的婚姻都是"包办的"），法国人没有家庭生活（男人聚集在咖啡馆，体面的女人才不会去那里），而法国妇女的法律地位远低于英国妇女。因此，法国妇女比英国妇女更不自由，更不受尊重，影响力也更小。我们过去经常听到这样的争论，知道这有多傻。外邦人很容易就会错过重要的东西。

另一个普遍因素是：错误地假设任何没有证据支持的事物

（即家庭生活）不存在。它可能存在，也可能不存在，我们不知道。但若家庭生活真正重要，希腊文学会有可能对此不着一字吗？人们会以为答案是否定的，但正确答案是肯定的。现代文学中，沉默似乎能证明一切；而在希腊文学中，它的作用微乎其微。我们注意到荷马如何避开我们期待的背景去描绘意料之外的背景，我们注意到剧作家如何建构而非表现。在《阿伽门农》中，埃斯库罗斯没有向我们展示宫殿周围的街道和市场，普通市民的房屋，牧羊人、宫中的厨师和厨工。我们不会就此推断它们不存在，也不能推断埃斯库罗斯对它们不感兴趣。我们马上就能看出，它们之所以没有进入他的戏剧，是因为它们没有理由出现在那里。所有古典希腊艺术都有严格的关联性标准。

与此相关的是该时期的文学题材。除非特指，否则我们会本能地认为文学包括小说、传记、信件、日记——简而言之，关于或真实或虚构的个人的文学作品。古典希腊文学并不以个人为中心，它是"政治的"。实际上，我们仅有的非正式文献是色诺芬的《回忆苏格拉底》和《会饮篇》，这些文献并不是苏格拉底的私人传记，而是明确论述哲学家苏格拉底的著作。我们觉得色诺芬笔下的伊斯克玛古斯缺乏浪漫情调吗？除上面关于这点讲述的之外，我们现在可以补充一句：色诺芬描写的并不是雅典人的婚姻生活。和比顿（Beeton）夫人的作品[①]一样，他也在讨论家务管理。

然后，高默非常巧妙地提出一个观点，说我们的证据不

224

---

① 比顿夫人的代表作于 1861 年首次出版，不仅包含 2000 余份食谱，而且是完整的家庭管理指南。

足，而且很容易曲解手头证据。高默从 19 世纪作家的作品中挑选了十几条关于女人和婚姻的格言。如果我们不把它们放到整个社会大背景下来看，那么这些格言会给我们大错特错的印象。以伯里克利那句代代相传的格言为例。这是雅典人对妇女典型的蔑视。可能吧。不过，假设是格拉德斯通①在说，"我不喜欢听到某位女士常被人谈论，不管是赞美还是诋毁"，那么这属于蔑视，还是老派人对女士的尊重和礼貌态度呢？

还有人指出，在雅典，人们用"尼卡诺尔（Nicanor）的妻子"，而不是用闺名［可能是克莱奥布莉（Cleoboule）］来称呼这位已婚妇女。可怜的雅典女人，她如此渺小模糊，连个名字都不配被人叫。的确如此。但在我们国家呢？希拉·杰克逊（Sheila Jackson）结了婚，就成了克拉克夫人（Mrs Clark）。朋友们叫她希拉，但没人叫她希拉·杰克逊。——我们必须谨慎一些。

我要谈的最后一点大概是最重要的。在讨论这个话题时，我们到底在讨论什么？我们是在比较雅典和曼彻斯特的女性地位吗？还是说我们试图（部分地）根据雅典人中女性的地位来评价他们及其文明的特征？这有很大不同。如果是前者，那么可以说曼彻斯特妇女能投票并参与政治生活，而雅典妇女则不能。但如果说，因为我们允许妇女投票，我们就比雅典人更开明和有礼貌，那就是胡说八道。我们比较了两个背景中的细节，却忽略了一个事实，那就是这两个背景完全不同。如果有位曼彻斯特女子想去伦敦，她可以像男人一样行事：她可以买

---

① 威廉·尤尔特·格拉德斯通（William Ewart Gladstone，1809—1898）是英国政治家。

票，夏天或冬天都不是问题，而且票价对所有人都一样。如果有个雅典男人想去底比斯，他可以步行或骑骡子，而在冬天翻山越岭既累又危险。如果女人想去的话——也许可以，但得等待适当的季节，而且这是危险行为。现代国家里，妇女被授予选举权完全合理。首先，文明——我在这里破例不恰当地使用一次这个词——已经把两性间的生理差异在政治方面降到了微乎其微。女人可以和男人一样坐火车，骑自行车，打电话，读报纸。反之，银行职员或大学教师，只要身体健康，就没人要求他比正常女人强壮。他知道自己不会下周就被要求着重甲在烈日下行军20英里，然后同战友一样英勇地作战——否则就要陷战友于危险之中。其次，政治和行政的实质发生了变化。诚然当时的政治决策和现在一样，也不分年龄性别地影响每个人，但政府插手的领域非常小，主要事务不可避免地只能由男人根据自己的经验判断，并通过自己的努力来执行。今天妇女有投票权的一个原因是：在许多时政问题上，她们的判断力很可能和男人一样好，有时甚至更好；而在重要问题上，她们未必比男人无知。我们也不应该忽略一个可能更为重要的区别。我们认为把社会看作个人的集合是正常的，但从历史的角度来看并非这样，这只是某个地区的发展结果。一般的看法是，社会是家庭的集合，每个家庭都有负责任的家长。这个概念不仅属于希腊人，也属于罗马人、印度人、中国人和条顿人。

任何人都可以说，即便可以获得不计其数的财富，他也不愿在古代雅典做个女人。或许他也不会后悔不去做雅典男人。先不提日常生活条件，城邦对他提出的要求也够烦了。对雅典人说："在伦敦的格德斯绿地（Golders Green）区，我们对待妇女要好得多，你这不是有点耍无赖吗？"这种话可不算通情达理。

　　在一般论述之后，让我们再看看证据。我们将努力记住这两个互相独立的问题：正统观点是否正确反映了事实？如果是的话，它从中得出了正确的结论吗？也就是说，雅典妇女的生活是被限制压迫的吗？如果是的话，这是不是男人的漠视或蔑视导致的？

　　我们已经看到，文字方面的证据太少，而且在某种意义上也太片面，无法让我们相信可以从中得到全面完整的描述。男人宴客时，他的妻子不会出现。雅典绅士喜欢有男性同伴，这一点不像伦敦的绅士。伦敦绅士从没听说过有哪个俱乐部不允许女士随意出入。但雅典人一年到头每个晚上都要宴客或赴宴吗？女人就没有社交机会吗？欧里庇得斯的印象是她们有。他不止一次说："让女人来家里说三道四为害甚大！"雅典人在没有客人来访时，会像独眼巨人库克罗普斯（Cyclops）一样独自进餐吗？难道他做梦也没想过要跟妻子谈谈除了家务和生育合法子嗣外的任何事吗？现在又得提到声名狼藉的斯特凡努斯和尼埃拉。他们的起诉人在陈词中对一百、两百或三百名陪审员说：

227　　　　先生们，如果你宣判这个女人无罪，你回家后会对妻子女儿做何交待？她们会问你去哪儿了。你会说"去法庭了"。她们会问："有什么案子？"你当然会说："指控尼埃拉。她被控非法嫁给雅典人，并把一个女儿——一个妓女——嫁给了执政官西奥吉恩……"

　　　　你会告诉她们案子的所有细节，你会告诉她们此案子的证据全面且详细。你说完后，她们会问："你们怎么判

的?"你会回答:"我们判她无罪。"——然后,一石激起
千层浪!

一切都那么自然,这就是我引用这段话的原因。这是我们
能掌握的关于男人和妻女日常如何相处的极少数证据之一。它
描述的当时情形跟今天没什么两样。陪审员不会对妻女说:
"你们以为自己是谁!你们是雅典女人,你们不该抛头露面,
不该被外人谈论。"

请看另一文字片段。在色诺芬的《会饮篇》中,有位新
婚宴尔的客人尼克拉图斯(Niceratus)。他能背诵荷马的诗篇,
并向同伴解释荷马教会了自己多少东西——布局谋篇、修辞、
耕作,等等。然后他愉快地转向主人说:"我从荷马身上学到
了另一件事。荷马在某处说过,'洋葱佐酒味尤美'。我们现
在就可以试一下。叫他们拿些洋葱来!你会觉得酒味更美
的。"另一位客人说:"尼克拉图斯想带着一嘴洋葱味回家,
这样他的妻子就会认为大家连吻他都不愿,更别说发生其他事
情!"这当然是件小事,但这是那种每晚都可能在英国俱乐部
或酒吧听到的善意玩笑。

还有些未被提及的证据也不可小觑。它也指向同一个结
论,而且以正统眼光来看简直莫名其妙。我们碰巧拥有大量描
绘家庭场景的彩绘花瓶(来自公元前 5 世纪),其中某些骨灰
瓮上画着垂死女子与丈夫、孩子和奴隶诀别的场景。也有些普
通的墓碑上雕刻着类似画面。这些雕刻高贵自然、风格质朴,
是希腊留给我们最动人的事物之一,可与我之前分析过的《伊
利亚特》中有关安德洛玛刻的段落匹敌。我举高默文章中的一
句话为例,这是他从某篇关于雅典人坟墓的文章中引用来的。[8]

"永诀之时，达玛西斯特拉（Damasistrat）和丈夫双手紧握。孩子和亲属站在椅子旁边，但是丈夫和妻子眼中除了彼此再无他人，他们永诀时的平静神情回答了所有关于妻子和母亲在阿提卡社会中地位的问题。"荷马在一篇著名的诗中说："何为至乐？夫妇和合。"即夫妇"心有灵犀"（ὁμοφρονέοντε）。如果哪位为荷马做注的人想要阐释这句诗，他自然会求助于这些绘画和雕塑作品，它们怎会是轻视妇女尤其是妻子的民族设计的？

　　花瓶的话题就到此为止，让我来谈谈阿提卡的悲剧吧。一连串光芒四射的悲剧女主人公是它的显著特点之一：三位克吕泰涅斯特拉、四位厄勒克特拉、忒克墨莎（Tecmessa）、安提戈涅、伊斯梅娜（Ismene）、得伊阿尼拉（Deianeira）、伊俄卡斯忒、美狄亚、淮德拉（Phaedra）、安德洛玛刻、赫卡柏和海伦。她们的性格当然各不相同，但都被仔细刻画，没有哪个是花瓶。更重要的是，其中朝气蓬勃、进取心强、聪明睿智的角色比在男性角色中更常见。有人会说这在戏剧中很自然，也许如此。但在欧里庇得斯笔下，女人无论好坏，往往比男人更有进取心，这并非必然。在他的作品中，聪明的女人会在男人们不知所措的时候出谋划策——如海伦和伊菲格纳亚（《在陶洛人里的伊菲格纳亚》），几乎成了固定角色。至于进取心——"来吧！"老奴隶对《伊翁》中无能的克瑞俄萨（Creousa）说，"学学那些女人。去拿剑吧！毒死他！"[9]若戏剧作家们放着身边（我们假定）此类令人吃惊的妇女形象不去描写，甚至偶然提到的时候都没有，却到书本中（比如荷马作品里）寻找类似人物，那会令人难以置信——就像某位现代剧作家鄙视同时代人，就从乔叟或莎士比亚的作品中学习塑造妇女形象并大获成功一样。欧里庇得斯确实让女人抱怨过男人伤害她们，她们若在今天也能引起共鸣。但他也让笔下不少男人被复仇心强、无法控制的女人伤害。有现代人指责欧里庇得斯是女权主义者，我想古代批评家们有更多的理由称他为厌女主义者。但至少他不会对她们视而不见，埃斯库罗斯和索福克勒斯也不会。

既然我们已有确切理由质疑这种"压制和蔑视"的极端说法，那么就让我们像前文提到的那位不安的侦探一样，再检查一下证据。在某个原本关于未婚少女被严格看管问题的注释中，杰布引用阿里斯托芬的话说，"女人出家门都很困难"，这暗示已婚妇女也会被小心地关在室内。任何古典学者都会记得色诺芬在某个地方说过，要把妇女住处的门闩好。但如果我们真的把阿里斯托芬的原话翻出来看，会有完全不同的印象。（一位已婚妇女说）："女人出家门都很困难，因为要服侍丈夫，要保持女仆警醒，给孩子洗澡、喂饭……"在我们这个时代，我们也会听到类似的说法。至少这段话看起来不那么骇人听闻。

但若没有监护人，她就不能出门吗？提奥夫拉斯图斯的生动描述在此助我们一臂之力。提奥夫拉斯图斯以其惯常的敏锐辨别力描述了三种可以被称为"卑鄙"的人物。直截了当地说，第一种人就是"吝啬之人"。这种人，不到季度结账日就会去收一笔6便士的贷款利息。如果他的妻子丢了3便士的硬币，他会把整个房子翻个底朝天。他不会让人在花园里吃一个无花果，或从果园里摘下哪怕一颗枣子或橄榄。第二种人，按字面意义说就是"以卑劣手段牟利之人"。他卖东西缺斤短两，给奴隶吃得极差，还用卑鄙手段榨取朋友的钱财。但现在我们关注的是第三种人。这种人和别的男人一样外出为家人采购，但不把买来的东西交给奴隶送回家，而是把肉、蔬菜和其他所有东西都裹在外衣里自己带回去。此外，尽管他的妻子给他带来 5000 英镑的嫁妆，但他不允许她雇女仆。她出门时，他就从妇女集市雇个小姑娘陪伴她。这种卑鄙行为被称为"aneleutheria"，即"与绅士身份不符的行为"，提奥夫拉斯图斯将其定义为"要钱不要脸面"。也就是说，女士出门时有人陪同是她应得的待遇。在这里我可以补充提奥夫拉斯图斯描写的另一个细节来佐证我们的论点。但首先我要为其内容粗鲁道歉。他分析的某种人叫"下流胚"，"他会站在理发店的门口，告诉所有人他打算不醉不休……他看到有女士过来时，会掀起衣服露出下体"。雅典街头充斥着三教九流。雅典人不允许无人监护的姑娘到处走，也许是很有道理的。

如果再细看下关于闩门上栅的那段，我们会发现它们的目的是"女奴不可有私生子,[10]并防止妇女住处的东西被偷走"。这可能有助于提醒我们希腊人的家在多大程度上被用作工厂。除了我们所说的"家务活"，女人还要用羊毛做衣服，把丈夫带回来的谷物磨成面粉并烘烤，为过冬储备食物。事实上，我们不得不把印象中的大部分商店和包装商品抛在脑后。很明显，妻子这个职位责任重大。好莱坞通过言传身教向我们证明，唯有浪漫爱情是幸福持久婚姻的基础。难道希腊人想法不同，就一定是无趣或愤世嫉俗？他们意识到了"浪漫"爱情的力量，并通常会将其描述为具有破坏性的东西（见索福克勒斯《安提戈涅》第 781 行及以下；欧里庇得斯《美狄亚》第 628 行及以下："温柔的爱最迷人，但请把我从另一种里拯救出来吧！"）

一切都还不错，但男人还是会去找"交际花"，或做其他更糟糕的事。尼埃拉演讲中的那个段落又该做何解释，到底是怎么回事？人们不时引用它，好像它是份权威的政府文件一样，到底是怎么回事呢？这是在某个不体面的案件审理过程中，某个通晓世情的请求者，面对一百名或更多普通雅典市民组成的陪审团发表的言论。当时大多数陪审员在场，可能是来领 7 英磅 6 便士的劳务费，好在周末去付鱼贩子账单的。"交际花！漂亮女奴！我们这样的人可无福消受，多谢抬举！"但不管怎样，他这是在说什么呢？他旨在揭露斯特凡努斯企图瞒天过海，将外邦血统甚至是肮脏的血统混入城邦。这并不是势利，它植根于城邦是男性近亲联合这一概念。因此他说："交际花和女奴固佳。但说到城邦存续的基础和家庭生计时，我们能向谁求助呢？只有我们的妻子。"这段话非但没有暗示对妻子的蔑视，反而把她置于其他女性无法企及的地位。事实上，这与瓶绘证据完全一致。正是我们截然不同的物质和社会背景，以及传承了几个世纪的浪漫史使我们误读这些段落，并就此模糊绘画和戏剧中的证据。即使像 T. R. 格洛弗（T. R. Glover）这样活泼而敏感的学者也描述苏格拉底对朋友说过的话："有谁能比你自家妻子更值得托付，却与你交流更少呢？"[11]但这段希腊语的明显意思是："……谁值得你托付更重要的事？你同谁更少争吵？"而这段话暗示，他和妻子很少争吵的原因是他们并肩工作、彼此理解。

　　男孩们被送到学校学习阅读和写作，并接受诗歌、音乐和体操的教育；女孩根本不上学。这是雅典人鄙视妇女和主张"女子无才便是德"的又一个证据。雅典女人既不识字，又没受过教育，所以当她们在剧院听到安提戈涅如此高贵而睿智的谈吐时，她们一定会惊讶地瞪大呆滞的双眼，诧异于这是何种

232

生物，索福克勒斯怎么会把妇女想成这个样子！很明显，这是在胡说八道。这也是我们混淆雅典和曼彻斯特的结果。

首先，当我们声称不上学的女孩就是文盲时，这个假设可能是真的，也可能不是。众所周知，儿童在家中学会阅读技能，而我们对雅典人智慧和好奇心的了解表明上述假设是靠不住的。其次，在今天文盲是次等人，但在书籍相对稀少的社会里并不是这样。对于普通雅典人，阅读能力相对没那么重要，而对话、辩论和戏剧才是教育的真正来源，这方面比书面文字重要得多。男孩去学校不是为苦学以获得证书，并由此获得"受教育的优势"（即有资格从事比体力劳动更好的工作，对此我们比希腊人更重视得多）。希腊人以有悖常理和有限的方式，把男孩送到学校接受道德、举止和体格训练，为其成人做准备。学校也教阅读和写作，但这些基础知识不会占用很长时间。其余基础课程包括学习诗歌、歌唱（音乐）以及体育训练。音乐主要作为道德和智慧的训练而被视为重中之重，而体育对道德的影响也绝不会被忽视。

同时女孩们在做什么？她们在母亲的指导下学习女性公民的技能。如果我们说"家务劳动"听起来有些自降身价，但"家政学"听起来就非常值得尊敬。我们已经看到这项工作千头万绪，而且需要可靠的人负责。以为她们得不到任何教育是毫无来由的想法；而认为她们的父亲不会与她们谈论任何政治事件，也被之前关于尼埃拉的那段文字证伪。

233　　　但是，女性是否有机会分享雅典提供的真正教育？如果我们指的是公民大会和法庭，那么答案是否定的，她们只能听人转述那里的情况。那剧院里又是什么状态？妇女能入场观看戏剧吗？这些是非常有趣的问题。众多不同证据一致且清楚地证明：她们可以。试举一二例。柏拉图谴责诗歌，特别是悲剧，称之为对"男孩、成年男女、奴隶和自由公民不加区别"的花言巧语。如果只有男性公民才能参加戏剧节，这句话就讲不通。在阿里斯托芬的《蛙》（*Frogs*）中，埃斯库罗斯被安排攻击欧里庇得斯的"不道德"之举。他说欧里庇得斯在舞台上塑造了那些被遗弃的荡妇的角色，"体面女人看了都会羞得上吊"。如果她们被小心地关在家中，那怎么会出现这种情况呢？古书《埃斯库罗斯生平》（*Life of Aeschylus*）讲述了这样一个故事：在《欧墨尼得斯》一剧中，扮演复仇女神的合唱队如此恐怖，以至于把男孩吓死，还吓得女人流产。这个故事蠢得可以。但无论是谁首先讲了它，他显然都认为女人们确实能去剧院。

证据确凿，但"在研究此问题时，学者们似乎被某种判断何为正确恰当的标准先入为主，因而偏心得有些过分。毫无疑问，雅典妇女的生活状态类似东方妇女的深居闺阁。古老的阿提卡喜剧中随处可见的粗俗情节似乎完全不适合男孩和女人。出于这些原因，有些作家甚至断言她们从未看过任何戏剧表演。其他人虽然不否认她们观看悲剧，却宣称她们不可能去看喜剧表演"。[12] 不可能；ganz unmöglich！（德语：完全不可能！）争论到此为止。虽说黑格（Haigh）相信希腊妇女过着东方式的深居生活，但他能出示证据，反驳女性可以看悲剧但不能看喜剧的观点。我们就算不采信这证据也没用，因为悲剧四部曲本身就以羊人剧结束。其中某部流传至今的戏剧（欧里庇得斯的《独眼巨人库克罗普斯》）中包含的笑话会使整个证券交易所的人吓得脸色苍白。在这件事上，我们无法想象男女之间的平等自由——尽管18世纪的巴黎也许可以。[13]

234

现在对这番讨论进行总结，我们手中的证据几乎无法证实"雅典女性几乎像东方女人一样被深锁闺中"此类说法。学者们还没能明确区分女孩和已婚妇女、雅典和曼彻斯特的生活条件以及古典希腊文学和现代文学。公元前3世纪早期，塞奥克里托斯创作了一出生动的滑稽戏，描述亚历山大城的一位锡拉库萨女士拜访朋友，并与其一起走上街头参加庆典。有人就此会说："这些是多利安女子。看，她们比雅典女人自由多了。"这个推论似乎不合理。我们还不如说："这首诗创作于亚历山大城这座国际大都市，时值城邦没落，而政治是国王及众臣的事务，与普通市民无涉。看哪，因此，诗人们现在的主题已大相径庭。他们不再拘泥于城邦生活，而是将笔锋指向私人和家庭生活。"

但"深居"的说法已如此深入人心，以至于当阿里斯托芬笔下的那位已婚妇女细陈为何难出门时，我们认为没必要再听，因为早已知晓。当我们找到完美证据，证实女人能去剧院看我们不愿让自己妻女看的戏时，我们竭力想要推翻它。在这之后，我们似乎会无意识地论证："如果女性在我们的社会中地位如此，那么就要归咎于男性的傲慢和压制。因此雅典也是这种情况。雅典人当然会忽视，而且可能会看不起自家女人，除非她们是外邦人而没有太多尊严可言。"然后，我们惊讶于瓶绘，并找理由把悲剧中女性角色的暗示搪塞过去。我们忘记了希腊人的原始物质生活条件，这种条件必然会明显区别男女235的生活方式和权益。我们确信雅典人需要交际花陪伴是因为她们受过教育，而自家妻子是傻瓜。多天真啊！即使在我们自己的社会里，人们也会听说独居小公寓、外出用餐的姑娘可能比已婚妇女的生活更丰富多彩。这些交际花是敢于对严肃的生活事务说"不"的冒险者。当然,她们取悦了男人——"但是,我亲爱的朋友,没人会娶这样的女人"。

同样,我们会思考妇女,特别是女继承人受法律限制的问题。我们认为这证明了雅典人很少顾及妇女尊严。但这证明不了此类观点。它只证明了我们以前所知道的事:与家庭或城邦等社会团体的利益相比,雅典人,或者至少是雅典法律(这两者也许不可混为一谈),很少关注个人的方便和利益。阿波罗多罗斯诉波利克勒斯(Polycles)(见德摩斯梯尼残篇)的案例值得在此一提。

阿波罗多罗斯是个有钱人,供养了一艘三桨座战船。公民大会决定马上派海军远征。第二天,供养战船的公民就要把船泊到码头,并在船上服役六个月。阿波罗多罗斯手头有没有复杂的商业事务要处理?在这六个月中,他会不会听说母亲生命垂危?分配给他的船员是否会人数不够而且技术堪忧?所以,若他想要合适的船员就得自己先垫钱,再抓住机会把钱收回来。这些都是可能遇到的倒霉事,但没关系。阿波罗多罗斯可以请朋友帮忙处理事务,这是朋友们的职责所在,而他不在床边时母亲也可安然合眼。阿波罗多罗斯不能离开自己的船。没人会觉得阿波罗多罗斯像女继承人似的被粗暴对待,但原则是一样的。在考虑女继承人的地位时,我们也应该考虑到家庭在宗教和社会方面的重要性,以及那个时代一家之主要负的庄严责任。破家绝祀是灾难,家财散尽也一样。总之,我们可以尽一切办法向女继承人表示同情,就像我们同情那些被处决的败军之将一样。然而,不要就此草率认定法律轻视妇女。毕竟在罗马历史的类似阶段中,家长在法律上仍然对家庭成员拥有生杀大权。在我们开始做出推论之前,我们必须全盘了解事物

236

所处的背景。

关于男人们的社交生活能说些什么呢？这里我们必须再次提醒自己记住证据的性质：没有哪个雅典人以描绘当代社会图景为己任，也确实没有哪个雅典人在写作时能顺便完成这个任务。我们有大量生动细节，但必须谨慎从中归纳一般性结论。

我们知道雅典在政治上"排外"。奴隶与自由民、外邦人与本地人之间泾渭分明。天堑难以跨越，窃取更高政治地位的人会被严惩。我们会顺理成章地认为，政治排他性会伴随类似的社会排他性，但这似乎大错特错。"公民"意为"成员"，而"成员"取决于出身。只有要奖励特殊贡献时，才会把"成员资格"授予外邦人。毕竟他们通常是另一个城邦的"成员"。"公民"并不意味着"高人一等"。

的确，雅典社会给人的总体印象是，它摆脱了筑于政治和经济地位之上的藩篱，在这点上它独一无二。柏拉图《理想国》的开篇描绘的老刻法罗斯（Cephalus）使我们心情愉快。他是个外邦人，但很富有，在雅典上流社会中如鱼得水。苏格拉底很穷，也不是名门望族出身，但他既能在宴席上与大人物共饮，又能在城邦中与富有贵族和工匠交谈，任何人都不会觉得尴尬难堪。不仅是苏格拉底，色诺芬《会饮篇》中的客人安提西尼（Antisthenes）也是个穷人。但这个证据当然经过了精心挑选。柏拉图和色诺芬没什么由头提起那些愚蠢势利的有钱人。

237　　但还有别的证据。举奴隶待遇这种极端情况为例。我们能从瓶绘和其他素材中得知奴隶和主人之间的真正友谊并不少见：这一切都取决于个人。奴役状态毕竟是偶然。许多奴隶都非常正派和聪明，而且雅典人足够通情达理，能明白地位和人是两回事。按惯例，奴隶重获自由身后即得到"客籍民"（metic）或"常住外邦人"（resident alien）的地位，没有任何迹象表明，他得不到与其性格才能相配的社会地位。在现存的法庭演讲中，只有一次奴隶出身受到奚落，而出口伤人的是阿波罗多罗斯。其父帕西翁就曾是银行家的奴隶，后来做了受人尊敬的经理，最终成为银行家的继承人，又获得公民权。

　　贫富之间的政治界限已经足够清晰，社会地位的分野又有多大呢？当然有人会说，不会像我们那样明显。你无法听某个雅典人的谈吐就判断他"出身低下"，而且正如我们前面看到的，基本教育对所有人开放。我们得到的印象是，雅典人评价人时比我们开明得多。无论如何，这是我们应该期望在一个更容易"风水轮流转"的社会中看到的。

　　例如，提奥夫拉斯图斯的《人物志》分析了三十种不同的缺点或不足，但纯粹的势利小人不在其中。的确有种"妄自尊大者"。他有个埃塞俄比亚奴隶。如果他养了只宠物寒鸦，他就训练它戴着盾牌在小梯子上跳来跳去。和其他骑士们一起列队游行之后，他会穿着骑马斗篷、带着马刺在城里大摇大摆地走来走去。他过于频繁地剪头发。他养了只宠物猴子。他有个私人角斗场。当他把它租借出去举办比赛时，他会有意晚入场，好让人们你碰我一下，我碰你一下地互相传说："那位就是角斗场主人。"有种"鼓吹寡头统治者"，从不在正午前出门（以此证明自己与商业这类庸俗的事情无关），装模作样以优雅姿态披着斗篷，头发和胡须的长度蓄得恰到好处，满口都是反民主的政治观点。"凡事可由强者一言而决。""得让这些人明白自己的身份。"这些人确实不知谦恭为何物，就像那些非得别人先开口才说话，在家里款待客人却不与他们同桌 238

吃饭的"傲慢者"一样。但他们不是那种乏味的势利小人。

我们经常听到关于"风度翩翩"和个人气质的话。有时我们禁不住会想，丑陋算是对他人的冒犯。因此，阿波罗多罗斯说（德摩斯梯尼残篇之四十五，第77行）："我想，我的相貌、匆匆步伐和公鸭嗓都不会使我成为命运的宠儿。它们让我处于劣势，既对我无益又使别人难受。"低沉声调和高贵步伐令人赞赏，但过度优雅（如我们所见）绝不是绅士派头。只有妄自尊大的小人才会为保持牙齿洁白而出尽百宝，相反，有黑牙的属于"讨人厌者"。"粗人"坐着时裸露过多大腿，自己应门，在公共浴室唱歌。他们的脚指甲戳出鞋尖，就像"吝啬鬼"一样把鞋子打满补丁，还发誓说它们比角质更结实。书中有个角色看起来像暴发户："向学较晚者"在古稀之年才开始学习诗歌、舞蹈、角斗和骑马。他的毛病在于不合时宜地卖弄且总是失败。这幅画像中没有丝毫的社会优越感。这蠢材和年轻人一起练习射击和投掷标枪，并主动演示给教头看，"就好像教头对此一无所知一样"。

提奥夫拉斯图斯使人欲罢不能，而尽管可能不太切题，我至少也要介绍完"好管闲事者"和"迟钝愚蠢者"之后再结束这个话题。好管闲事的人会指给你一条近路，然后自己迷路——十足希腊式！他会"试着"给遵医嘱禁酒的人灌酒，把那可怜的家伙放倒。宣誓时他会对旁观者说："你知道，这不是我第一次宣誓。"迟钝愚蠢的人把账单上所有数字相加，写下总数，然后问："一共多少钱？"其他人都离开剧场，只有他在那里呼呼大睡。有人问他知不知道上个月有多少送葬队伍经过公墓路（Cemetery Road），他回答说："我只希望你我的送葬队伍加起来有那些的一半就行了。"他吃错了东西，只好晚上爬起来去公厕，结果回来时误入邻居家，被狗咬了。

虽然要略过"笨拙的人"，但我们必须言归正传。这种人会在情人发烧时为她唱小夜曲；拜访刚结束疲惫旅途回来的人并邀对方去散步；在充当仲裁员时挑拨一心要和解的双方；而且"想跳舞时却抓住另一个还没尽兴喝醉的人"。

贫穷当然令人痛惜。一则它使人无法如愿帮助朋友。欧西休斯抗议说，他的对手嘲笑他的母亲在市场上卖丝带。"这是违反法律的，法律允许以诽谤罪起诉任何侮辱在市场中从事交易的公民（无论男性或女性）的人。"有为此制定法律（或条款）的必要这点也许值得注意，但在市场上情况特殊，因为你会被推定为无赖［参见《撒谎者市场》（*The Liars Market*），第189页］。起诉欧西休斯的无赖也极力主张他的母亲是个护士。"那又怎么样？"欧西休斯说，"我们和其他许多人都深受战争打击，很多雅典妇女正在护理别人。如果你愿意，我可以说出她们的名字。"

我们常常被大大小小的权威告知，希腊人鄙视体力劳动。这个想法被齐默恩①在他的《希腊联邦》（*Greek Commonwealth*）一书中驳斥为"荒诞的"，我认为这个形容词选得很好。正如在考察妇女待遇时一样，在正确评价希腊人的态度之前，我们必须摆脱某些当代观念。我们还必须考虑谁是我们的"权威"，以及他们在谈论什么。用念咒的语气说"工人"是现代人的习惯。希腊人头脑简单，不会使用这样泛指的词语。他想知道这个工人"做什么活？怎么做？"

240

---

① 艾尔弗雷德·埃克哈特·齐默恩爵士（Sir Alfred Eckhard Zimmern，1879—1957）是英国古典学者、历史学家和政治学家，主要研究国际关系。

例如，我们从苏格拉底口中得知（见色诺芬《家政论》第四卷第三章），某些城邦（不是雅典）禁止公民从事呆板机械的职业。我们立刻联想到据说由业余划艇协会（Amateur Rowing Association）制定（或曾经制定的）的某条规则：从事"佣工职业"的人不能成为业余划桨手。我们也许会惊讶于在苏格拉底身上发现如此势利的一面，但如果我们看完这段文字，就会发现它根本不意味着势利。那段导致我们做出这一结论的文字说："人们确实对手工业评价不高，这情有可原，因为它们强迫从事该行当的人坐在室内消磨时间，危害了他们的健康。有些人确实一直在火旁工作。但当身体变得柔弱时，心灵也会变得虚弱。此外，这些机械性的职业使人没有闲暇顾及朋友的利益或城邦公共利益。因此这个阶层对朋友或保家卫国没有多大用处。实际上，有些城邦，特别是最好战的城邦，不允许公民从事这些手工业。"

面对某个命题时，思想单纯的希腊人通常不会问它是否保守、是否流行，或是否"异端"，而是倾向于问它是否真实。实际上，把选举权限制在那些随时准备服兵役的阶级（其中可能包括所有农民）的国家，可能对国家职能持有狭隘观点，但不能就此说它们轻视体力劳动本身。

假设我们把苏格拉底的推理应用到自己的时代。巧合的是，这本书的大部分是我坐在火炉边写的。如果我下星期必须行军到布里奇沃特（Bridgewater），我会晕倒在路边，而且当然会想扔掉盾牌。如果被召去担任陪审员，我可能会请求免除职责，理由是我的大学没有我不行。毫无疑问，苏格拉底会发现我是非常有趣的个体，同时按公民标准来看是条可怜虫，从而将我的职业列入黑名单。但也不可据此断定苏格拉底"轻视脑力劳动"。事实上，他反对的不是粗活，而是专业化。在田里劳作的人受到他最热烈的赞扬，他并不嘲笑"乡巴佬"。

我们不可忘记，苏格拉底在这里讲的是政治而不是社会，他不是那种允许无关考量干扰论点的人（柏拉图和亚里士多德也不是）。我们在《回忆苏格拉底》第三卷第十章中看到了苏格拉底的另一面。他把大部分时间花在作坊或工作室（两者几乎没有区别）里，和"工人"谈论他的行业。色诺芬说，他们从谈话中受益匪浅。色诺芬记录了苏格拉底与胸甲制造商皮斯提亚斯（Pistias）的对话。"胸甲是多么令人钦佩的发明啊！它保护需要保护的身体部位，同时不妨碍手臂运动。告诉我，皮斯提亚斯，你的胸甲不比别家的更结实，用的材料也不比他们更考究，但为什么价格定得比他们高呢？"皮斯提亚斯解释说，他的胸甲比例更匀称。"但若你的顾客身材不匀称呢？"皮斯提亚斯说可以为他们量身定做。苏格拉底说："所以这个比例不是绝对的，而是相对于穿着者而言的。当然，如果它们合身，重量均匀分布，就不那么招人看了。"皮斯提亚斯说："所以我认为我的作品更值钱。但也有人更喜欢装饰华丽的胸甲。"

这些手艺人对自己评价很高，也很满意自己从事的行当。市面上出售的瓶瓶罐罐上常绘有工场场景，其中最常见的自然是陶工劳动的场面，也会有反映其他行当的绘画。英国陶工经常用蝴蝶或可爱的乡村小屋来装饰陶器，但我不知道工厂本身是否曾被描绘在盘子或罐子上。可能还有其他原因，但至少希腊陶工用描绘自己行当的画来做装饰，这一事实表明，整个社会不会歧视他们的职业。

在《回忆苏格拉底》中，我们读到有个叫犹泰鲁斯

242

（Eutherus）的人，就像我们之前见过的阿利斯塔克一样，战争也使他一贫如洗。他靠体力活度日，认为这比靠朋友强，但究竟是什么活我们不得而知。"这很好，"苏格拉底说，"但等你老得干不动活时，你该怎么办呢？你最好帮人管理地产，为他监工、监督收割，等等。等你老了，这样的职位会更适合你。"这是非常明智的建议，但犹泰鲁斯是怎么回答的？他的回答是地道希腊式的，我自己也曾从一个希腊人那里听到类似的话。那人在某个衰败的希腊小镇上开了家不景气的小餐馆。我在那里日复一日享受他烹制的美味佳肴时，他再也支持不下去，被迫在别家餐馆找了份工作。我开始利用我的现代希腊语词库尽可能祝贺他，但他打断了我，目光和姿态中饱含痛苦。他说："Hypállelos!"（低人一等！）这正是犹泰鲁斯的意思。犹泰鲁斯不介意从事体力劳动，但不愿做绅士的管家！博恩（Bohn）① 的译者在这里生动地翻译："苏格拉底，我万分不愿做奴隶。"苏格拉底指出，管理产业就像管理城市，这可不是奴隶能干的活。犹泰鲁斯固执地说："我可不想让人对我指手画脚。""这很难，"苏格拉底说，"但是你必须找到个不挑剔且公正的人，做力所能及的工作，拒绝超出你能力范围的任务。"我们不知道犹泰鲁斯最后选择了何种职业，但要打理地产！哦，宙斯在上！

事实上，希腊人对工作似乎非常通情达理：在抽象意义上没有所谓的"工作"。一切都取决于你具体做的是什么活，尤其在于你工作时能否做自己的主。公民并不介意和奴隶一起工

---

① 这里指的应该是英国出版商 H. G. Bohn（1796—1884），他曾在 1859 年出版了《回忆苏格拉底》英文版，但他本人并非译者。

作，两者区别在于他可以停工去开公民大会，而奴隶不能。只要愿意，皮斯提亚斯可以在他喜欢的时候关闭商店："明日请早。"他从事一个有趣的行业，他可以为工作自豪，如果他的客户不喜欢他的产品，他们可以去其他地方。希腊人评估工作时不会势利眼，也不会感情用事。当亚里士多德说仆佣之业和呆板机械的职业不适合公民时，就他的立场而言，我们无法驳倒他。这不是偏见，而是在他自己预设的前提下做出的判断。阿里斯托芬讽刺克里昂是粗暴鄙俗的皮货商，但他没有嘲笑那些不粗暴鄙俗的皮货商。关于苏格拉底的公诉人阿尼图斯（Anytus）的儿子，苏格拉底本人说（《回忆苏格拉底》第三十章），"我认为他不会长期屈就于父亲为他挑选的卑下职业"——显然还是皮货销售，还说："他是个有才能的小伙子。"没错，他卖皮货就是屈才。实际上，通常被人瞧不起的职业多是零售业，部分原因是经济偏见——这样的人不干实事，是条寄生虫；部分与道德有关（《撒谎者市场》）；还有部分原因几乎可以说有碍审美，因为这样的人不生产任何对技能有要求或能提供满足感的东西。我们自己也用"站柜台的"来形容此等职业。德摩斯梯尼谈到地位较高的商人时说："而且，在商业和金融世界里，聪明而诚实的人会被认为相当了不起。"[14]随后在希腊世界里，有很多哲学家和作家蔑视"工作"，但那个世界已经分裂，也已产生了"文化"。

要结束这相当散漫的一章前，我们也许要问，该民族是否有什么普遍特征还没被提到，或者还没得到充分论述。当然有一个。

读者可能会感到吃惊：诉讼当事人竟然公开承认提起诉讼是为了报复敌人。[15]在我们的社会里，这一动机要小心隐藏。的确，这是辩方而不是控方想要尽力证明的。然而在希腊的法庭上，人们公开宣布这一动机。这个问题值得仔细考虑。

显然，这不能简单解释为希腊人睚眦必报。或许他们确实如此，但为何复仇的渴望会被视为优点呢？因为它确是优点，只要这种渴望和复仇本身不被认为不合理即可。提奥夫拉斯图斯塑造过使我们颇为费解的"讽刺者"形象，恰好可以说明这一点。"讽刺"一词的意义完全改变了。"讽刺"是自夸和夸大其词的对立面，但这对立面也同样是种错误，因为不久前的政治史给希腊人上了一课：坏人的对面站的不是好人，而是另一类坏人。"讽刺"不仅意味着有保留的陈述，还意味着缺乏坦率、掩饰真实动机以及炫示虚假动机。提奥夫拉斯图斯描写道："讽刺者走到敌人面前和他们交谈，而不是表现出仇恨。他会当面赞扬那些他在背后捅过刀子的人，还会对他们的失败示以同情。他会宽恕辱骂他的人，原谅反对他的言辞。"[16]我们可以肯定，提奥夫拉斯图斯反对的并非虚伪的"宽恕"。当吹牛者夸耀自己时，作为对立面的讽刺者却假意（在其他方面）自贬。还有什么比假惺惺地宽恕敌人更能显露内心的卑贱呢？尽管虚情假意的宽恕令人反感，但真心实意的宽恕或许更糟。

这才是彻头彻尾的希腊方式。"爱你的朋友，恨你的敌人"，在苏格拉底之前没人想过要否定这句格言。亚里士多德塑造的高贵范式是"高洁之士"或"有伟大灵魂的人"（拉丁语的字面对应词"magnanimous"，已被赋予最不符合亚里士多德风格的色彩）。不像讽刺者，他从不掩饰友谊或仇恨，因为隐瞒是恐惧的表现。

245　　　我们可以理解虚伪是件坏事。我们还必须理解的是，宽恕敌人是件坏事，而复仇是显而易见的责任。

这种极其非基督教的道德部分源于希腊社会的本性。与我们的社会相比，群体在希腊社会中更重要，而个体不那么重要。个人首先是其家庭的成员，然后是其城邦的成员。损害某人可能就是损害他的家庭或城邦，他必须为家庭或城邦的利益而"回敬"对方。我们自己也有勉强类似的情况：官员或受托人必须严格管理资金，不能慷他人之慨。

但更重要的原因植根于希腊人的荣誉感。希腊人对在同胞中的地位非常敏感，热切要求他应当得的，而别人也预料他会热切要求。谦逊不受重视，希腊人只会觉得"德性本身就是回报"这种主张愚不可及，同胞和后世的称颂才是对德性（卓越的长处）的奖赏。从荷马笔下的英雄特别在意"战礼"开始，它贯穿了希腊人的生活和历史。下面请看经典评论：

> 想想你那些青年同胞的雄心壮志就行了，起先你会以为他们的表现可以用来推翻我的论证，但只要你记住人们的最大动力是对荣耀的热爱，那你就会明白我说得有多么正确了，这就是他们所谓的"流芳百世"。他们爱名声胜过爱子女，为了出人头地，他们不怕千难万险，不惜倾家荡产，甚至不惜牺牲自己的生命。你想想看，阿尔刻提斯愿意代替她丈夫阿德墨托斯去死，阿基琉斯为了对得起帕特洛克罗对他的爱情而愿意去死，你们雅典人的国王科尔都斯宁愿牺牲自己来保全还未出世的王位继承人，如果他们不想博得"不朽的英名"，他们会这样做吗？而事实上，后人确实把这样的名声给了他们。苏格拉底，要是不追求这种名声，他们就决不会这样做。我们中的每个人，无论他在干什么，都在追求无限的名声，想要获得不朽的

荣誉。他们的品格愈高尚，雄心壮志也就愈大，因为他们
爱的是永恒。

这是柏拉图的《会饮篇》中，睿智的狄奥提玛（Diotima）
在指导苏格拉底。这是标准的希腊式信条，我们可以在哲学
家、诗人和政治演说家身上找到。以亚里士多德的《伦理学》
（*Ethics*）为例。

246　　如果我们自己去定义"灵魂的伟大"，就应该设定某些能
在行动中持续表现出来的品质，但不应再去要求具有伟大灵魂
的人能意识到这些品质，更别说他应该要求公众承认这些品
质。但亚里士多德怎么说？"伟大的心灵"（或"伟大的思
想"，或二者兼具）是某人认为自己配得上崇高的事物，而他
也的确配得上。自视过高的人自负，低估自己的人卑鄙，明了
自己无关紧要的人明智但不高尚。他特别关注的对象是我们所
知道的最高贵的东西，即我们奉献给诸神的荣誉。他自然会拥
有所有的德性，否则他就不配得到最高的荣誉。但他不会高估
荣誉的价值，遑论财富和政治权力。这些都不如荣誉，因为人
追逐它们是为了荣誉本身。如果人们渴求某物是为了获取另一
物，那么前者定然不及后者重要。他不为小事冒险，也不会为
小事空耗精力，因为在他眼里它们不值一提。但他甘冒大险，
会在危难之际不顾生命，因为他觉得没有荣誉，活着就没有意
义。他不会尊崇偶像，因为那些都不在他心上。[17] 他不会怀恨
在心，他宁愿忽视伤害。他不赞扬别人，也无意被人赞扬。当
然他不会私下谈论他人，也不会说别人的坏话，甚至对仇敌也
是如此，除非有意要侮辱他们。

这就是这位哲学家心目中的伟人，他的伟大部分表现在对

"赞扬"漠不关心，而"赞扬"是对行动的标准激励。（例如苏格拉底说，良将会安排"那些为了赞美而敢于冒险的人"，即那些"野心勃勃"的人做前锋。）他的伟大在于能公正评价自身及身外物。自然的谦虚不是他的美德之一。他最看重的（但即便如此也不会过分）是荣誉。那么这种"荣誉"究竟是什么？这不是我们所说的能成为内在驱动力的"荣誉"感，与之最接近的希腊语单词是"aidôs"，意为差耻。亚里士多德在这里用的词是"Timê"，值得注意的是，这个词在希腊语中也表示价格或价值。［其实英文里的"estimate"（估计）一词也有相同词根。］这表明希腊人非常重视公众对某人品质和服务的认可。 247

如果就此认为普通希腊人一定会像哲学家一样仰慕该品质，那就大错特错了。若哲学家如常人般思考，那他就算不上是哲学家。然而，若适当允许哲学的透彻和抽象，那么尽管这描写有些夸张，但完全是希腊式的。某些细节会让我们想起伯里克利。（某天晚上伯里克利出席完聚会回家，有个奴隶拿着火把护送他。他们后面跟着个男人，一路辱骂他。伯里克利毫不在意，但他一到家就转向奴隶说："送这家伙回家。"）亚里士多德的"有伟大灵魂的人"和普通希腊人的共同点在于对自身价值的强烈认识，以及对"荣誉"的渴望，即他应该得到公正待遇。

这一点在最大程度上解释了为何希腊人不会耻于渴望复仇：人应该为自己复仇，逆来顺受只会说明对方比你"更棒"。

亚里士多德描写的角色在这方面倒是不走寻常路，因为他不怀恨在心。但为什么不呢？不是因为他认为这在道德上是错误的，而是因为他觉得这是在自贬。他不宽恕，只会轻视和遗忘。但普通希腊人这两条路都不选。

我们已经注意到希腊人是多么渴望得到"Timê",即他应得的赞扬。他们过去和现在本质上都好胜、雄心勃勃、急于自己动手。（除非理解这一点，否则无法理解现代希腊政治。）因此，我们在各个方面都会遇到"agôn"（争夺）的概念。那些勉强可以被我们译为"Games"（运动会）的事物，在希腊语中就是"agônes"：戏剧节就是"agônes"，是诗人与诗人、演员与演员、合唱队队长与合唱队队长之间的较量。我们的"agony"（痛苦）一词是从"agôn"直接发展而来的。争夺的痛苦揭露人的本质。

伴随着这一切的是个人野心，而拥有卓越才华的希腊人往往发现无法控制自己的野心。对此最好的注脚是修昔底德对波斯战争中两位希腊领袖，即策划了萨拉米斯战役的雅典人地米斯托克利和普拉提亚战役中的斯巴达指挥官保萨尼亚斯（Pausanias）的描述。普拉提亚战役甫一结束，保萨尼亚斯就率领同盟舰队前去解放群岛，但他的暴虐行为使盟邦万分震惊，以至于请求雅典人承担指挥要职。斯巴达人召回保萨尼亚斯，让他就对他人的不义之举和私通波斯两项指控自辩，"因为他把自己当作一个独裁者，而不是一个总司令"[①]。由于斯巴达人没有派出接任者，指挥权默认落入雅典人手中。但保萨尼亚斯又带着一艘船出海，不久就有人在特洛阿德（Troad）地区[②]发现他同波斯勾搭。他又被召回。他对自己的王室地位和财富很自信，于是应召回到斯巴达。虽然证据不足，但他蔑

---

① 《伯罗奔尼撒战争史》，第 67 页。
② 位于安纳托利亚西北部的历史地区。

视法律还以波斯人的方式生活，使人生疑。此外，他还僭越地在希腊人为胜利而献给德尔斐的还愿祭品上刻了自己的名字。黑劳士做证说他一直在贿赂他们，策动他们叛乱。最后斯巴达的五长官①诱使他承认与波斯人交易。为逃避追捕，他躲在神庙里避难，最后饿死在那里。

但是，对保萨尼亚斯不利的证据也牵连到了地米斯托克利。他也摆出趾高气扬的样子，而且他本人是个激进分子，也是个机会主义者，无法融洽地与阿里斯提德合作。于是"陶片放逐制"这个安全阀被再次启用，这次被驱逐的是地米斯托克利。他去了斯巴达的死敌阿尔戈斯，而斯巴达人开心地把这个不利于他的消息放出风去让雅典人知道。雅典人派了一队人来逮捕他，但事先有人为他通风报信。地米斯托克利（只有这一次）没有轻视传奇故事。他先逃到克基拉岛，再从那里逃去找莫洛西亚（Molossians）国王阿德剌斯托斯（Adrastus），虽说他们二人的关系并不好。阿德剌斯托斯碰巧不在家，于是地米斯托克利以乞援人身份向王后恳求。王后叫他抱着她的孩子坐在壁炉旁。阿德剌斯托斯回来时，作为乞援人的地米斯托克利说："我曾伤害你，但珍惜荣誉的人不会趁火打劫，而我现在孤立无援。另外，我当初不过拒绝了你的一个要求，而我现在的请求攸关生死。"看到这个狡猾的政客落入如此荷马式的境地真是痛快。阿德剌斯托斯庇护他，直到他自愿前往亚洲，地米斯托克利还给薛西斯的儿子兼继承人写了封信："你父亲攻击我们时，在所有希腊人中我对他造成的损害最大，但

249

---

①　五长官（ephor）是古代斯巴达每年由民选产生对国王有监督权的五位长官。

我也帮过他大忙，劝希腊人别断他的后路。我是你的朋友，我可以为你效劳。我想一年后去拜访你。"国王同意了，在这一年里，地米斯托克利尽其所能学习波斯的语言和制度。他最终成为国王的重臣，任亚洲的马格尼西亚（Magnesia）① 的总督。他病死在彼处，还得到一座纪念碑作为回报。"尽管有人说他发现自己向国王许下的诺言无法兑现，于是服了毒。"这种恶意的笔法非常有希腊特色，但像地米斯托克利这样聪明的人，似乎不太可能为自己挖这样的坑。"这就是斯巴达人保萨尼亚斯和雅典人地米斯托克利的结局，他们曾是他们那个时代的人杰。"[18]希腊悲剧最反对的莫过于狂妄自大，且经常把希望描绘成陷阱和诱惑。这不是没有理由的。

最后，我们绝不能忘记希腊人是南方人。希腊艺术的宁静、希腊人的沉着以及希腊"中庸之道"（Golden Mean）的稳妥也许使人们认为这是个无忧无虑、缺乏激情的民族。源于17~18世纪的新古典主义，以及经过现代演绎的希腊戏剧的某些观念可能强化了这一观点。在上述表演中，穿着云雾般长袍的女人聚集在舞台上，状如雕塑，做作而令人尴尬地齐声吟唱悲惨的神话故事。

这种观点大错特错。若某个事物能让你因克制激动而战栗，那么它就属于古典希腊，即使后古典希腊也做不到这点。如果埃斯库罗斯没能让你兴奋不已，觉得灵魂升华，那么你就离领会埃斯库罗斯还有段距离。（也许现在不钻研埃斯库罗斯就不可能领会他的妙处，但那是另一回事。）

让我们思考这个希腊戏剧的问题。对话场景没有给我们带

---

① 位于安纳托利亚西部，不是今希腊色萨利大区的马格尼西亚州。

来麻烦，它们已经足够戏剧化。是对话间隙的表演使人毛骨悚然：一群优雅的少女或老人同时朗诵斯温伯恩①的作品。如果你觉得它无聊，请别归咎于希腊人，因为连他们在这表演面前也忍不了五分钟。这些合唱颂词从来不是被朗诵而总是被唱出来的，同时还会通过舞蹈来表现。他们不仅跳舞，而且是在一个直径近90英尺的圆形舞池中表演。现在大概只有那些教授希腊舞蹈的人能对其略知一二。无法基于寥寥几幅瓶绘来复原它，因为瓶绘作者不懂舞蹈，也不太关心透视法：如果他们展示的是一长列的游行队伍，那不过是因为这样的形状能有效装饰花瓶，而不是舞蹈队列本身如此。但我们保留有诗歌的韵律，这至少提供了节奏感，而且似乎可以初步勾画出音乐和舞蹈的轮廓。从这些我们可以明显看出舞蹈表现力强，形式多样，并且必要时还可以热烈欢腾。从这些我们可以看出，埃斯库罗斯的舞蹈序列（dance-sequences）概念倾向于建构，而索福克勒斯的作品中的舞蹈却相当做作。《欧墨尼得斯》中复仇女神合唱队（见本书页边码第233页）的故事虽然愚蠢，却证明埃斯库罗斯并没有被新古典主义的那种高贵观支配。而不同类型的证据也不难找到。例如，在那出最庄严、最激动人心的戏剧《七雄攻底比斯》中，合唱队扮演被攻城敌人吓死的妇女。埃斯库罗斯忘记了希腊悲剧，尤其自己的作品，该是均衡优美的。他也忘记了合唱队通常是踏着完美匀称、抑抑扬格、4-4的行进节奏上场的。而他以 $\frac{3+5}{8}$ 节拍的音乐引导合

251

---

① 阿尔杰农·查尔斯·斯温伯恩（Algernon Charles Swinburne，1837—1909）是维多利亚时代最有成就的抒情诗人之一，是他那个时代反抗保守价值观的杰出代表。

唱队出场，如果哪位现代舞蹈编剧想在舞台上制造骚动和混乱，不妨照此安排！（如果读者对音乐一无所知，可以在一定时间段内数：1－2－3－1－2－3－4－5，并试着按此节奏行走，每数一个数就迈一步。）事实上，说希腊悲剧与现代歌剧相仿，是因为它在直径90英尺的圆形舞台上融合了戏剧对白、诗歌、音乐和芭蕾。但它又不像现代歌剧，因为它总是讨论宏大主题，并且言辞不仅入耳可听，还意味隽永。

这个小小的研究表明，也许希腊人并不满足于单调乏味，相反，他们需要生命、变动和色彩。其实他们会给雕塑上色，这一发现令许多现代学者震惊。

让我们再举一例说明希腊人的激情本质。我们都知道希腊语中的"爱情"一词是"erôs"（厄洛斯）。爱神厄洛斯为皮卡迪利广场（Piccadilly Circus）增色，等同于罗马神话中的爱神"丘比特"（Cupid）。但是这对应有多精确呢？"Cupid"的意思是"欲望"（desire），相关的形容词"Cupidus"通常只意味着"渴望"（greedy）。但"厄洛斯"有类似"激情的快乐"之意，可以很自然地用在与爱无关的语境中。例如在索福克勒斯的剧中，埃阿斯（Ajax）受到奇耻大辱，威胁要自杀。他的妻子忒克墨莎陷入绝望，埃阿斯自己的手下（由合唱队扮演）也绝望了，因为他们将毫无防卫地面对埃阿斯的敌人。但是埃阿斯称自己受不了他们的恳求，因此他将忍辱偷生。于是合唱队载歌载舞，唱起颂歌，开头是："我因厄洛斯而颤抖，满心喜悦给我插上翅膀。"厄洛斯不是丘比特，它是某种能震颤每根神经的东西。

252 　　"情人"（lover）是"erastês"，在阵亡将士国葬典礼上，被阿里斯托芬称为"超凡者"的严肃的伯里克利对雅典人说：

"你们一定要做雅典的 erastês。" 也就是说，"你们要爱雅典入骨"。冷漠之人讲不出这样的话。

中道学说是典型的希腊风格，但我们不应就此认为希腊人几乎不知激情为何物，认为这是个四平八稳、麻木、走中间路线的民族。相反，他们之所以对中道的评价如此之高，是因为他们倾向于走极端。正是我们这些懒散的北方人才鬼鬼祟祟地崇拜极端。糟糕英语诗歌的典型缺点是喧闹而夸夸其谈，伊丽莎白时代某些较低劣的戏剧（打个比方）也与它们同病相怜。德莱顿①为普塞尔②写的东西也是如此：故作惊人之语，仿佛诗人正竭力使自己兴奋起来。典型的希腊恶习是冷漠阐述。希腊人几乎不需要激发激情。他们追求节制和平衡，因为他们需要它们。他们对极端情况了如指掌。他们谈到均衡时，总会想到"调谐之弦"（tuned string）。均衡并不意味着缺乏张力和激情，而是意味着准确的张力，因为如此方可奏出真实清晰的音符。

---

① 约翰·德莱顿（John Dryden，1631—1700）是英国诗人、剧作家、文学评论家。

② 亨利·普赛尔（Henry Purcell，1659—1695）是巴洛克早期的英国作曲家。

# 注　释

## 一　导言

1. 我说的"古典时代"是指从公元前 7 世纪中期至亚历山大于公元前 4 世纪征服希腊之间的那个时期。

2. 这里指大地母亲。

## 二　希腊民族之形成

1. 我说的"英语"不是行政官员、政治家或致信《泰晤士报》的重要人士使用的英语。不准确是这种语言的主要特质，但这是因为其令人厌烦的浮夸和对愚蠢隐喻的幼稚喜爱。

## 三　国土

1. "彼奥提亚"意为"奶牛乐园"。希腊地区可放牧奶牛的优良牧场为数不多。

2. 鉴于雅典人在伯罗奔尼撒战争期间做下的蠢事，我们必须加上"几乎不会"这一限定。但正如我们所见，当时雅典在很大程度上已城市化。

3. 这里不能完全按字面意思理解，因为柏拉图喜欢某种数学神秘主义。

4. 意为"多石的"。

5. 参见本书页边码第 131 页及其后。

## 四　荷马

1. 我为了省事才用这种套话。无疑有很多糟糕的希腊诗，阿里斯托芬就总是在嘲笑这些诗。但我们现在手头有的诗是最好的一批，因为已经经过亚历山大时代及之后的优秀批评家小心挑选。

2. 关于《阿伽门农》的相同结构，参见本书页边码第 184 页。

3. 《奥德赛》的整体性尤为明显，也具有相同的本质。虽说情节安排极其优秀，但这不仅仅归功于素材的巧妙安排。真正意义在于情节构思服务于贯彻某种观念——无法无天的行为违背众神意志，要受到惩罚。

4. 引自 *Iliad*，V，149。（中文译文引自《荷马史诗·伊利亚特》，第 106～107 页。——译者注）

5. 引自 *Iliad*，VI，127。

# 五　城邦

1. 我倾向于使用这个明显带有东方色彩的词语的希腊文形式。它是"独裁者"（dictator）在希腊文中的对应词，但不一定带有英语中"暴君"（tyrant）的色彩。

2. 自然不能就此说希腊人遵从常识的次数比我们更多。

3. 比如神秘宗教（见本书页边码第 19 页及其后）。

# 六　古典希腊：早期

1. 雅典统一节是为这种场合，或者说是在这种场合下设立的。该庆典不只年度宴饮，而且是被统一法令庄严承认并接受的庆典。

2. "菲娅"（Phye）这个名字很合适，因为它在希腊语中意为"成长"或"身高"。

3. 见 C. E. Robinson, *Zito Hellas*, p. 51。

# 七　古典希腊：公元前 5 世纪

1. 见本书页边码第 177 页及其后。

2. 据猜测，该神谕意在将克洛伊索斯和居鲁士拖入长期战争，这对希腊有利。

3. "幸福"一词的含义在此过于单薄，但似乎是我们能找到的最好的词。如果我们使用"灾星入命"（ill-starred）的反义词"吉星高照"（well-starred），兴许能更好地翻译这个希腊词。

4. "陶片放逐法"（Ostracism）由克里斯提尼创立，意在遏制雅典公共生活中过度的私人仇恨。公民大会可于任何一年决定进行不事先提名的"陶片放逐"。表决时每位公民都可在陶片（ostracon）上写下他希望放逐的公民的名字。任何得到六千票的人都必须离开城邦十年，除此之外没有进一步的处罚。这是一种驱逐危险派别领袖的手段。

5. 意译自 Thucydides，Ⅰ，70。

6. 显然这是在批评诸如科林斯等工商城市。它还包含了有趣的暗示：这些城市不是由商人统治的。保守党中央办公室（Conservative Central Office）可能会欣然原封不动地引用这段文字，见 Thucydides，Ⅱ，40。

7. 鉴于"民主"一词的意义有关时事，应在此注明其在希腊语中的用法。一般来说，"demokratia"（字面意思是"民治"）意指前述的政治民主。但政治理论家，尤其柏拉图和亚里士多德，用它指代"穷人政府"，并由此指责它不过是寡头制或僭主制的反转形式，是为私利驱动的政府。而"城邦制"指建立在一致认可之上的政府，与阶级无关。

8. A. W. Gomme, *History of Greece*, vol. Ⅰ, in *History of European Civilization*（Eyre）。这也许是现有最好的希腊文明简史。

# 八　战火中的希腊人

1. 即"五百人议事会"。

2. 这显然暗示伯里克利的听众主要居于阿提卡，而非雅典和比雷埃夫斯。

# 十　希腊思想

1. 希腊语中的"理性"在当前意义中是"逻各斯"（logos），其形容词形式为"逻辑的"（logical）。"逻各斯"常被错译为"话语"，准确地说该是"演讲"或由演讲传达的思想。"太初有道"实际意指"太初有观念"。

2. 此处原文意思不明确。

3. Hippocrates（Loeb edn，I，f.），edited by W. H. S. Jones。

# 十一　神话和宗教

1. 见其《高尔吉亚篇》的最后数页。

# 十二 生活和性格

1. "美丽"（Kalon）一词的意思见本书页边码第 170 页。

2. 见本书页边码第 153 页。

3. 在 J. A. K. Thomson，*The Greek Tradition* 一书中最易找到此类材料（缩减版）。

4. T. R. Glover，*From Pericles to Philip* 一书中"The House of Pasion"一章生动有趣地描述了银行业。

5. 坊社成员的划分基于血缘而非居住地。

6. 见 *Essays in History and Literature*（Blackwell，1937）。

7. 若对此有兴趣或觉得重要，可参阅 Hans Licht，*Sexual Life in Ancient Greece*。

8. 见 J. S. Blake-Reed，*Manchester Guardian*。

9. *Ion*，843.

10. 色诺芬和亚里士多德都主张，有孩子的正派奴隶会对主人更友好。但家里有新成员诞生时，一家之主确实想掌握情况。

11. Glover，*From Pericles to Philip*，346；Xenophon，*Econ.*，III，12.

12. Haigh，*The Attic Theatre*，3rd edition（by A. W. Pickard-Cambridge）.

13. 喜剧和羊人剧的确常与"宗教"有关，而且它通常会尽力以不同的名称称呼同一个事物。

14. 他是在为银行家福尔米欧（Phormio）辩护。

15. 见上文，本书页边码第 218 页。

16. Jebb 的英译本。

17. 正如鲍尔弗（Balfour）所言："世上本无大事，世上几无一事。"

18. Thucydides，I，94 – 96，128 – 138.

# 索　引

（索引中的页码为本书页边码）

## 图书在版编目（CIP）数据

希腊人 /（英）H. D. F. 基托（H. D. F. Kitto）著；
兰莹译 . -- 北京：社会科学文献出版社，2022.8
书名原文：The Greeks
ISBN 978 - 7 - 5201 - 9099 - 2

Ⅰ. ①希…　Ⅱ. ①H…②兰…　Ⅲ. ①古希腊 - 历史
Ⅳ. ①K125

中国版本图书馆 CIP 数据核字（2021）第 195071 号

## 希腊人

著　　者 /［英］H. D. F. 基托（H. D. F. Kitto）
译　　者 / 兰　莹

出 版 人 / 王利民
责任编辑 / 沈　艺
责任印制 / 王京美

出　　版 / 社会科学文献出版社·甲骨文工作室（分社）（010）59366527
　　　　　地址：北京市北三环中路甲 29 号院华龙大厦　邮编：100029
　　　　　网址：www. ssap. com. cn
发　　行 / 社会科学文献出版社（010）59367028
印　　装 / 三河市东方印刷有限公司

规　　格 / 开　本：889mm × 1194mm　1/32
　　　　　印　张：9.375　字　数：219 千字
版　　次 / 2022 年 8 月第 1 版　2022 年 8 月第 1 次印刷
书　　号 / ISBN 978 - 7 - 5201 - 9099 - 2
著作权合同
登 记 号 / 图字 01 - 2019 - 2606 号
定　　价 / 62.00 元

读者服务电话：4008918866